A. PISSIER

CURÉ DE SAINT-PÈRE-SOUS-VÉZELAY

DOMECY-SUR-LE-VAULT

EXTRAIT DU *Bulletin de la Société des Sciences historiques et naturelles de l'Yonne*, 2me SEMESTRE 1915.

AUXERRE

IMPRIMERIE GALLOT, RUE DE PARIS, 47

1916

DOMECY-SUR-LE-VAULT

A. PISSIER

CURÉ DE SAINT-PÈRE-SOUS-VÉZELAY

DOMECY-SUR-LE-VAULT

EXTRAIT DU *Bulletin de la Société des Sciences historiques et naturelles de l'Yonne*, 2me SEMESTRE 1915.

AUXERRE

IMPRIMERIE GALLOT, RUE DE PARIS, 47

1916

DOMECY-SUR-LE-VAULT

Par M. A. Pissier, curé de Saint-Père-sous-Vézelay

NOTICE PRÉLIMINAIRE

Le village de Domecy-sur-le-Vault, blotti à l'un des points les plus resserrés d'un vallon qui coupe du nord au midi le territoire de la commune, est situé dans le canton et l'arrondissement d'Avallon, à l'ouest et à 10 kilomètres de cette ville et à 45 kilomètres sud-sud-est d'Auxerre (1). Son territoire, borné par le Vault-de-Lugny, Island, Tharoiseau, Saint-Père, Asquins et Givry (2), a une superficie de 611 hectares, dont 125 sont dans le lias, et 486 dans l'oolithe.

Les 125 hectares du lias (argiles supraliasiques), à sous-sol imperméable, se trouvent dans tout le vallon et sur le flanc des coteaux, à droite et à gauche, depuis le village jusqu'à la route départementale n° 108, de Vézelay à Avallon : ce sont des terres fortes, trop argileuses, dites *terres d'aubues;* pour être fertiles, elles demanderaient de la chaux qu'on ne peut leur donner, à cause du prix de revient de cet amendement. Les coteaux bien exposés se prêtent à la culture de la vigne qui produisait de belles récoltes avant l'invasion du phylloxera et autres maladies cryptogamiques, désespoir du vigneron. Ce sol est favorable aux prairies naturelles propres à l'engrais des bovins; mis en culture et préparé par de fréquents labours, il donne en blé des produits de première qualité; la luzerne y fournit de bons rendements; mais l'avoine et le sainfoin n'y réussissent guère; le bois n'y prospère point.

(1) Longitude, 1°28'24"; latitude septentrionale, 47°29'33".
(2) Les deux premières de ces communes sont du canton d'Avallon; les quatre autres, du canton de Vézelay.

Les 486 autres hectares de la commune appartiennent au terrain oolithique (oolithe inférieure), et s'étendent depuis le village jusqu'à Givry : ce sont des terres légères, sèches, faciles à cultiver, et assez fertiles quand elles ont de la profondeur. Les bois y sont forts et vigoureux; le sainfoin s'y plaît; les céréales y viennent aussi, mais ne produisent pas d'aussi belles récoltes que dans les argiles supraliasiques; les prairies naturelles n'y peuvent exister (1). Ces terrains sont propres à l'élevage du mouton; et d'après leur nature, on est porté à croire que le mérinos y réussirait presque sans soin.

L'oolithe, dont les couches peuvent atteindre une puissance considérable, donne au territoire de Domecy un aspect très accidenté : au couchant, le sommet du Grosmont, point culminant de la région calcaire de l'Avallonnais, est à trois cent soixante mètres au-dessus du niveau de la mer; à la suite du Grosmont, le coteau Saint-Père est à trois cent vingt-six mètres; plus loin encore, Brûle-Goix, à trois cent vingt-quatre mètres; le Roumont, à trois cent vingt mètres; et à l'est, le Montmartre atteint trois cent cinquante-sept mètres; Niètre, trois cent trente et un mètres. Ces deux lignes de hauteurs sont séparées par la profonde échancrure dans laquelle le village de Domecy est construit d'une façon si irrégulière et si pittoresque.

Mais l'oolithe repose sur les argiles supraliasiques imperméables, qui portent une magnifique nappe d'eau. C'est à ce réservoir que s'alimentent les nombreuses sources et la belle fontaine qui sont la richesse du pays; c'est là aussi, non loin de la route de Vézelay à Avallon, que prend naissance le ruisseau que Belgrand (2) appelle *le Vault*, et que les habitants nomment *le Rû*. Ce petit cours d'eau, qui ne tarit jamais, qui n'a besoin d'être ni curé ni élargi, traverse le territoire de Domecy dans de nombreuses cascades en miniature, forme au-dessous du village l'étang du château, poursuit sa course à travers la commune de Givry, et se perd dans le Cousain en amont de Givry, après avoir arrosé une surface totale de 11.25 kilomètres carrés, dont 1,5 en terrain imperméable.

Domecy a joué dans l'histoire de nos contrées un rôle qui

(1) Excepté dans le fond du vallon.
(2) *Notice sur la carte géologique de l'arrondissement d'Avallon,* p. XVI.

suffirait à illustrer des localités plus importantes. Les faits qui le concernent seront exposés à un triple point de vue :

I. — La terre ou seigneurie,
II. — La paroisse,
III. — La communauté,

Et suivis d'un appendice sur la période révolutionnaire.

PREMIÈRE PARTIE

La Terre ou Seigneurie

—

CHAPITRE PREMIER

ANTIQUITÉ DE DOMECY. — L'OCCUPATION ROMAINE. — L'EPOQUE BARBARE ET LE HAUT MOYEN AGE

Il serait téméraire d'affirmer que le territoire de Domecy fut habité dès l'époque préhistorique, car on n'y connaît ni grottes, ni abris sous roches, demeures ordinaires des hommes à cette date lointaine. Cependant, quelques outils ou armes en silex ont été ramassés dans les champs, ce qui prouve du moins que les hommes de l'âge de la pierre ont parcouru le pays. Nous citerons : 1° une pointe de javelot, profondément cacholonnée, trouvée au Grosmont (1); 2° une petite lame épointée, rencontrée au Montmartre; 3° une fort jolie hachette, taillée par petits éclats, sans patine, ayant gardé sur l'une de ses faces un peu de sa peau de carrière, recueillie à Domecy; 4° le talon d'une autre hache polie, qui devait être très belle, récolté sur le chemin de Domecy au Montmartre. Ces quatre pièces, qui proviennent de la collection de feu M. Laporte, instituteur à Avallon, puis inspecteur primaire de la Somme, et qui portent la date de 1867, sont entre les mains de M. le baron de Domecy.

(1) Il semble qu'on a retouché la base de cette pointe pour en faire un grattoir.

Mentionnons aussi, d'après le *Bulletin de la Société des Sciences de l'Yonne* (1), un fragment de hache polie, ramassé presque au sommet du Grosmont et déposé au Musée d'Avallon. Beaucoup d'autres souvenirs de cette civilisation primitive ont été sans doute ou négligés ou brisés parce qu'on ignorait l'intérêt qu'ils pouvaient présenter; et maintenant ils sont perdus pour le pays, car ils serviraient à documenter une petite page de l'histoire de nos régions avant l'organisation de la Gaule.

Il conviendrait de dire plutôt *des Gaules*, puisque au moment de l'invasion romaine, les Gaulois formaient au moins une soixantaine de nationalités distinctes : le territoire de Domecy était alors dans le pays des Eduens, dont la capitale était Bibracte (l'ancien Autun). Les peuples de la Gaule habitaient des huttes, faites de planches et de clayonnages, et couverts de chaume, et l'on comprend qu'il ne soit resté ni à Domecy ni ailleurs, le moindre vestige de constructions si périssables. Ces hommes étaient vifs, intrépides jusqu'à la témérité, simples, incapables de duplicité, toujours prêts à défendre les faibles, et en même temps vaniteux, irritables, querelleurs. Aussi, n'ayant ni unité politique ni chef commun, vivaient-ils entre eux dans des rivalités continuelles.

César profita habilement de ces divisions pour attaquer la Gaule; et il en fit la conquête en huit campagnes. La dernière se termina par le noble dévouement de Vercingétorix et la prise d'Alesia (2); la résistance des Gaulois était brisée, et les institutions romaines allaient achever la pacification. Les vaincus furent traités avec ménagements; ils furent administrés par des fonctionnaires romains; ils adoptèrent la civilisation romaine; bientôt même ils cessèrent d'être des Gaulois pour devenir des *Gallo-Romains*, et la Gaule ne fut plus qu'une dépendance de l'Empire.

L'Avallonnais (*pagus Avalensis*), avec ses sites intéressants, Domecy en particulier, avec sa bienfaisante fontaine, ne manquèrent pas d'attirer dans la région des familles patriciennes. Et Domecy, comme l'indique son nom, DOMICIACUM, devint le domaine d'un personnage nommé Domitius. Selon la coutume romaine, Domitius a dû confier la culture de ses terres à des colons, sans doute aux habitants, dont la

---

(1) Année 1913, 1ᵉʳ semestre.
(2) Aujourd'hui Alise-Sainte-Reine (Côte-d'Or).

condition fit place dans la suite à l'esclavage agraire (1). Mais, à l'époque romaine, le domaine n'avait pas une étendue arbitraire; ses limites avaient été fixées par les arpenteurs impériaux ,chargés, sous le règne d'Auguste, d'établir les bases de l'impôt. Le fonds rural, dit d'Arbois de Jubainville, a été l'origine des seigneuries, et par suite, des communes actuelles. Le territoire de la commune de Domecy répond donc très probablement au domaine de Domitius.

En dehors du nom du village, les médailles romaines, les débris de sépultures trouvées à Domecy et signalées par V. Petit dans ,son bel ouvrage *Villes et Campagnes de l'Yonne* (2), et aussi le cercueil en pierre mis au jour il y a quelques années, à l'ouest de Domecy, près de *l'ancien grand chemin de Vézelay à Avallon*, sont des témoins irrécusables du séjour du peuple conquérant. Il y a plus : le temple consacré à Mercure sur le Montmartre démontre que le culte des dieux de Rome s'était implanté dans la Gaule vaincue, et qu'il était solennellement exercé à deux pas de Domecy, sur la limite du fonds de Domitius.

Depuis que les ruines et les substructions de ce monument ont été exhumées, on en a fait des descriptions souvent très fantaisistes. Le compte rendu (3) détaillé des fouilles exécutées au Montmartre, en 1822, sous la direction de l'architecte Caristie (4), donnera une idée plus exacte du temple en question.

« On découvrit, dit cette notice, une muraille élevée environ
« de deux pieds et demi au-dessus du sol antique; sa lar-
« geur était de dix-huit à vingt pouces seulement; en suivant
« sa direction, on la mit au jour sur ses quatre faces, chacune
« de cinquante pieds d'étendue. Du côté de l'Est, on
« rencontra une ouverture de huit pieds, juste au milieu de
« son développement... Faisant creuser dans la partie inté-
« rieure de la muraille, à neuf pieds de distance de tout le
« pourtour, on trouva un second carré en maçonnerie inscrit

(1) L'abbé Parat, *Bull. des Sc. de l'Yonne*, 1914, 2ᵉ sem., p. 388.

(2) *Arrondissement d'Avallon*, p. 62. — Ouvrage malheureusement inachevé.

(3) Par Préjean, ancien procureur du roi à Avallon. Ce travail a été publié en 1829, en tête d'une traduction du *Voyage à Pompéï*, par l'abbé Romanelli.

(4) Caristie, enfant d'Avallon, architecte distingué, fut chargé par le Gouvernement de plusieurs missions savantes.

« au premier, ayant vingt-huit pieds d'étendue sur chaque
« face. Une ouverture, vis-à-vis de la précédente, qui a dû
« être de la même largeur, mais qui était dégradée sur ses

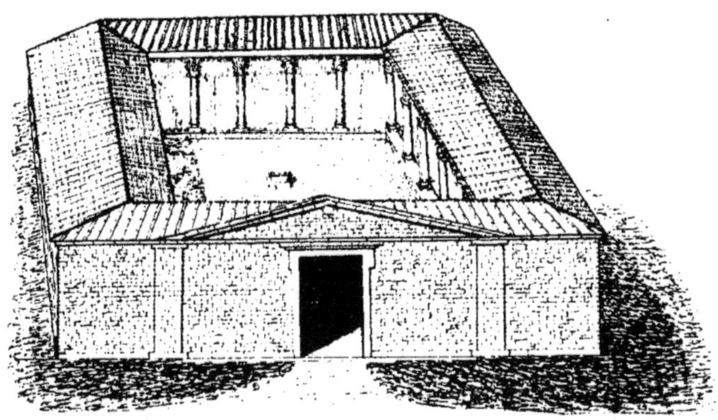

TEMPLE DU MONTMARTRE (reconstitution)

« côtés, indiquait bien que là était le portique, de la largeur
« d'une muraille à l'autre. Le développement de cette mu-

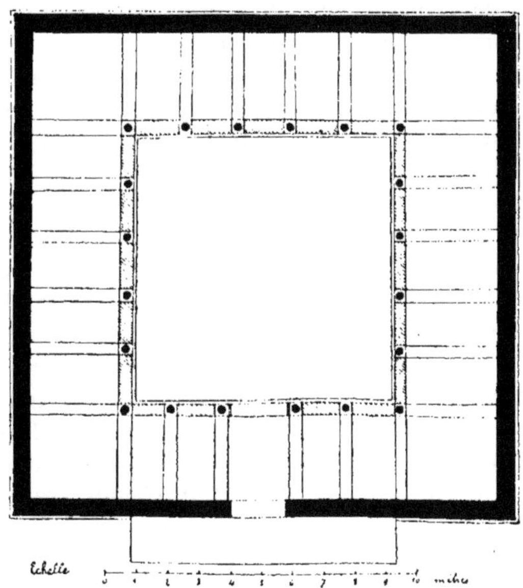

TEMPLE DU MONTMARTRE (plan)

« raille devait former une galerie ou péristyle dont le toit était
« soutenu par des pilastres ou des arcades au travers des-
« quelles le jour était introduit dans la galerie, du carré inté-

« rieur de vingt-huit pieds, qui formait un temple découvert.
« L'autel était sans doute dans cet espace aéré... : c'était
« *l'hypætron* des Grecs (1). » D'après ces renseignements, on
voit que le plan donné par *Villes et Campagnes de l'Yonne*,
page 94, fait de ce péristyle intérieur une galerie extérieure,
et que la restitution du monument, page 95, est le dessin d'un
crayon très habile au service d'une belle imagination.

Au milieu des décombres entassés à l'intérieur, on a découvert en même temps des statues à peu près intactes, des
débris de statues, en pierre ou en marbre, d'un très bon
style (2). On a retrouvé aussi, mais à l'extérieur, la table de
l'autel, formée d'une pierre carrée d'environ soixante-cinq cen-
timètres de côté avec un rebord d'à peu près quatre centi-
mètres; une inscription sur marbre rappelant la dédicace du
temple à Mercure, et paraissant brisée intentionnellement;
et cent quatre médailles romaines, dont la plus ancienne
était de Trajan, et la plus récente, de Valentinien I, mort en
l'année 375.

Cette date nous fournirait-elle quelque indication sur
l'époque de la destruction du temple de Montmartre? — Sur
la fin de de sa vie, c'est-à-dire vers 380, saint Martin de Tours
se fit missionnaire et parcourut le pays des Eduens pour en
extirper les derniers restes du paganisme : partout où il apprenait que le culte idolâtrique tenait encore les hommes sous
le joug du démon, il allait, disent ses biographes, armé de sa
charité, de sa foi et de son zèle, instruisait le peuple, faisait
démolir les temples, et mettait en pièces les statues des faux
dieux. A cause de la coïncidence des dates, ne serait-il pas
permis de penser que saint Martin a traversé nos pays et signalé son passage par la ruine du temple de Montmartre?

Quoi qu'il en soit, ces décombres ont dû servir aux populations voisines de carrières de matériaux tout préparés pour
la construction de leurs demeures; et l'auteur du mémoire
cité déclare (page 12), qu'à Vermoiron (3), hameau situé au
pied et au Nord-Est de la montagne, il a vu des pierres encore
arrondies d'un côté ou portant quelques traits de sculpture,
dans la maçonnerie des plus vieilles maisons.

(1) L'auteur du mémoire assure (page 7, *note*) que cette disposition qu'il attribue au temple du Montmartre lui a été suggérée
par l'architecte directeur des travaux.

(2) Ces sculptures remarquables sont au Musée d'Avallon.

(3) *Vermoiron,* hameau, commune de Vault-de-Lugny.

Au jour marqué par Dieu, la domination romaine prit fin dans les Gaules, chassée par l'invasion des Barbares. Les Burgondes ou Bourguignons s'installèrent en maîtres dans nos pays; pourtant, ils ne dépossédèrent pas de leurs terres les propriétaires gallo-romains; ils se contentèrent de percevoir pour leur propre compte, et sans aucun dégrèvement, bien entendu, les impôts dus auparavant à l'empereur romain. C'est ainsi que le domaine de Domecy resta entre les mains des successeurs de Domitius.

L'un d'eux, nommé Décimius, posséda Domecy à une date que nous ne pouvons préciser (1), mais qui est antérieure à la dernière moitié du cinquième siècle. Vers cette époque, Domecy appartenait, comme terre patrimoniale, à Aunaire ou Aunachaire, fils de Pasteur et de Ragnoara, citoyens d'Autun. Dès son enfance, Aunaire avait été envoyé à la cour de Gontran, roi de Bourgogne; plus tard, il revint à Autun, auprès de l'évêque saint Syagre, qui, voyant son peu de goût pour les grandeurs humaines, l'instruisit et le fit passer par tous les degrés de la cléricature. Et ce fut à Autun que le clergé et le peuple d'Auxerre allèrent, en 573, chercher Aunaire, le choisissant d'une voix unanime pour leur évêque. Dans son diocèse d'Auxerre, la vigilance d'Aunaire sur la discipline, sa charité envers les pauvres, sa bonté et son affabilité pour tous, sa piété, son zèle pour tout ce qui regardait le service de Dieu, firent vraiment de lui le père des fidèles et le modèle des pasteurs; aussi, après sa mort qui arriva en 603, reçut-il les honneurs que l'Eglise décerne aux saints. Par son testament, daté de 593, saint Aunaire donna à l'abbaye de Saint-Germain d'Auxerre sa terre de Domecy, à condition que les religieux de Saint-Germain en consacreraient les revenus à l'église dudit Domecy et aux nécessités du culte à Domecy et à Saint-Père (2) (*Vidiliacum*).

---

(1) A moins de supposer que Décimius et Domitius sont le même personnage.

(2) *Bibl. histor. de l'Yonne*, tome I, p. 332. — *Annuaire de l'Yonne*, 1841, p. 5. — *Bull. de la Soc. des Sc. de l'Yonne*, 2e année, p. 381. — Saint-Père a porté le nom de *Vidiliacum, Vicena-cum*, jusqu'à la fondation, en 862, de son monastère de religieuses, détruit quelques années plus tard : ce monastère était dédié à saint Pierre, dont on a fait Saint-Père. Vézelay doit son existence à son abbaye de Bénédictins, dont les commencements doivent être rapportés à 873 ou 874.

Combien de temps la terre de Domecy resta-t-elle en la possession des religieux de Saint-Germain? Comment cessa-t-elle de leur appartenir? Fut-elle comprise parmi les biens que Charles-Martel confisqua à l'abbaye en 757? Autant de questions auxquelles il nous est impossible de répondre. Nous ne retrouvons la trace de ce domaine que vers 1209, en pleine époque féodale.

CHAPITRE II

SOUS GAUVAIN, VICOMTE D'AVALLON, ET LA BIZORDE, SA FILLE. — LA FAMILLE D'OSTUN; PUIS LA FAMILLE DES SIRES DE DOMECY, BRANCHE DE CELLE D'OSTUN.

I. — GAUVAIN ET SA FILLE, LA BIZORDE. — Au commencement du XIIIe siècle, Gauvain, vicomte d'Avallon, possédait la terre de Domecy, en partie tout au moins. Car, en 1209, voulant, pour le repos de son âme, faire une aumône aux Templiers du Saulce d'Island, il leur donnait une charretée de foin à prendre chaque année au Beriot (1) de Domecy (2). En 1215, la fille, *la Bizorde,* dame de Saux, suivit son exemple, en faisant aux mêmes religieux et dans le même but, un don semblable, attesté par Gauthier, évêque d'Autun (3).

En l'absence de tout document, on ne saurait dire si *la Bizorde* a transmis, par acte de vente ou par contrat de mariage, sa propriété de Domecy à la famille d'Ostun (4). Dix

(1) Prairie située entre Island et la route actuelle d'Avallon.
(2) Arch. de l'Yonne, H, 2237.
(3) Ego Galterus, Dei gratia Eduensis episcopus, notum facio omnibus presens scriptum inspecturis, quod Bisorda, domina de Saux, filia domini Gauvaim, vicecomitis de Avalone, dedit et concessit in liberam elemosinam Deo et fratribus milicie Templi, unam charram feni in Bruilio de Dommece pro anima sua, sicut predictus Gauvains pater suus alteram charram dedit in eodem Bruilio pro anima sua. Et ego ad petitionem ipsius Bisorde sigillum meum in testimonio presenti scripto apposui. Anno gratie m° cc° quintodecimo. (Arch. de l'Yonne, H supp., 2239). — (Cette charte a été vidimée en 1263 par l'official de l'archidiacre d'Avallon.)
(4) Le nom de cette famille indique son origine, *Autun* : on a conservé dans ce travail l'orthographe, *Ostun,* donnée toujours au nom de ces seigneurs.

ans plus tard, nous trouvons cette famille ici, ayant la jouissance de la totalité de la terre de Domecy.

Les d'Ostun portaient : *d'azur au sautoir d'or.*

II. — LA FAMILLE D'OSTUN. — 1. *Renaud d'Ostun,*
chevalier (1225-1251). — Quelle que soit la raison
qui ait fixé la famille d'Ostun à Domecy, le chevalier Renaud, qui la représentait, possédait, outre
Domecy, des terres à Island, à Annéot, à Girolles,
des maisons à Avallon, etc. Comme le vicomte
Gauvain, il fit des donations pieuses aux Templiers d'Island, au
Chapitre de Saint-Lazare d'Avallon, à l'église de Domecy.

C'est ainsi que, en 1225, en présence de Mauger, archiprêtre
d'Avallon, il fit remise aux Templiers d'Island de tous les
cens ou redevances qu'ils devaient lui payer; en même temps,
il leur accordait la liberté de récolter les raisins de leur vigne
du mont Island quand ils le voudraient et sans ban de vendange : cette donation était faite en vue du repos de son
âme, de celle de *la comtesse,* sa femme, et aussi de celles de
son père, de sa mère et de tous ses ancêtres; enfin, il voulait
que, s'il manquait à sa parole, l'archiprêtre pût l'excommu-
nier et mettre sa terre en interdit (1). Après avoir reçu l'approbation de Gui d'Ostun, fils de Renaud, cet acte, scellé
du sceau de l'archiprêtre, fut remis aux Templiers.

Quelques années plus tard, au mois de décembre 1236,
Renaud d'Ostun, seigneur de Domecy, vendit aux chanoines

(1) Ego magister Malgerus, archipresbiter Avalonensis, notum
facimus presentibus et futuris quod dominus Regnaudus de Edua,
miles, omnes denarios censuales quos fratres militie Templi de
Salice Hylenci debebant eidem R. militi, et libertatem vende-
miandi vineam suam quam dicti fratres possident in monte Hylenci quandocunque voluerint sine bancho, dedit, et concessit
dictus R. miles in perpetuam helemosinam et pro remedio anime
sue, et pro anima domine comitisse uxoris sue, et pro animabus
patris et matris et antecessorum suorum prefatis fratibus domus
superius memorate. Hanc vero helemosinam laudavit et ratam
habuit Guido, filius dicti R. militis. Voluit autem et dictus R. et
jussit quod, si a prefatis conventionibus resiliret, archipresbiter
Avalonensis personam ipsius excommunicationi et terram ejus
submitteret interdicto. Quod ut stabile permaneat, ad preces presentium presentem paginam sigillo proprio predictis fratribus
tradidimus roboratam. Actum anno gratie m° cc° xx° v° mense
aprili. (Arch. de l'Yonne, II, 2240).

de Saint-Lazare d'Avallon, moyennant la somme de quarante-trois livres de Dijon, payée comptant, tout ce qu'il possédait à Girolles et à Annéot; ses six fils, Gui, Anséric, Jean, *le Bougre*, Pierre et Guillaume, approuvèrent l'acte, et même, le dernier renonça par serment à tous les droits qu'il pouvait avoir sur ces héritages; l'archidiacre d'Avallon et Jocelin d'Avallon, chevalier, seigneur du Vault-de-Lugny, scellèrent la charte de vente et la remirent aux chanoines acquéreurs (1).

Au commencement de l'année 1248, Renaud d'Ostun partit sans doute avec le duc de Bourgogne pour la croisade de Saint Louis, en Egypte. Le nom de notre chevalier ne s'est point encore rencontré, il est vrai, dans quelque document établissant d'une façon péremptoire sa participation à cette expédition d'outre-mer; mais il est certain que Renaud d'Ostun s'absenta précisément alors de sa seigneurie de Domecy, — qu'il y reparut en 1251, juste après le retour du duc de Bourgogne dans ses Etats : c'est là ce qui nous porte à croire qu'il fut au nombre des croisés de la Bourgogne. De plus, de 1248 à 1251, Gui, son fils aîné, agit en son nom et comme son fondé de pouvoirs : ainsi, pendant cette croisade, Gui approuva la fondation, par Yves de Vézelay, chanoine de Chartres, d'une chapellenie dans l'église de Domecy. Plus loin, quand nous parlerons de l'église, nous reviendrons sur cette fondation.

Au mois de juillet 1251, Renaud d'Ostun était de retour à Domecy : en présence d'Hugues IV, duc de Bourgogne, qui

(1) Ego Hugo, archidiaconus Avalonis, et ego Jocelinus miles, dominus Vallis Olyniaci, omnibus presentes litteras inspecturis, notum facimus quod dominus Regnaudus miles, de Edua, vendidit et precise quitavit canonicis Avalon., quicquid ipse possidebat in terragiis et villis de Gyrolis et de Annaot, pro quadraginta et tribus libris divionens. sibi solutis. Hanc autem venditionem laudaverunt et quitaverunt filii sui, scilicet Guido, Ansericus, et Johannes, et *li Bogrus*, et Petrus, et Guillermus; Guillermus vero frater eorundem dedit et quitavit quicquid juris habebat vel habere poterat in rebus venditis, et hoc, prestito sacramento. In cujus rei testimonium et munimen nos ad peticionem Regnaudi militis, de Edua, et filiorum suorum, supradictis canonicis presentes litteras sigillorum nostrorum munimine tradidimus roboratas. Actum anno Domini m° cc° xxx° sexto, mense decembri. (Arch. de l'Yonne, G, 2208.)

attesta d'abord que ledit Renaud était sain de corps et d'esprit et jouissait de tous ses droits, le seigneur de Domecy reconnut qu'à tout jamais et à titre d'aumône pour le repos de son âme et de celles de ses prédécesseurs, il concédait aux frères de la milice du Temple, établis à Island, toutes les tierces (1) qu'il levait et auxquelles il pouvait avoir droit sur leurs terres, promettant de leur donner toute garantie contre les réclamations possibles; et le duc approuva cet abandon de droits sur une terre dont il était le suzerain, et il scella l'acte de son sceau (2). Le chevalier Renaud d'Ostun mourut peu de temps après cette donation.

2. — *Gui I d'Ostun* (.. 1251-novembre 1251). — A la mort de son père, Gui I d'Ostun recueillit seul la seigneurie de Domecy : ses cinq frères étaient-ils morts, ou bien leur dotation leur avait-elle été faite du vivant de leur père?... Ce qui est sûr, c'est que leurs noms ne paraissent plus; et ils ne figurent pas dans l'acte par lequel le chevalier Gui I d'Ostun, seigneur de Domecy, donnait aux Hospitaliers de Pontaubert (3), novembre 1251, dix sous de rente annuelle et perpétuelle, payables le lendemain de la Toussaint par ceux qui percevaient les tierces de Domecy; il assurait toutefois que cette

(1) Impôt en nature qui se percevait sur certaines terres, mais seulement quand elles portaient du blé.

(2) Nos Hugo, dux Burgundie, notum facimus universis presentes litteras inspecturis quod coram nobis constitutus Regnaudus de Edua, miles, compos mentis sue et sui juris et in bona sanitate, recognovit se dedisse et concessisse et penitus quittavisse in puram et perpetuam helemosynam pro remedio anime sue et antecessorum suorum, Deo et fratribus domus Templi de domo Salicis Yolendi, omnes tercias quas habebat vel habere debebat vel poterat in omnibus campis dicte domus eisdem fratribus jure hereditario possidendas, promittens per fidem suam in manu nostra corporaliter prestitam quod contra donationem seu quittationem istam per se vel per alium non veniet in futurum nec venire poterit. Et sciendum est quod omnia predicta dictus Regnaudus tenetur garantire contra omnes, fratribus antedictis. Nos vero dictam donationem, concessionem et quittationem istam que de fundo nostro movebatur, volumus, laudamus et penitus acceptavimus. Et ut ratum et firmum permaneat, ad petitionem dicti R. militis presentes litteras sigilli nostri munimine roboravimus. Actum anno gratie m° cc° l° primo, mense julii. (Arch. de l'Yonne, H, 2240.)

(3) *Pontaubert,* canton d'Avallon, Yonne.

rente, constituée en vue de son anniversaire à célébrer dans l'église desdits Hospitaliers de Pontaubert, n'était ainsi assise que provisoirement et en attendant qu'elle fût autrement garantie (1). Il n'eut pas le temps de régler définitivement cette affaire comme il en avait l'intention, car la mort le surprit dans le courant du même mois. De son mariage avec dame Hermine, il laissait six enfants : Gui II qui suit, Gautier, Renaud, Guillaume, Hermine qui épousa Hugues de Sainte-Pallaye, et Jean, dit le Petit de Domecy, « *li Piteaul de Domeci* » ; ce dernier mourut jeune, peu après son mariage avec Aalis qui le suivit bientôt dans la tombe.

3. — *Gui II d'Ostun* (novembre 1251-octobre 1274). — Le premier acte de Gui II d'Ostun fut de ratifier (novembre 1251) la fondation récemment faite par son père aux Hospitaliers de Pontaubert; cet acte fut reçu par l'archidiacre d'Avallon dans les mêmes termes que la fondation elle-même (2). Gui était assisté de sa mère, parce qu'il n'était pas encore majeur; c'est pour la même raison qu'en décembre suivant, Hermine intervint de nouveau, lorsque Gui demanda au duc de Bourgogne confirmation du don fait aux Templiers d'Island, en juillet de la même année, par son aïeul, Renaud d'Ostun (3).

(1) Arch. de l'Yonne, H, 2235.

(2) Universis presentes litteras inspecturis, H, archidiaconus Avalon., salutem in Domino. Noverint universi ad quos presentes littere pervenerint quod Hermina, relicta domini Guidonis de Edua, militis, et Guido eorum filius, in nostra presentia constituti, confessi sunt quod prefatus Guido in vita sua dedit in perpetuam elemosinam domui Hospitalariorum de Ponte Herberti pro remedio anime sue et anniversario suo ibidem annuatim celebrando decem solidos divion. annui redditus in crastino omnium sanctorum persolvendos ab hiis qui tercias terre de Domiciaco possidebunt, quousque dicti decem solidi ad arbitrium discretorum alibi fuerint assignati. Hanc autem donationem dicti Hermina et Guido filius ejus laudaverunt ac benigne concesserunt. In hujus igitur rei testimonium et notitiam ad petitionem dictorum Hermine et Guidonis presentes litteras sigilli nostri mumimine fecimus roborari. Actum anno Domini millesimo ducentesimo (*sic*) quinquagesimo primo, mense nevembri. (*Original*, Arch. de l'Yonne, H, 2239).

(3) Arch. de l'Yonne, H, 2240. — La pièce ne sera pas reproduite, si elle n'intéresse pas directement Domecy; la source en sera seule indiquée. — Dans le document visé, la demande de con-

Renaud et Guillaume, frères de Gui II, avaient atteint leur majorité en 1258, quand ils conclurent un accord au sujet de leurs biens d'Avallon et d'Island : cet acte fut approuvé par le duc de Bourgogne, au mois de juillet (1).

Par acte du mardi avant la fête de Saint-Georges, au mois d'avril 1263, Gauthier, frère des précédents, acquiesçait à l'autorisation accordée par le duc de Bourgogne aux Templiers d'Island de conduire en pâture leur bétail et de jouir du droit d'usage dans les bois en sa mouvance; et même, pour bien marquer sa soumission à l'acte du duc, Gauthier d'Ostun permettait à ses hommes d'Island de vendre leurs héritages aux dits Templiers, pourvu que ses droits seigneuriaux fussent réservés (2). Il est impossible de ne pas voir dans ce dernier article une preuve que les habitants d'Island étaient déjà affranchis, ou du moins que le servage était bien mitigé pour eux.

De son côté, Hermine d'Ostun, femme d'Hugues de Sainte-Pallaye (3), et dame en partie de Domecy, déclarait par devant l'official d'Auxerre, en mai 1273, que du consentement de son époux elle faisait don aux religieuses de l'abbaye de Crisenon (4) d'une rente de douze sous tournois à prendre sur les tailles de Domecy, et à attribuer à la pitance de ladite communauté de Crisenon, le jour où serait célébré dans l'église de ce lieu l'anniversaire de son frère Jean, dit le Petit de Domecy, et de sa belle-sœur, Aalis, veuve de Jean, du diocèse de Chartres (5). Ces faits locaux démontrent une fois de plus que le droit d'aînesse n'empêchait pas que chacun des enfants de la famille fût doté d'une part des revenus de la seigneurie, l'aîné ayant en outre, de droit et par préciput, la maison-fort ou manoir paternel avec le *vol d'un chapon*, c'est-à-dire trois ou quatre arpents de terre, quelquefois plus, joignant et entourant le manoir (6).

Gui II d'Ostun mourut en octobre 1274, laissant quatre fils,

firmation n'était pas nécessaire, puisque le duc de Bourgogne avait approuvé la donation même.

(1) Arch. de l'Yonne, G, 2209.

(2) Arch. de l'Yonne, H, 2240.

(3) *Sainte-Pallaye*, canton de Vermenton, Yonne.

(4) *Crisenon*, commune de Prégilbert, Yonne; autrefois abbaye de Bénédictines.

(5) Arch. de l'Yonne, H, 1850.

(6) Coutumier général, t. II, page 1171; et dans toutes les Coutumes.

Guillaume, l'aîné, Pierre, Guillemin et Gauthier, entre lesquels furent partagés les revenus de la seigneurie de Domecy.

II. — LES SIRES DE DOMECY, BRANCHE DE LA FAMILLE D'OSTUN. — 1. *Guillemin d'Ostun*, dit *Guillaume de Domecy* (octobre 1274-1315). — L'aîné des fils de Gui II, Guillaume d'Ostun, possédait non seulement la maison-fort de Domecy et le terrain qui en était inséparable, mais encore des fiefs situés près de Dracy-Saint-Loup (1), mouvant du duc de Bourgogne, et provenant vraisemblablement de sa mère; par suite de son mariage avec Béatrix de Riveau, il ajouta à ces terres la seigneurie de Montjeu (2), où il se fixa. Il vendit alors, le lendemain de la fête de saint Jacques, apôtre (le 26 juillet de l'année 1274), tous ses droits sur Domecy à son jeune frère Guillemin d'Ostun (3). Seulement, il conserva, comme

(1) *Dracy-Saint-Loup*, canton d'Autun, Saône-et-Loire.

(2) *Montjeu*, commune de Broyes, Saône-et-Loire.

(3) In nomine Domini. Amen. Anno incarnationis millesimo ducentesimo septuagesimo et quarto, mense julio, in crastino festi beati Jacobi apostoli, ego Guilielmus de Edua, quondam filius Guidonis de Edua, militis, domini de Domeciaco, et Beatrix, uxor mea, notum facimus universis presentes litteras inspecturis quod nos sponte, provide, sine vi nec metu, pro utilitate nostra super hoc considerata, vendimus, cedimus et quittamus in perpetuum Guliermino, fratri meo, et suis, in perpetuam hereditatem, domum meam de Domeciaco mihi maximo natu pertinentem, quartam meam partem et quartum meum jus quam et quod habeo aut habere possum in omnibus bonis que habebamus inter me et dictum Gulierminum et fratres nostros Petrum et Galterum communia, mobilia et hereditaria, tam in domibus, mansis, tenementis, terris, vineis, pratis, quam in omnibus aliis rebus et juribus, excepto tamen penitus quod habeo in Yelent possidendum, videlicet pro sexaginta libris Divion. mihi solutis a dicto Guliermino fratre meo in pecunia numerata de quibus me teneo pro pagato. Sciendum est preterea quod ego et Beatrix, uxor mea, et heredes nostri tenemur per juramentum corporaliter prestitum et sub obligatione omnium bonorum nostrorum presentium et futurorum hoc bona fide tenere, firmiter et inviolabiliter observare, et adversus omnes nostris expensis propriis defendere et garantire. In cujus rei testimonium sigillum curie Avalon. litteris istis rogavimus apponi. Actum in presentia magistri Johannis de Sauvigniaco clerici, notarii, vener. viri Gulielmi, archidiac. Avalon., et Hemerici prepositi, testium ad hoc vocatorum, anno, die et mense predictis. (Arch. de la Côte-d'Or, B, 10484.)

l'aîné de la famille, les armes des d'Ostun ; il changea son nom de famille pour celui de sa seigneurie, et devint la souche des sires de Montjeu.

Pierre, le cadet, possédait aussi par héritage des droits à Domecy, des terres à Island, et un petit fief à Dracy-Saint-Loup ; en 1287, il était qualifié chevalier et bailli d'Auxois, seigneur d'autres terres qu'il avait acquises aux environs de Dracy. Il reçut encore du duc de Bourgogne d'autres fiefs dont la réunion avec les précédents lui constitua une seigneurie considérable ; et, comme sa charge de bailli d'Auxois le mettait en grande faveur auprès du duc, il demeura dans sa terre de Dracy dont il prit le nom, après avoir sans doute vendu aussi à son frère Guillemin tous ses droits sur Domecy ; il mit des brisures de cadet dans le blason de ses ancêtres, *d'azur au sautoir d'or cantonné de quatre étoiles à six rais, de même,* et devint le chef des sires de Dracy.

Ayant ainsi réuni les trois quarts de la seigneurie de Domecy, Guillemin d'Ostun fit comme ses frères, abandonna son nom patronymique pour adopter celui de sa terre et s'appeler Guillaume de Domecy : c'est sous ce nom qu'il passera désormais ses actes ; il prit aussi de nouvelles armes, *d'azur au lion issant d'or accompagné de six besans de même.* Il fut la souche des sires de Domecy.

Quant au quatrième fils, Gauthier d'Ostun, il garda la part de la seigneurie de Domecy qui lui était échue à la mort de son père, et s'appela désormais Gauthier de Domecy.

Par acte d'octobre 1274, Guillaume de Domecy, damoiseau, reconnut par devant l'official d'Autun, qu'à l'évêque de ce siège appartenait la collation de deux chapellenies existant dans l'église Saint-Léger-de-Domecy : l'une, on s'en souvient, avait été fondée par Yves de Vézelay, chanoine de Chartres ; l'autre devait son existence à Gui I d'Ostun, comme nous le verrons en rapportant cette pièce dans le chapitre relatif à l'église. Les deux fondateurs avaient expressément réservé que cette nomination reviendrait à l'évêque après leur mort et après celle d'Hermine, veuve de Gui I, et de leur fils Gui II.

Le 12 avril 1288, Guillaume de Domecy était reconnu comme suzerain des possessions de son frère, Gauthier, et vassal de Marguerite de Chalon, dame de Montréal, à cause du château d'Avallon ; et cet aveu était rendu par Hugues de Brugny, époux de Margueronne de Sainte-Pallaye, laquelle était fille d'Hugues de Sainte-Pallaye et d'Hermine d'Ostun.

La pièce est ainsi analysée aux Archives de la Côte-d'Or :
« Ou mois d'avril 1288, Hugues dict li Pacaudez de Bruigney,
« damoiseau, et Margueronne sa femme, fille du deffunct
« Hugues de Saincte-Palais (*de Sancta Paladia*), chevalier,
« cèdent et transportent à Gautier de Domecy (*de Domiceyo*),
« damoiseau, toutes les maisons, granges et édifices qui fu-
« rent à feu Jean, dict le Petit de Domecy, damoiseau, sci-
« tués audict Domecy, avec l'ouche, les fossés et dépendances,
« lesquelles choses proviennent du chef de lad. Margueronne
« et les tient en fief-lige sans rière-fief de dame Marguerite
« de Châlon, dame de Montréal, à cause du chasteau d'Ava-
« lon, lesquelles choses led. Gautier de Domecy et les siens
« tiendront désormais en fief de Guillaume, son frère, et en
« arrière-fief de lad. dame Marguerite à cause dud. chas-
« teau d'Avalon. Et led. Gautier cède en eschange auxd. Hu-
« gue et Margueronne sa femme certaines maison, grange et
« jardin scitués à Domecy, qui furent à feu Jean, dit le Pi-
« teaul de Domecy, damoiseau; item, certaines vignes, etc.
« Et, comme led. Gautier tenoit lesd. choses en fief de Guil-
« laume, son frère, et en rière-fief de lad. dame Marguerite
« de Châlon, dame de Montréal, à cause dud. Avalon, c'est
« pourquoi il est dict que lesd. Hugue et sad. femme les tien-
« dront désormais en fief-lige de lad. dame de Montréal, et
« non plus à cause dud. chasteau d'Avalon (1). »

Le droit féodal légitimait-il ces transmissions de vassalité?
Ce serait à étudier. Toutefois, il y a là un indice que la
concorde ne régnait pas absolument dans la famille de Guillaume de Domecy. Ne cherchait-on pas un moyen pour empêcher celui-ci de se rendre seul possesseur de la terre familiale? Tel était, ce nous semble, le but poursuivi.

A la mort de Gauthier de Domecy, décédé sans enfants, ses
héritiers, loin de désarmer, poussèrent les choses à une telle
extrémité qu'il devint impossible de réunir toute la seigneurie dans la même main. Car, en mai 1316, Marguerite de Dissangis (2), épouse de Gauthier d'Arcy (3), déclara qu'avant
son mariage elle avait vendu au duc de Bourgogne « tout le
« fief que tenoit d'elle Gautier de Domecy, son oncle, en la

(1) Arch. de la Côte-d'Or, B, 10484; Recueil de Peincédé, vol. 9,
page 8.
(2) *Dissangis*, canton de l'Isle-sur-le-Serein, Yonne.
(3) *Arcy-sur-Cure*, canton de Vermenton, Yonne.

« *ville* de Domecy, savoir : la maison-fort (1), le moulin, le
« pressoir, les étangs, quinze *magnies* (familles) d'hommes,
« la moitié des noix qui chient (choient, tombent) ès chemins,
« plus le fief de Jean de la Grange, écuyer, et tout ce que son
« oncle possédoit quand il vivoit en cette dicte ville, et ce
« pour la somme de 100 livres qu'elle a resceu du duc; cet
« acte est approuvé par son mari, par Agnès, veuve de Gau-
« tier de Domecy, par Jean d'Arcy, son fils, héritier testa-
« mentaire de Gautier, qui reconnaissent devoir foi et hom-
« mage au duc. Témoin, Geoffroy de Tharot, écuyer (2). »
De plus, le samedi avant la Saint-Michel (25 septembre 1316),
Guillaume de Brugny (3), fils d'Hugues de Brugny et de Margueronne de Sainte-Pallaye, lui aussi légataire de Gauthier de
Domecy, cédait pareillement à Eudes IV, duc de Bourgogne,
tout ce qu'il possédait à Domecy (4). Guillaume de Domecy
était mort dans le courant de l'année 1315, au milieu de toutes
ces difficultés.

2. — *Jean de Domecy, écuyer* (1315-1370 au moins). —
Le 23 octobre de l'année 1315, Jean de Domecy, écuyer, que
nous croyons le fils de Guillaume de Domecy qui précède (5 ,
rendait hommage à son tour et en personne de *sa terre* de
Domecy, au duc de Bourgogne présent à Aisey (6). Par l'expression *sa terre* de Domecy, il faut entendre la part de la
succession de ses pères dont il avait la jouissance; car un
peu plus tard, nous trouvons que cet héritage ancestral était
possédé par portions par les descendants des d'Ostun : en
1323, par exemple, Soyers, seigneur de la Motte du Saulce
d'Island, déclarait tenir en fief du duc de Bourgogne, outre
certaines propriétés à Island, à Fontette (7), à Tharoiseau,
à Pontaubert, *le quart* de la maison-fort qui a appartenu à
Regnaudin (Renaud) d'Ostun (8); en 1331, Guillaume Rasteaux, seigneur de Brugny, s'engageait à payer la moitié de la

---

(1) C'est-à-dire les droits qu'elle avait sur cette maison-fort et
sur le reste.
(2) Arch. de la Côte-d'Or, B, 10493, original.
(3) *Brugny*, canton d'Anglure, Marne.
(4) Arch. de la Côte-d'Or, B, 10495, original.
(5) Pour le xiv\ :superscript:`e` et le xv\ :superscript:`e` siècle, il n'a pas toujours été possible
d'établir positivement la filiation des seigneurs de Domecy.
(6) *Aisey-le-Duc*, arr. de Châtillon, Côte-d'Or.
(7) *Fontette*, hameau de Saint-Père.
(8) Arch. de la Côte-d'Or, B, 10499, original.

rente de 10 sous de Dijon, aumônée en 1251, aux Templiers du Saulce d'Island, par Hermine et Gui d'Ostun, *dont il était héritier pour moitié* (1).

Cette reconnaissance, faite par Guillaume Rasteaux, répondait à une nécessité du moment : l'Ordre des Templiers avait été supprimé en 1312, à la suite d'un procès qui probablement restera une insoluble énigme historique; et les biens des Templiers avaient été *dévolus,* selon le langage actuel, à d'autres religieux. Les propriétés du Saulce d'Island ayant été *attribuées* en 1328 aux Hospitaliers de Pontaubert (2), il s'agissait de garantir à ces derniers les rentes dont les premiers avaient eu la jouissance.

Sur ces entrefaites, Jean de Domecy, chevalier, seigneur dudit lieu, avait pu enfin, vers 1327, s'entendre avec ledit Guillaume Rasteaux et lui racheter les droits que celui-ci tenait de Renaud d'Ostun, par sa femme, sur différentes redevances seigneuriales et sur une maison, le tout situé à Coutarnoux (3); seulement, les religieux de Saint-Germain d'Auxerre revendiquèrent ces redevances; et l'affaire fut portée devant le Parlement de Paris et ne se termina que le 22 février 1341 par un accord aux termes duquel le chevalier Jean de Domecy s'engageait à payer annuellement à l'abbaye une rente de sept livres, et à liquider les frais de l'instance (4).

On était alors aux débuts de cette guerre longue et désastreuse, soutenue par la France contre l'Angleterre, et qu'on a appelée la guerre de Cent Ans. Elle avait eu comme prélude, au commencement du xiv' siècle, les luttes de Philippe le Bel avec les Flamands : dans les rangs des Français avait combattu le chevalier Archambaud de Domecy, frère de Jean de Domecy, seigneur dudit lieu. Son écu, celui de la famille, figure sur un sceau orbiculaire de 24 millimètres, apposé à une quittance de l'*ost* (5) de Flandre, en date du 30 septembre 1302, quelques semaines après la bataille de Courtray : il est mis en franc quartier sur l'écu de France, semé de fleurs de lys; et les *six besans sous un lion issant* représentés à cette place (6), nous paraissent une preuve évidente que

(1) Arch. de l'Yonne, H, 2239.
(2) Arch. de l'Yonne, H, 2260.
(3) *Coutarnoux,* canton de l'Isle-sur-le-Serain, Yonne.
(4) Arch. Nationales, X¹²-2ᴬ.
(5) *Ost,* armée.
(6) Bibl. Nat., Collection Clairambault.

le chevalier Archambaud de Domecy avait un commandement
ou une fonction élevée parmi les troupes françaises.

C'est là d'ailleurs la seule mention rencontrée de cet enfant
des sires de Domecy.

La guerre de Cent Ans était donc commencée; et le roi de
France appelait sous les armes tous les chevaliers du royaume:
il s'agissait d'empêcher le pays de tomber sous le joug étranger.

Quand, au mois de janvier 1346, tous les vassaux du duc de
Bourgogne dans le bailliage d'Auxois furent convoqués à Avallon, le chevalier Jean de Domecy, à cause sans doute de son
grand âge, ne put répondre à cet appel : son nom ne paraît
point sur les listes des chevaliers qui s'en allèrent rejoindre
Philippe de Valois et combattre à Crécy. Mais quelques années plus tard, 1358-1359, il payait largement l'impôt du
sang; car dans les « montres (revues) des gens d'armes et
« sergens receus par Messire Girart de Thury, mareschal de
« Bourgogne, et ses députez, tant de la frontière d'Avalon
« comme des autres frontières et garnisons du pays de Bour-
« gongne », on vit cinq des fils du sire de Domecy : Andrieu,
Guillaume, qui était capitaine de Semur, Fromont, André qui
servait en qualité de lieutenant du maréchal de Bourgogne,
et Perrenet ou Perrin (1).

Tel était l'entrain avec lequel les chevaliers et les nobles
de la Bourgogne se préparaient à défendre le pays. Car la
défaite du roi Jean le Bon à Poitiers, le 19 septembre 1356,
avait laissé toutes les barrières ouvertes; et non seulement
les grandes compagnies commettaient partout d'effroyables
ravages, mais encore en 1358, Edouard III d'Angleterre des-
cendait sur la Champagne, bien décidé à pénétrer en Bourgogne. L'effort de la noblesse bourguignonne contre l'envahis-
seur fut stérile : le jeune duc de Bourgogne, Philippe de
Rouvre, voulant à tout prix éviter à son duché les horreurs
du pillage, signa avec le roi d'Angleterre le traité de Guillon (2), 10 mars 1360, par lequel il s'engageait à payer à une
date très rapprochée la somme énorme de 200.000 deniers
d'or.

La période qui suivit le traité de Guillon fut profondément
troublée par les incursions que faisaient les Anglais au mépris

____

(1) Bibl. Nat., N. A. F., n° 1036.
(2) *Guillon*, ch.-l. de canton, arr. d'Avallon, Yonne.

de toutes les conventions, et surtout par les désastres que les routiers accumulaient partout sur leur passage. Pendant ce temps, nous perdons la trace des quatre premiers combattants cités plus haut et donnés au pays par le sire de Domecy; nous ignorons même si « le monsieur Jean de Domecy » à qui la maladrerie d'Avallon devait une rente en 1370 (1) est le même Jean de Domecy que nous avons vu rendant hommage au duc de Bourgogne en 1315.

Cependant, les Anglais avaient évacué nos provinces; mais ils furent suivis par de nouvelles bandes de routiers ou tard-venus, qui achevèrent de ruiner la région. Gui de Pontoiller, maréchal de Bourgogne, entreprit de leur donner la chasse, et dans ce but leva des troupes. Perrin de Domecy s'enrôla avec son puîné, Renaud, comme homme d'armes de Simon de Dracey : on peut dire qu'ainsi nos deux guerriers étaient en famille, puisque Simon de Dracey (ou de Dracy-Saint-Loup) était, comme eux, un descendant des d'Ostun de Domecy. Le 14 janvier 1365, ils furent reçus à Châtillon-sur-Seine, en présence du sire de Sombernon (2) et de Gui le Baveux, dans une « montre » dont le procès-verbal s'exprime ainsi : « Perrin de Domecy, chevalier, — cheval tout noir, armey entier », c'est-à-dire avec une armure complète; « Regnaud de Domecy, chevalier, — cheval bay, armey senz « piez et jambes (3) », c'est-à-dire avec une armure incomplète, dépourvue des pièces destinées à protéger les pieds et les jambes.

Le 25 janvier suivant et au même lieu de Châtillon, un membre de la même famille, Philibert de Domecy, écuyer, vint « en croissance » (renfort) se joindre à la compagnie de Jean de Vienne (4). Nous ne trouvons plus ce Philibert de Domecy qui périt sans doute dans un engagement avec les pillards; mais, le 26 juillet 1366, nous revoyons Perrin de Domecy (de Dompci) qui guerroie toujours contre eux dans l'Autunois sous les ordres du bailli d'Autun (5). Le 30 du même mois, son frère, Renaud de Domecy (de Domaci), comparaît dans la « montre » de Jean de Noyers, qui se tient

(1) Arch. d'Avallon, GG, 134. Il n'est pas impossible qu'il s'agisse du même personnage.
(2) *Sombernon*, arr. de Dijon, Côte-d'Or.
(3) Arch. de la Côte-d'Or, B, 11745.
(4) Ch. des Comptes de Bourgogne, Reg. des montres, à la date.
(5) Mémoires de la Soc. Eduenne, t. 26, page 33.

à Dijon, et encore, le 31 août 1372, dans une autre « montre » de Hugues de Vienne, à la Motte de Centroye (1) : cette fois, notre Renaud de Domecy a son armure complète, car il est ainsi désigné : « cheval bay, armé entier (2) ». Et pendant ces expéditions de leurs seigneurs, les habitants de nos campagnes mouraient de faim, en 1369, et ne pouvaient payer leurs tailles; ils n'avaient même plus d'abri, car à chaque passage de routiers, ils avaient dû, sur l'ordre du duc de Bourgogne, découvrir leurs maisons et enlever la paille qui en formait le toit, pour les soustraire au danger d'incendie (3).

3. — *Renaud de Domecy* (après 1370, en 1397 et au delà). — En 1387, le seigneur de Domecy était Renaud de Domecy : des lettres de Philippe le Hardi, duc de Bourgogne, établissent le 10 novembre, que par sa femme ce seigneur possédait encore la moitié de la seigneurie de Sassenay (4), dont le revenu était de vingt-cinq livres (5). Renaud de Domecy assista aux Etats de Bourgogne convoqués à Dijon, le 26 août 1397, afin de voter quatre-vingt mille livres pour la rançon de Jean (6), comte de Nevers, fils aîné du duc, prisonnier des Turcs (7).

4. — *X... de Domecy* (de... à 1440). — Nous avons suivi les sires de Domecy jusqu'à la fin du xive siècle. Mais ensuite, à qui appartint la seigneurie?... Nous perdons tout à fait de vue cette famille dans la première moitié du xve siècle (8).

Il est vrai que, durant cette dernière période de la guerre de Cent Ans, des calamités inouïes sont venues coup sur coup fondre sur nos malheureux pays. Ainsi, en 1403, la misère est extrême et les habitants ne savent comment se nourrir; en 1408, Gui de Bar, qui a mission de veiller à la sûreté de l'Avallonnais, parcourt les campagnes pour repous-

(1) *La Motte de Centroie* (non identifié).
(2) Bibl. Nat., N. A. F., 1036, fº 76 et fº 95.
(3) E. PETIT, *Les Ducs de Bourgogne*, t. I, page 253.
(4) *Sassenay*, canton de Chalon-sur-Saône, Saône-et-Loire.
(5) Arch. de la Côte-d'Or, B, 10504.
(6) Le futur duc de Bourgogne, Jean sans Peur.
(7) Bibl. Nat., Collect. Bourgogne, t. 53, fº 62 rº.
(8) Nous ne sommes pas absolument certain si Renaud de Domecy est le chevalier incomplètement armé de 1365, ou le fils de Perrin de Domecy.

ser les ennemis qui mettent tout au pillage et menacent Avallon (1); en 1414, de nouvelles bandes paraissent et recommencent à tout saccager, pendant qu'Avallon fait des « enarmemens » et prépare sa défense contre leurs attaques (2); puis, c'est la guerre entre les Armagnacs et les Bourguignons qui commence dans nos contrées par la prise de Voutenay, 1419 : il faut que les populations, déjà si épuisées de l'Avallonnais, se cotisent pour faire rentrer cette place sous l'autorité du duc de Bourgogne (3); en 1422, les habitants « sont povres et misérables pour cause des gens « d'armes dont ils ont eu moult charges à supporter et en « sont très fort grevez et dommaigiez (4) »; en 1429, l'année même où la bienheureuse Jeanne d'Arc entreprend de bouter l'étranger hors de France, les Armagnacs « ont fait « de l'Auxois (5) et de l'Avallonnais une solitude » (6); et ces incursions des ennemis se renouvellent à tout moment. La paix d'Arras, 1435, qui réconcilie le roi de France et le duc de Bourgogne, n'interrompt pas les hostilités : des troupes désormais sans drapeau continuent la guerre pour leur propre compte, dévastant nos pays, d'abord sous la conduite du redoutable capitaine Fortépice, puis sous celle de Robert Floquet, bailli d'Evreux; en 1435, Robert Floquet campe pendant plusieurs mois à Pontaubert et au Vault-de-Lugny; par ses ordres, les blés qui n'étaient pas encore mûrs, sont coupés dans tous les environs; on enlève les bestiaux ou bien on leur coupe les jarrets quand on ne peut les emmener; les hommes sont rançonnés, et leurs familles subissent d'odieuses violences qu'il est impossible de raconter. Nos populations ruinées, décimées, qui appelèrent ces bandes les *Ecorcheurs*, n'avaient-elles pas bien le droit de les baptiser ainsi?

Pendant que les ruines s'amoncelaient ainsi de toutes parts, pendant que les villages saccagés étaient à peu près déserts et inhabités, les sires de Domecy, ne retirant plus aucun revenu de leur terre, continuèrent sans doute à servir dans les rangs de l'armée bourguignonne. Cette époque de l'histoire de Domecy est l'inconnu pour nous. Peut-être un

(1) Arch. d'Avallon, CC, 82.
(2) Arch. d'Avallon, CC, 83.
(3) Arch. d'Avallon, CC, 84.
(4) *Avallon et l'Avallonnais*, par E. Petit, page 207.
(5) Bailliage bourguignon dont le chef-lieu était Semur.
(6) Arch. de la Côte-d'Or, B, 2984.

ami du passé aura un jour la bonne fortune de découvrir dans quelque fonds d'archives particulières les renseignements qui nous font défaut jusqu'à l'année 1440.

La seigneurie de Domecy appartenait alors à messire Etienne de Salins, moins pourtant une portion que tenait en fief Philippe Chuffaing (*alias* Philippe de Chuffin), seigneur en partie d'Arcy-sur-Cure (1), et bailli de Chastellux (2).

(1) *Bull. de la Soc. des Sc. de l'Yonne,* vol. 66, procès-verbaux, page LXXXI.
(2) Communiqué par M. le comte de Chastellux.

GÉNÉALOGIE DE LA FAMILLE D'OSTUN ET DES SIRES DE DOMECY

Renaud d'Ostun, chevalier, seigneur de Domecy en 1225 ; épousa N... : ✝ 1251.

- **Gui I d'Ostun**, chevalier, seigneur de Domecy en 1251 : épousa Hermine X... ; ✝ novembre 1251.
- **Anséric d'Ostun**, sans alliance connue.
- **Jean d'Ostun**, sans alliance connue.
- **X... d'Ostun**, dit *le Bougre*, sans alliance connue.
- **Pierre d'Ostun**, sans alliance connue.
- **Guillaume d'Ostun**, sans alliance connue.

- **Gui II d'Ostun**, seigneur de Domecy en 1251 ; épousa N... ; ✝ 1274.
- **Gautier d'Ostun**, sans alliance connue.
- **Renaud d'Ostun**, sans alliance connue.
- **Hermine d'Ostun** épousa Hugues de Sainte-Pallaye.
- **Jean d'Ostun**, dit *le Petit de Domecy*, épousa Aalis de Chartres ; morts jeunes sans postérité.

- **Guillaume d'Ostun** vendit ses droits sur Domecy à Guillemin en 1274 ; épousa Béatrix de Riveau ; souche des sires de Beaujeu.
- **Pierre d'Ostun** a dû vendre aussi à Guillemin ; souche des sires de Dracy.
- **Guillemin d'Ostun**, dit Guillaume de Domecy, seigneur de Domecy pour les trois quarts en 1274 ; épousa N... ; souche des sires de Domecy ; ✝ 1315.
- **Gautier d'Ostun**, épousa Agnès X.
- **Marguerite**, épousa Gautier d'Arcy.
- **Margueronne**, épousa Hugues de Brugny.
  - **Guillaume de Brugny**, sans alliance connue.

- **Jean de Domecy**, seigneur de Domecy en 1315 ; ✝ après 1370 : avait épousé N... d'où :
- **Archambaud de Domecy**, à l'armée de Flandre en 1302 : sans alliance connue.

- **Andrieu de Domecy**, dans les troupes bourguignonnes en 1359 ; ✝ sans alliance connue.
- **Guillaume de Domecy**, capitaine de Semur en 1359 ; ✝ sans alliance connue.
- **Fromont de Domecy**, dans l'armée bourguignonne en 1359 ; ✝ sans alliance connue.
- **Perrin de Domecy**, dans l'armée bourguignonne en 1359 : contre les Routiers en 1365 ; seigneur de Domecy après 1370 ; épousa N... ; ✝ date inconnue.
- **André de Domecy**, lieutenant du maréchal de Bourgogne en 1359 ; ✝ sans alliance connue.
- **Renaud de Domecy**, contre les Routiers en 1365 ; ✝ sans alliance connue.

- **Renaud de Domecy**, seigneur de Domecy et en partie de Sassenay, assiste aux États de Bourgogne en 1397 ; épousa N... ; ✝ date inconnue.

- **X... de Domecy**, seigneur de Domecy, avant 1440.

CHAPITRE III

La famille de Salins

La famille de Salins, qui portait *d'azur à la tour d'or*, n'était pas des moindres de la noblesse de Bourgogne. En 1324, Jean de Salins était chambellan de Mahaut d'Artois, grand'mère de Jeanne de France, duchesse de Bourgogne; en 1330, il accompagnait Hugues de Corabeuf, chancelier de Bourgogne, chargé de prendre possession, au nom du duc, du comté d'Artois, vacant par la mort de Mahaut (1) : le chancelier le récompensa des services qu'il lui avait rendus au cours de cette mission, en lui faisant épouser une de ses nièces qui apportait en dot la seigneurie de Corabeuf (2). Richard de Salins, fils du précédent, était huissier de salle de la duchesse de Bourgogne, en 1347 (3). Plusieurs de ses descendants ont occupé des postes enviés à la cour des ducs. Cependant, celui qui possédait Domecy en 1440 semble ne pas avoir été attaché à la personne de son suzerain.

1. — *Etienne de Salins* (1440-1478). — Etienne de Salins, seigneur de Corabeuf, avait épousé Claude de Montjeu (4), de l'ancienne famille des d'Ostun de Domecy. Nous n'osons pas avancer que c'est par sa femme qu'il devint seigneur de Domecy, car nous n'avons pas la preuve que toute la lignée des sires de Domecy était éteinte.

Le nouveau seigneur de Domecy chercha tout d'abord à favoriser les dix seules familles qui avaient échappé à la misère et à la mort pendant les désastres des années précédentes; il le fit en les affranchissant de la main-morte, moyennant une somme de quatre-vingts livres, payable en vingt annuités, et une demi-livre de cire par chaque année comme droit de bourgeoisie : il comptait évidemment que ce privilège attirerait des étrangers sur son domaine et lui rendrait ainsi quelque valeur.

(1) Arch. du Pas-de-Calais, A, 470.
(2) *Corabeuf*, commune d'Ivry, Côte-d'Or.
(3) E. Petit, *Les Ducs de Bourgogne*, t. VIII, n° 7750 des preuves, page 345.
(4) Doret et de Monarc, *Montjeu et ses seigneurs*, page 75.

Voici cette pièce, datée du 20 juin 1440, et qui nous livre les noms des dix chefs de familles qui habitaient alors Domecy :
« Estienne de Salins, seigneur de Domecy sur Pontaubert,
« donne aux habitans de Domecy entière franchise et liberté
« et exemption de mainmorte, ensemble de tous les drois
« et liens d'icelle et d'autres servitutes quelsconques, et ce
« aux personnes delors vivans : Estienne Leboguet, Guil-
« laume Crochet, Jean Gallois dict Bertrand, Germain Les-
« tault, Jean Martin, Pierre Grillot, Jean Delaforest, Guyote
« veufve d'Estienne Chapperon, Pierre Crochet, et Jeanne
« veufve Huguenin Germain, hommes et femmes et subjectz
« habitans dud. Domecy, ensemble à tous les autres manans
« et habitans futurs dudict lieu, leurs enffantz nés et à nais-
« tre, en adnullant pour toujoursmais ladicte servitute et
« droitz d'icelle, et mectant sesdictz hommes et femmes et
« tous les autres demourans en sadicte seigneurie en plénière
« liberté et estat de franchise, moyennant que lesdictz habi-
« tans et leurs successeurs payeront aud. de Salins et ses
« successeurs la somme de rachapt de LXXX livres tour-
« nois en XX années, plus au terme de la sainct Rémy par
« chascun an demye livre de cire de franchise et bourgeoisie,
« et que par ce moyen les habitans dud. lieu pourroient suc-
« céder les ungs aux autres toutes et quantes fois que le
« cas y escherroit comme les autres franches personnes du
« duchié de Bourgongne (1) ».

Une autre concession, très précieuse, fut accordée, le 23 février 1456, par noble seigneur Estienne de Salins à ses sujets de Domecy : ceux-ci étant affranchis, comme nous venons
de le dire, les conditions du contrat furent discutées et arrêtées entre eux et leur seigneur, pour être valables à perpétuité. C'est ainsi qu'Etienne de Salins laissa aux habitants
de Domecy le droit d'usage et de pâturage dans tous ses bois,
excepté dans le bois de Chastillon. En vertu de ce droit, les habitants pouvaient conduire dans les bois et faire pâturer en
tout temps et en toutes saisons, même au moment des fruits,

(1) D'après un *vidimus* de François Ier (5 mai 1519), aux Archives du château de Domecy. — M. le baron de Domecy a bien
voulu communiquer à l'auteur les pièces de ses archives; l'auteur a pour premier devoir d'exprimer à M. de Domecy sa profonde reconnaissance. Grâce à ces documents, il a été possible
d'établir la suite ininterrompue des faits et des noms des seigneurs de Domecy pendant plus de trois siècles.

« leurs bestes tant grosses que menuës, et aussy y prendre
« des bois morts, seulement ne portans fruicts, pour faire
« perches, paisseaux, bouschures, et pour leurs chauffages
« de leurs hostels (maisons) et pour leurs autres nécessitez
« raisonnables, sans pour ce en pouvoir vendre ny donner à
« quelques personnes que ce soit. » En retour, les habitants
de Domecy s'engageaient à payer chaque année, le lendemain
de Noël, un blanc par feu à leur seigneur; de plus, tous
ceux qui avaient une charrue ou une demi-charrue, lui
feraient, selon le cas, une journée ou une demi-journée de
labour pour la binaison ou pour les semailles; ceux qui avaient
une faux, lui donneraient une journée pour couper ses foins;
ceux qui ne fauchaient pas, lui consacreraient deux journées pour le sarclage de ses blés ou pour la fenaison; et tous,
une journée pour *fauciller* ses céréales. Il était bien entendu
que le seigneur « estoit et seroit tenu nourrir de vivres de
« disner et de gouster les hommes de corvées, ainsy que l'on
« nourrit les manouvriers ». L'accord fut conclu sur ces
bases, et le traité passé par-devant Guillaume de Presles, notaire du duché de Bourgogne à Avallon (1).

Ces avantages concédés aux habitants de Domecy contri-
buèrent à relever rapidement le pays : des étrangers vinrent
s'y installer, certains, d'après la teneur des actes passés entre
le seigneur et ses sujets, qu'ils y seraient accueillis, affranchis
par le fait même, et mis en jouissance des privilèges locaux.
Ils ne s'étaient pas trompés, et noble messire Estienne de
Salins leur abandonna des terrains à mettre en culture,
moyennant un cens annuel et perpétuel de 2 blancs ou 10
deniers par journal (2).

Puis, en vertu de lettres du duc de Bourgogne, en date du
26 novembre 1461, Etienne de Salins fit rédiger son terrier (3).
Ce curieux registre de 108 folios de parchemin a été établi
par « Jehan Combriat, maistre es art, notaire royal publique
« du Roy nostre sire, et notaire juré de la Court et Chan-
« cellerie de Monseigneur le duc de Bourgoigne et commis-
« saire de mondict seigneur le duc en cette partie. » Il nous
donne une description détaillée du château qui comprenait à

(1) Arch. du château de Domecy.
(2) Arch. du château de Domecy.
(3) *Terrier,* sorte de cadastre, d'état descriptif des terres d'une
seigneurie.

cette époque, « salles, chambres, tours, prisons (1), granges,
« estableries, pressouer, court, aisances et dépendances, avec
« les vergiers, hostels, estangs, prés et terres à l'entour », de
la contenance de 13 journaux de terre et de 5 soitures de pré.

Disons tout de suite que le château de Domecy fut évidemment restauré par messire Estienne de Salins; car dans les trois anciens corps de lo-gis qui subsistent encore, on voit des parties, notamment la tou-relle en encorbel-lement de l'angle nord-ouest, qui
accusent le milieu du XVe siècle : quand il était in-tact et tel que le
laissa Etienne de Salins, l'édifice de-vait offrir le vrai type de la maison-
fort du Moyen Age. Quatre construc-tions en retour d'équerre enfer-maient complètement une vaste cour en forme de carré long; les salles basses du
rez-de-chaussée servaient d'asile aux retrayants,

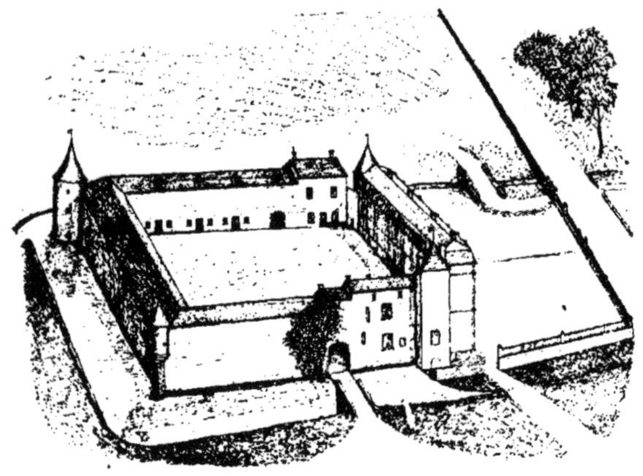

LE VIEUX CHATEAU DE DOMECY

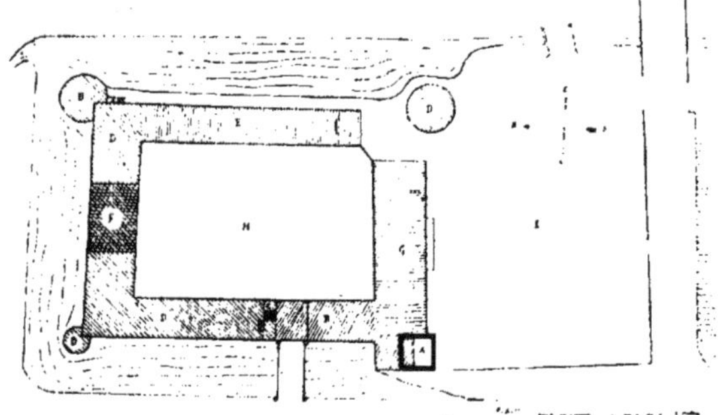

LÉGENDE DU PLAN. — A, fondations de l'ancien donjon engagées en partie sous une construction des premières années
du XVIIe siècle, et visibles au fossé et dans l'avant-cour. —
B, partie de l'aile ouest, remaniée au XVIIe siècle. — C, esca-
lier faisant communiquer avec le treuil du pont-levis et la
galerie où se trouvent les meurtrières. — D, ce qui reste du
château du XVIe siècle. — E, aile de l'est, entièrement remaniée à l'intérieur depuis peu. — F, partie de l'aile nord tout
récemment détruite. — G, aile du midi, entièrement reconstruite en 1750. — H, cour intérieure. — I, avant-cour ou baile.

c'est-à-dire aux habitants du village qui, en cas de danger,
avaient le devoir et aussi le droit de s'y réfugier, tant pour
défendre le manoir que pour mettre en sûreté leurs personnes,

____

(1) Le droit de prisons répond au droit de justice qu'on trouvera plus loin.

leurs provisions alimentaires et leur bétail; l'étage était, au moins dans une aile, la demeure du seigneur et de sa famille et, dans l'ensemble, le lieu où se tenait la garnison. Toutes ces pièces recevaient le jour par des fenêtres s'ouvrant sur la cour, tandis que le mur extérieur était percé d'étroites meurtrières encore visibles (1). Quatre tourelles, placées aux angles, permettaient de surveiller l'approche de l'ennemi.

L'étang du dessus, aujourd'hui desséché, formait du côté du midi une protection naturelle; de larges fossés, actuellement très resserrés, remplis par les eaux vives du ruisseau, et longeant l'extérieur de la place, suffisaient à en défendre les abords, à une époque où l'épée et les traits étaient les seules armes de guerre.

Ce terrier de 1461 nous donne aussi les noms des vingt-trois chefs de foyers du village (2), avec l'âge d'un grand nombre d'entre eux ; c'étaient : Jean Martin, 60 ans ou environ ; Jeannin Bardin ; Jean Delaforest ; Guillemin Sarrezin, 45 ans ou environ ; Jean Constan, 50 ans ou environ ; Jean Lestault, 38 ans ou environ ; Pierre Lestault, 60 ans ou environ ; Guillemin Lestault, 40 ans ou environ ; Adam Lorry, 50 ans ou environ ; Guillaume Gervaiz, 50 ans ou environ ; Perrin Gallois, 40 ans ou environ ; Guillaume Boursot, dit Jale, 40 ans ou environ ; Marie veufve Estienne Bougat ;

PLAN ET COUPE
DE LA TOUR NORD-EST

Guillaume Degoix, 40 ans ou environ ; Jacquot Reveraul ; Jeannette Reveraul ; Guillemin Goussot ; Jean Alant ; Guillaume Odin ; Guilleminot Bourgois ; Pierre Grilot, 45 ans on environ ; Bartholomier Boussard ; les hoirs (héritiers) de feu Sounois, sans compter cinq hommes de Fontette et un d'Island, tous tenant les terres du seigneur de Domecy à rente ou à cens.

Pour comprendre la raison de ces rentes, de ces droits de cens payés au seigneur, de ceux de banalité que nous rencontrerons plus loin, il nous faut remonter jusqu'à un passé lointain. Chez les Romains, il n'y avait que deux classes dans

(1) Au xviii⁰ siècle, on a transformé ces constructions pour les adapter aux besoins de l'exploitation agricole ; ces travaux ont fait disparaître en partie les dispositions dont nous venons de parler.

(2) Ainsi, en vingt et un ans, le nombre des familles de Domecy avait plus que doublé.

la société : les maîtres et les esclaves, ceux-ci sans aucun droit, pas même celui de posséder une maison, ni celui d'avoir légalement une famille. Quand les Francs et les Burgondes s'emparèrent de nos pays, ils se mirent tout simplement à la place des maîtres romains, et les esclaves restèrent ce qu'ils avaient été. Mais peu à peu, l'Eglise pénétra dans cette société barbare, et, par un phénomène humainement inexplicable, elle fit comprendre aux nouveaux maîtres, chefs orgueilleux et farouches, que tous les hommes sont égaux devant Dieu; et les esclaves cessèrent d'être soumis aux caprices et à la brutalité des maîtres en devenant libres; mais, comme la liberté toute seule ne suffit pas pour donner du pain, ils demeurèrent comme serfs sur les terres qu'ils cultivaient auparavant; et le seigneur qui, la veille, possédait tout, et la terre et les hommes, exigeait de ses serfs une partie parfois fort considérable de leurs récoltes : c'était la *taille*. Il y avait là pourtant déjà un progrès immense; car les serfs avaient désormais une maison à eux; ils avaient une famille que la loi reconnaissait et que bénissait l'Eglise; ils restaient, il est vrai, attachés à la terre sur laquelle ils vivaient, mais ils y restaient toujours, plus heureux en cela que le propriétaire d'aujourd'hui qui, n'ayant pas réussi dans ses affaires, voit tous ses biens vendus, lui-même expulsé de son patrimoine, sans pouvoir conserver un coin de terre à cultiver pour y récolter son pain (1). Aux serfs, il ne manquait plus que la faculté de pouvoir disposer du sol qu'ils ensemençaient : ils l'obtinrent par leur affranchissement que l'Eglise encore a toujours favorisé. A cette époque, ne l'oublions pas, le seigneur possédait les terres, et par ce moyen il retenait les hommes sous son entière dépendance; et un jour, il dit à ces derniers : « Pour que vous ne fassiez plus entendre de plaintes au sujet des tailles que je lève sur ce qui m'appartient, faisons un contrat pour régler nos droits. Vous n'avez point de terres; je vous en donne; vous et les vôtres, vous pourrez en disposer à votre gré; seulement, en reconnaissance de la provenance de ces terres, vous me paierez un fermage perpétuel de deux sous et demi par arpent : ce sera

(1) Inutile de dire que cette remarque n'est pas un regret à propos de la disparition du servage; elle signifie simplement que, s'il y avait de la misère au temps du servage, il y en a encore aux temps de la liberté.

le cens ou impôt foncier. Vous n'avez point de pressoir; je mets le mien à votre disposition; seulement, vous me paierez un droit de pressurage au vingtième. Vous n'avez pas non plus de moulin; vous vous servirez du mien, mais vous me paierez un abonnement, le quinzième du blé que vous ferez moudre. » Et ces conditions étaient débattues, et elles étaient arrêtées, et elles étaient acceptées de part et d'autre, et elles liaient les deux parties sans que ni l'une ni l'autre fût jamais en droit de réclamer autre chose que ce qui avait été convenu.

Telles sont les clauses sous lesquelles Etienne de Salins donna à cens ou à rente une partie des terres de sa seigneurie qui lui rapportait alors, défalcation faite des terres cultivées pour son compte par ses fermiers ou métayers, 37 livres 6 sous et 6 deniers en argent, 4 bichets de froment, 19 bichets 2 boisseaux (1) et demi d'avoine, 3 pintes (2) d'huile et deux poules, sans compter les tierces perçues à raison de 1 gerbe sur 15 dans 36 journaux de terre, quand ils étaient emblavés seulement. Le seigneur se réservait le droit de garennage ou de chasse sur toutes les terres, cultivées ou non, de son domaine (3). On trouvera plus loin la liste des *lieux dits* du territoire de Domecy, telle que la fournit ce terrier; elle sera intéressante pour la comparaison à faire entre les noms d'alors et ceux d'aujourd'hui; en attendant, notons

(1) Les mesures pour les grains étaient les suivantes : le muid contenait 12 setiers; le setier, 4 bichets; le bichet, 2 moitons; et le moiton, 2 boisseaux. (Coutumier général, t. II, page 1190). — Un renseignement qui nous aidera à nous faire une idée exacte de la contenance du boisseau et des autres mesures ci-dessus indiquées, nous est fourni par les Archives de la ville d'Avallon (HH, 9) où nous lisons :
Le boisseau de froment doit peser 20 livres;
Le boisseau de méteil doit peser 20 livres;
Le boisseau de seigle doit peser 20 livres;
Le boisseau d'orge doit peser 14 livres et demie;
Le boisseau d'avoine doit peser 14 livres et demie.
(2) Les mesures pour le vin étaient comptées comme il suit : la queue valait 2 muids; le muid, 2 feuillettes; la feuillette, 9 setiers; le setier, 8 pintes; la pinte, 2 pintats; et le pintat, 2 chauveaux; le pintat et le chauveau étaient spéciaux pour l'huile. En 1570, la pinte d'huile de noix était évaluée à 2 sous 1 denier tournois. (Coutumier général, t. II, p. 1186 et 1192.)
(3) Arch. du château de Domecy.

qu'il y avait à cette époque beaucoup de vignes en buissons et désert.

Comme on le voit, les hommes de Domecy et leur seigneur avaient bien mis à profit la paix qui régnait depuis vingt ans à peine. Et voici que la guerre entre Louis XI et Charles le Téméraire, duc de Bourgogne, menaçait déjà de compromettre cette prospérité. Les alertes se multipliaient : en 1469, Philippe de Savoie, lieutenant du duc, faisait porter par Eudes de Ragny aux habitants de Domecy, d'Island, de Pontaubert, un mandement pour les forcer à faire le guet à Avallon, et à contribuer aux réparations des murs de la ville; en 1470, les hommes de Domecy que les Avallonnais considéraient presque comme leurs sujets, furent envoyés au siège de Coulanges-sur-Yonne (1), n'ayant pour arme qu'un bâton, « embastonnés », dit le document (2); en 1472, Mme de Chastellux (3) avertissait les soldats bourguignons d'Avallon que la ville devait être attaquée le lendemain par la garnison française de Pierre-Pertuis (4), et qu'il était temps de faire rentrer dans l'enceinte avallonnaise ceux qui y avaient droit de refuge (5); en 1474, Charles le Téméraire rendait une ordonnance prescrivant à Etienne de Salins d'avoir à fournir à ses troupes deux hommes d'armes, dont l'équipement était ainsi prévu : « 1° un coustellier qui auroit brigan-
« dine ou corset fendu aux costés à la manière d'Alemagne,
« gorgerin, salade, flancarts, faltes ou braies d'acier, avant-
« bras à petites gardes, gantelet, javeline à arrest, bonne
« espée et dague; 2° un homme de trait à cheval, habillé
« d'une brigandine ou corset fendu aux costés à la manière
« d'Alemagne, gorgerin, salade, flancarts, faltes ou braies
« d'acier, avant-bras à petites gardes, gantelet, javeline à ar-
« rest, bonne espée et dague; 3° un homme de trait à cheval,
« habillé d'une brigandine ou corset fendu aux costés à la
« manière d'Alemagne, gorgerin, salade, flancarts, faltes ou
« braies d'acier, avant-bras à petites gardes, gantelet et son cra-
« nequin fourny de traits y servant, espée et dague; et aussy
« trois chevaux, celui de l'homme de trait; celui de l'homme

(1) *Coulanges-sur-Yonne,* canton de l'arr. d'Auxerre, Yonne.
(2) Arch. d'Avallon, CC, 118.
(3) *Chastellux,* canton de Quarré-les-Tombes, Yonne; château féodal.
(4) *Pierre-Pertuis,* canton de Vézelay, Yonne.
(5) Arch. d'Avallon, CC, 121.

« d'armes (le seigneur ou à son défaut son lieutenant), et
« l'autre pour porter son paige (page) qui portera sa lance;
« et pour l'homme d'armes, il auroit cuirasse complète, sa-
« lade à bannière, gorgerin, flancarts, faltes, espée et da-
« gue (1). » Ce contingent réclamé au seigneur de Domecy
fut-il levé et mis sous les armes? Suivit-il le duc dans ses
expéditions sur les frontières du Nord ou de l'Est, ou bien
fut-il affecté à la garde d'Avallon et de la région? Ce qui est
certain, c'est que la Bourgogne était aussi menacée de ce côté,
que les troupes de Louis XI se tenaient l'arme au pied sur la
rive droite de la Cure, à Pierre-Pertuis, à Vézelay, quand on
apprit la mort de Charles le Téméraire, tué à Nancy.

Si cet état d'armement et même de guerre prolongé n'a
pas couvert Domecy de nouvelles ruines, il y a cependant pa-
ralysé l'agriculture et la vie. C'est donc à recommencer l'œuvre qu'il avait entreprise dès son arrivée en 1440, qu'Etienne
de Salins dut consacrer ses efforts. Le 11 août 1478, il consentit à la reprise, par messire André Gillet, prêtre, curé de
Domecy, d'un meix (2) appelé communément le meix Crochet,
devenu vacant; et il souscrivit en même temps à l'engagement
pris par ledit curé de payer annuellement « au jour de la
« Sainct Berthellemy appostre », une taille de 40 sous tournois sous la condition qu'il serait exempté de la tierce et des
corvées de charrue, de faux, de faucille et de bras; l'acte
fut passé en présence de Jean Jourdain, maistre ès arts, et de
Pierre Degoix, de Domecy (3). Au mois de septembre suivant,
Etienne de Salins, seigneur de Domecy, délaissait un autre
meix avec les bâtiments agricoles et les terres qui en dépen-
daient, à Perrin Gallois, moyennant une rente perpétuelle
de quatre blancs et deux blancs de cens (4).

Etienne de Salins mourut peu de temps après, laissant de
son mariage avec Claude de Montjeu quatre enfants, qui

---

(1) Arch. de la Côte-d'Or, B, 11722. Ainsi, l'équipage de l'homme
d'armes comprenait : le coutelier, à pied; deux hommes de trait, à
cheval; le seigneur lui-même, à cheval; et son propre page, à
cheval.

(2) *Meix*, sorte de petite ferme à laquelle était attachée à perpétuité une certaine quantité de terres : c'était le *mansus*, manse
des Gallo-Romains.

(3) Arch. du château de Domecy.

(4) Arch. du château de Domecy.

étaient : Antoine, doyen de la Collégiale de Beaune (1) et conseiller au Parlement de Bourgogne en 1486 (2) ; Jean l'aîné, qui suit, écuyer en 1489 ; Jean le jeune (junior), seigneur du Vernoy (3), qui épousa Catherine de Saulx ; et Guie, mariée à Erard de Saint-Léger (4).

2. — *Jean de Salins l'aîné* (1478-1507). — La seigneurie de Domecy resta indivise entre le doyen de Beaune, Antoine, et son frère, Jean l'aîné ; et tous les actes concernant le domaine furent passés par Jean « tant en son nom que comme « au nom de scientifique personne messire Antoine de Salins, « docteur es lois et doyen de Nostre-Dame de Baulne, son « frère (5). »

Avec la terre de Domecy, Jean et Antoine de Salins recueillirent dans la succession paternelle cette curieuse maison à tourelle en saillie, qui fait l'encoignure de la rue Bocquillot et de la place Saint-Lazare, à gauche quand on vient par la tour de l'Horloge, à Avallon. A l'époque où nous sommes, cette maison s'appelait « l'Hostel des sires de Domecy (6) ».

A propos des terres de la seigneurie, Jean de Salins continua les traditions de son père : le 26 juin 1489, il céda à Jean Gougne, de Domecy, un meix avec la maison et les terres qui y étaient attachées, moyennant une rente perpétuelle de 2 blancs et un cens perpétuel de 1 blanc. Le 11 novembre de la même année, il intervenait dans un contrat entre le curé de Domecy et de ses paroissiens au sujet du casuel (7). Le 7 janvier 1494 (1493 vieux style), il figurait dans un accord relatif aux dîmes de raisins et de chanvre dues au curé. Le 25 novembre 1495, il permettait à Jean Jugnet, tixier (tisserand) à Domecy, de jouir d'un arpent et demi de terre, moyennant une rente perpételle de 14 blancs et un denier de cens. Le 6 mars 1496, il mettait Jean de Jouvenain, clerc, notaire royal à Avallon, en jouissance d'une terre de 3 arpents à défricher, pour la rente annuelle de 5 sous tournois et 3 de-

---

(1) *Beaune*, arr. de la Côte-d'Or.

(2) Dans son blason, Antoine de Salins avait réuni les armoiries de son père et celles de sa mère, *parti d'azur à la tour d'or*, qui est de Salins *et d'azur au sautoir d'or*, qui est de Montjeu. (Bibl. Nat., collect. Gaignères, vol. 137, p. 151.)

(3) *Le Vernoy*, canton de Beaune, Côte-d'Or.

(4) *Saint-Léger-de-Fourches*, canton de Saulieu, Côte-d'Or.

(5) Arch. du château de Domecy.

(6) E. PETIT, *Avallon et l'Avallonnais*, p. 15.

(7) Cette curieuse pièce aura sa place dans la seconde partie.

niers de cens. Le même jour, il donnait à cens perpétuel, moyennant 3 sous et 4 deniers tournois, à Jean Taupinot, de Pontaubert, et à Thibault des Forges, d'Avallon, 2 arpents de terres en désert et propres à la vigne, avec cette clause que le premier versement du cens n'aurait lieu qu'à la Saint-Rémy 1499, et que le terrain serait défoncé et planté « en plant loyal ». Les contrats de ce genre consentis par Jean de Salins sont fort nombreux : ils nous prouvent que si Louis XII, le Père du peuple, encourageait alors l'agriculture, le seigneur de Domecy ne contrariait pas les desseins du roi.

Et quand il eut ainsi mis sa terre en valeur, Jean de Salins la vendit à messire Louis de Robée, le 21 avril 1507; puis il se retira dans la seigneurie de Corrabeuf qui lui venait de ses ancêtres. Les membres de sa famille ont joué un rôle considérable durant les guerres de la Ligue dans l'Autunois (1).

CHAPITRE IV

LA FAMILLE DE ROBÉE ET SA DESCENDANCE
PAR LES DE LONGUEVILLE, PUIS PAR LES DE FAVEROLLES

I. — *Louis de Robée* (1507-1540). — Le nom de ce seigneur a été orthographié de différentes manières : Peincedé (2), Courtépée (3), Déy (4), et beaucoup d'autres l'ont écrit *Robec;* l'inventaire-sommaire des Archives de l'Yonne (5) met *Robert.* Nous suivrons l'orthographe que portent les titres authentiques que nous avons consultés, et nous dirons *Robée* ou *de Robée,* car très souvent la particule ne se lit pas devant le nom patronymique.

Son blason était *d'argent au lion de gueules accompagné à dextre et en haut d'une molette de même* (6).

(1) La famille de Salins, de Domecy, était animée d'une grande dévotion envers sainte Marie-Madeleine : les noms de ses membres sont plus d'une fois cités parmi ceux des bienfaiteurs de l'église de Vézelay. (L'abbé MARTIN, *Chronique de Vézelay.*)
(2) Arch. de la Côte-d'Or, vol. IX, page 156.
(3) *Description de la Bourgogne,* vol. V, p. 15.
(4) *Armorial historique de l'Yonne,* p. 117.
(5) Vol. I, série A, n° 11.
(6) Armorial histor. de l'Yonne, § 54, n° 8.

Messire Louis de Robée, écuyer, fit reprise de fief pour la « seigneurie de Domecy-les-Vignes-sur-le-Vault-d'Oligny », dès le 7 mai 1507 (1). Mais le dénombrement qu'il présenta à la Cour des Comptes de Dijon était tellement incomplet, qu'il lui fut accordé « jusques au jour de la Saint-Martin d'yver « prochainement venant » pour le rédiger en bonne et due forme (2). Puis, du consentement sans doute de Messieurs de la Cour des Comptes, le délai se prolongea jusqu'au 19 mai 1513. Louis de Robée donna alors, avec détails circonstanciés, une description de sa seigneurie qui paraît ne pas tenir compte de tout ce qu'avaient fait avant lui Etienne et Jean de Salins. Mais, peu importe. « Le chasteau, est-il dit dans cette « pièce, se consiste en une maison basse environnée de mu- « raille et foussés ainsy comme elle se comporte, en salles « basses, une tour carrée descouverte, prisons, estables, court « avec les vergiers, osches (ouches), estang en ruyne devant la- « dicte maison »; il déclarait en outre que la plupart des terres et des prés dépendant du château étaient presque en désert, que le vieil étang était en pré, que *l'étang dessous* se pêchait tous les trois ans, que les corvées de charrue se payaient 5 sols tournois (3), et qu'il y avait alors 16 charrues à Domecy; puis, le seigneur énumérait ses droits : les bourgeoisies payées à raison d'une demi-livre de cire et une géline (4) par feu, les lods (ou droits sur les ventes d'héritages) de 2 sols 6 deniers par livre, la redevance du pacage et de l'usage dans ses bois à raison de 1 blanc ou 5 deniers tournois, la justice haute, moyenne et basse dans toute l'étendue de sa terre, limitée « du cousté devers Avalon par la seigneurie du « Vaul de Lugny, du cousté devers Ylan par la seigneurie des « seigneurs de Presles et de Champ Gaichot, par ung bout à « la justice de Tharoiseaul, du cousté de Verzelai à la justice « des religieulx, abbé et couvent dud. Verzelai, et d'aultre « bout par la seigneurie de Givry (5). »

Quoique nous trouvions ici pour la première fois la justice haute, moyenne et basse, ce droit appartenait néanmoins depuis longtemps au seigneur de Domecy. La haute justice lui

(1) Arch. de la Côte-d'Or, B, 10593.
(2) Arch. du château de Domecy.
(3) Par conséquent, les laboureurs ne faisaient plus les corvées.
(4) Nous ignorons à quelle date fut surajouté cet impôt d'une poule ou géline.
(5) Arch. du château de Domecy.

donnait juridiction sur les cas requérant le dernier supplice; elle lui conférait aussi le droit d'ériger un signe patibulaire, de recueillir les épaves ou animaux errants non réclamés au bout de quarante jours après trois publications à la messe paroissiale; la moyenne justice connaissait de toutes les affaires civiles, ainsi que des délits passibles d'une amende supérieure à 60 sous; à la basse justice appartenait la connaissance des affaires personnelles, possessoires, réelles et mixtes, et des délits dont l'amende n'atteignait pas 60 sous. Au droit de justice répondait pour le seigneur le droit d'avoir ses prisons, son tribunal ou auditoire, d'en nommer le juge, le procureur, l'huissier, comme aussi d'instituer les sergents ou agents chargés de faire exécuter les décisions du juge.

Comme Etienne et Jean de Salins, messire Louis Robée s'étudie à faire mettre en culture ses terres de Domecy. Seize charrues dans le pays à cette date, indiquent bien que le sol n'y était pas négligé; mais il restait encore trop de terrains en friche. Aussi, le 23 juin 1509, Louis Robée donne à Guillaume Lestaul, de Domecy, 3 journaux de terre en Champ d'Arnoux, moyennant 5 blancs de rente perpétuelle et 1 blanc de cens; le 21 mai 1515, il délaisse à Guillaume Bargeot, aussi de Domecy, outre une place devant la maison du preneur, 2 journaux de terre en buisson, situés à la Bocasse, pour une rente annuelle de 3 blancs et un cens de 5 derniers tournois (1). Il n'y a presque pas d'année où l'on ne puisse constater de pareilles concessions de terrains, dans des conditions qui ne semblent pas onéreuses.

Les habitants de Domecy ne les trouvaient sans doute pas lourdes non plus; mais une chose les froisse alors : c'est l'obligation de faire les corvées pour le seigneur (2). Ils se plaignent que, depuis leur affranchissement, les corvées leur ont été imposées « sous menasses de procès »; ils disent qu'on veut les ramener au servage; et... ils intentent une action en justice contre Louis de Robée, leur seigneur, pour qu'il s'entende condamner à ne plus exiger les corvées : devant le lieutenant du bailli d'Auxois, siégeant à Avallon, ils exposent qu'ils ne possèdent plus ni leur charte de liberté ni leurs autres titres et traités, attendu que, durant soixante ans de

____

(1) Arch. du château de Domecy.

(2) Toutes les corvées, moins celles de charrue qui étaient rédimées.

guerre et de mortalités, ces papiers *ont dû tomber entre les mains de leurs seigneurs qui les ont recélés.* De son côté, Louis de Robée déclare qu'il n'a jamais eu ces pièces; mais il sait qu'elles sont entre les mains de Pierre Lestaul (1), procureur des habitants, « vu que ceux-ci ne peuvent pas tous les « avoir ». Les titres sont produits; mais, comme ils sont en fort mauvais état, le lieutenant d'Avallon en fait faire une expédition, qui fut certifiée conforme aux originaux, le 5 mai 1519. Lecture est faite alors du contrat du 3 mars 1456, réglant, on s'en souvient, le droit de pacage et d'usage aux charges y convenues. Louis de Robée fait remarquer que, depuis qu'il est seigneur de Domecy, non seulement il n'a pas cherché à restreindre le droit de pacage et d'usage, mais encore « il a donné aux habitans de Domecy licence et permission (2) « de mener au bois de Chastillon, cy devant réservé, ou faire « mener pacager et champoyer leurs bestes tant grosses **que** « menuës en tous temps, excepté *ou temps de la coppe et « de la jeune revenuë jusques à la quarte feuille* (3), ouquel « temps de jeune revenuë sy aulcun de leur bestail y est pris « mésuzant et dommaige faisant, ils seront émendables à la « relation d'un sergent de mondict seigneur de 7 sols tour-« nois pour chascune prise »; au surplus, ajoute-t-il, cette nouvelle concession et le traité de 1456 indépendant de la charte d'affranchissement, « n'impliquent pas servitutes, mais « les courvées sont compensation et juste prix convenu entre « les parties pour le champoyage ». La cause entendue, les habitants de Domecy sont condamnés à respecter leurs traités avec leurs seigneurs et à faire leurs corvées tout comme par le passé.

Ici, on peut se demander à quels sentiments ou à quelle influence ils ont cédé, en interjetant appel d'abord au bailliage d'Auxois, à Semur, qui rendit le même jugement, puis à la Cour suprême du Parlement de Bourgogne, à Dijon, qui mit à néant leur appel, confirma les deux premières sentences, et condamna la communauté de Domecy à tous les frais et dépens (4).

(1) Pierre Lestault mourut la même année, laissant vingt sous de rente au Chapitre Saint-Lazare d'Avallon. (Arch. de l'Yonne, G 2216.)

(2) A une date que nous ne connaissons pas.

(3) C'est-à-dire : au temps de la coupe et du jeune taillis jusqu'à la quatrième feuille.

(4) Arch. du château de Domecy.

Ces frais devaient être considérables, puisque le procès se poursuivit de 1519 au 27 juin 1528, et les habitants de Domecy devaient en être grevés pour longtemps. Il n'en fut rien cependant; car, après la notification du jugement, Guillaume de Presles, notaire à Avallon, vint passer acte nouvel de reconnaissance des droits et des devoirs des habitants; en présence « de noble homme Pierre de Changy, écuyer, seigneur de « Sauvigny-le-Bois; de Pasquier Rousselet, clerc; de Pierre « Gaillard, de Pontaubert; de frère Jean Gauthier, prestre sa- « cristain du Bourg d'Avalon, et autres tesmoings ad ce re- « quis, les manans (1) et habitans de Domecy », selon ses expressions, « m'ont dict et déclairé de leur pure, franche et « libéralle volenté l'un après l'autre qu'ils avoient recongneu « et confessé les choses devant dictes et que encores les recon- « gnoissoient et les confessoient et les vouloient entretenir de « point en point, selon qu'elles sont narrées et déclairées cy « devant, avec le traicté des regains (taillis) et champoyage « dudict Chastillon, et de ce se sont obligés en mes mains « par la Cour de la Chancellerie de ce duché de Bourgogne et « par toutes autres cours tant d'église que séculière, l'un non « cessant pour l'autre »; puis le notaire leur signifie qu'ils « *sont exempts et graciés des despens* » (2). Qui donc alors paya tous les frais ? car il est évident que les hommes d'affaires que les procès font vivre, n'ont pas renoncé à leurs émoluments. Celui qui se hasarderait jusqu'à avancer que messire Louis de Robée, satisfait de voir ses droits reconnus, eut la générosité de prendre ces dépens à sa charge, serait sûrement bien près de la vérité.

Puis, comme précédemment, Louis Robée, seigneur de Domecy, poursuit la mise en culture de son domaine, aux conditions ordinaires, sauf pourtant une disposition nouvelle aux termes de laquelle il aura droit de reprendre sans indemnité tout terrain concédé qui n'aura pas été défriché dans les six ans (3).

---

(1) L'expression « les manans » (du latin *manentes,* demeurant), n'a rien d'injurieux, comme on l'a souvent prétendu : elle désigne ceux des habitants qui ne jouissent pas de tous les privilèges du lieu.

(2) Arch. du château de Domecy.

(3) Dans une de ces pièces, Domecy est appelé *Domecy-sur-le-Vost* (18 avril 1527); dans une autre (du 21 juin 1530), le nom du seigneur est écrit *Louis Robert.*

A la date du 7 décembre 1530, messire Louis Robée fait du terrier de sa seigneurie une nouvelle rédaction à laquelle assistent tous ses tenanciers qui ont été convoqués par un avis publié trois fois au prône de la messe paroissiale; ce sont (1) : Guillaume Delachèse, Millot Frondé, Michel Grangier, Léonard Contant, André Contant, Pierre Lestault, Estienne Lestault, Guillaume Lestault dict Picard,Philibert Lestault,Guillaume Bargeot l'aîné, Pierre Bargeot, Guillaume Bargeot le jeune, Jean Lestault dict Colin, Jean Contant, Pierre Contant, Estienne Contant, Antoine Rollot, Benoist Contant, Pierre Rollot, Lucas Lestault, Jean Chocquard, Thomas Brossard, Guillaume Bernard, Adrien Vernier, Guiot Garlot, Jean Goux, Guillaume Lebeaul, Guillaume Goux, Pierre Defert, Antoine Gillet, Philibert Vernier, Martin Degoix, Jeannette Goux veufve de feu Jean Coppin, Jean Delachèse, Catherine Lestault veufve de feu Adrien Coppin, Pierre Corot, Edmond Bachelé, Mathieu Coppin, Nicolas Joliet, Jean Thoré, Jean Perreault, Robin Martin, Guiot Pautot, Léonarde veufve de Pierre Chappon, Jean Peschenot, Jean Degoix le jeune, Jean Degoix l'esnel (l'aîné), Guillaume Degoix son fils, Millot Coppin, Jean Morelet, Mongin Coppin, Philibert Coppin, Jean Moretat, Jean Raquier, Guiotte veufve de feu Martin Chocquard, Jean Chocquard, Hugues Barthelon, et Philibert Moretat.On constate dans ce terrier que les rentes et les cens et autres impôts restent au même taux; seul le nombre des censitaires a augmenté (2).

Louis Robée, seigneur de Domecy, mourut vers 1540, dans un âge très avancé, laissant sa seigneurie de Domecy à ses trois filles : Philiberte, épouse de Claude de Longueville (3), seigneur en partie de Santigny (4), qui se fixa à Domecy; Agnès, épouse de Jacques de Chappes, seigneur de Roma-

<hr>

(1) Les habitants de Domecy pourront trouver dans cette liste des noms encore existants.

(2) Arch. du château de Domecy.

(3) Le contrat de mariage de Claude de Longueville avec Philiberte Robée fut passé le 28 février 1537, par devant Philippe Soliveau, clerc, notaire juré de la cour et chancellerie de Bourgogne, en présence des témoins suivants : noble homme Christophe de Changy, Jean de Brienne, Guillaume Martin, Jean de Longueville, Philibert de la Ferté, François de Changy, honorable homme Jacques de Presles, Jean Morillon, et Claude Debras, greffier d'Avallon. (Communication de M. le comte de Chastellux.)

(4) *Santigny*, canton de Guillon, Yonne.

ney (1), arrière-petit-neveu de saint Bernard et ancêtre du maréchal Davout; et Anne, épouse de Nicolas de Résignes, seigneur du Fougeret en Poitou et de Pont (2) en Berry.

II. — FAMILLE DE LONGUEVILLE. — 1. *Claude de Longueville* (1540-1572). — Claude de Longueville, dont la famille portait : *d'argent au chevron d'azur*, fit tout d'abord, le 14 juin 1540, reprise de fief pour la partie de Domecy qui lui revenait du chef de sa femme (3). Son dessein était de réunir sous sa main le domaine de son beau-père et de le transmettre en entier à ses descendants; mais il rencontra d'énormes difficultés à la réalisation de ce projet.

Par acte du 1er mai 1541, passé par-devant Jean Lefoul, notaire royal et coadjuteur du tabellion d'Avallon, en présence de noble homme Léonard de Surienne, seigneur de Magny, et de Bénigne Gaillard, receveur d'Avallon, il acheta d'Anne de Robée et son mari le tiers de la seigneurie leur appartenant, moyennant la somme de 1.000 livres payée comptant, en 400 écus soleil valant chacun 45 sous, et 190 testons et demi valant chacun 10 sous 6 deniers. Mais, le 3 juillet suivant, Jacques de Chappes, au nom de sa femme Agnès de Robée, fit opposition à cette vente, afin, disait-il, de conserver intact son droit de retrait lignager; et, pour bien affirmer sa volonté à ce sujet, il fit verser à Claude de Longueville, acquéreur, la somme de 500 livres, représentant la valeur de la moitié de part acquise; il fit même évoquer l'affaire par-devant le bailli d'Auxois siégeant à Semur. Là, on a dû lui faire comprendre que rien ne pouvait empêcher sa belle-sœur de vendre ce qu'elle possédait, et que, dans le cas où elle viendrait à mourir sans enfants, il aurait toujours sa reprise à faire sur le remploi du produit de la vente. Ce qui est certain, c'est que l'affaire ne fut pas jugée, et que Jacques de Chappes fut remboursé des 500 livres remises à Claude de Longueville. Il tenait à son idée néanmoins; et, voulant lier les mains à Anne de Robée et à son mari, il eut recours à un moyen bien naïf: du consentement de sa femme, il leur céda la moitié de ce qui lui appartenait dans la seigneurie de Domecy, c'est-à-dire le sixième du tout, *à la condition qu'ils ne l'aliéneraient jamais*. Cette condition était nulle, parce que, selon l'axiome du

---

(1) *Romaney*, non identifié.
(2) *Fougeret* et *Pont*, non identifiés.
(3) Arch. de la Côte-d'Or; Peincedé, vol. IX, page 200.

droit, *donner et retenir ne vaut.* Il en fut convaincu, lorsque, le 12 juillet 1549, Anne de Robée et Philippe de Résignes, son mari, lui firent remettre par procureur spécial la somme de 500 livres, évaluation fixée par lui-même le 9 juillet 1541 ; il le comprit mieux encore, quand Anne de Robée et son mari, devenus par ce paiement propriétaires incontestés de ce sixième de Domecy et par conséquent libres d'en disposer, le vendirent, le 7 juin 1550, à Claude de Longueville qui le paya 934 livres, prix d'achat, et 40 livres pour, les vins du marché (1). Pris dans leur propre piège, Jacques de Chappes et Agnès de Robée s'engagèrent alors et s'obligèrent sur tous leurs biens à ne pas troubler les époux Claude de Longueville dans la jouissance de ce qu'ils possédaient et qu'ils avaient acquis à Domecy (2).

Claude de Longueville venait à peine de faire aveu et dénombrement de sa nouvelle acquisition et de la partie de Santigny qui lui était échue en même temps (3), quand une grave atteinte fut portée à son droit seigneurial. Messire de Jaucourt, seigneur du Vault-de-Lugny et autres lieux, venait de faire signifier aux habitants de Domecy et d'Island que désormais, « en cas d'émynant péryl », ils auront à faire guet et garde en son château du Vault. Domecy et Island protestent contre cette nouveauté et déclarent qu'ils ont toujours été tenus au guet et à la garde d'Avallon, et que, si Avallon n'a plus besoin de leurs services, ils doivent le guet et la garde au château de leur propre seigneur plutôt qu'au château d'un seigneur de qui ils sont indépendants. Le 26 avril 1552, maistre Claude Simon, juge en la justice du Vault-de-Lugny, rend une sentence les condamnant au service qui vient d'être dit.

(1) Arch. du château de Domecy; Peincedé, vol. IX, p. 209, 224; Arch. de l'Yonne, A, 11; Arch. de la Côte-d'Or, B, 10686.

(2) Arch. du château de Domecy; Peincedé, vol. IX, p. 237. Arch. de l'Yonne, A, 11. Arch. de la Côte-d'Or, B, 10633.

(3) L'acte d'hommage pour Santigny, mouvant du château de Montréal, porte ces curieux détails : « Messire Claude de Lon-« gueville se présente devant le chastelain de Montréal pour lui « rendre ses debvoirs selon la forme et généralle coustume de ce « duché de Bourgongne, et pour plus ample debvoir est venu à la « pourte du donjon et maison-fort dud. Montréal, et en toutes « duës révérances, sans aucunes armes, a baisé le verroul de la « pourte et guichet dud. donjon, selon lad. coustume et forme « accoustumée faire en tel cas. » (Arch. du château de Domecy.)

Naturellement, Domecy et Island en appellent devant le tribunal du bailli d'Auxois à Avallon; ils sont appuyés cette fois par messire Claude de Longueville, seigneur de Domecy, qui a demandé « a estre receu joinct avec ses subgectz, et « admis à déduire et vengier ses droicts et fournir ses causes « de conclusions contre ledict de Jaucourt, appelé ». Le 20 avril 1553, le lieutenant du bailli siégeant à Avallon confirma simplement la condamnation prononcée par le juge du Vault-de-Lugny. Nouvel appel en Cour de Dijon, mais interjeté après le délai de dix jours laissé en pareil cas par la Coutume de Bourgogne. A Dijon, malgré toutes les raisons invoquées par les appelants, malgré les lettres-patentes produites par messire Claude de Longueville et établissant qu'il n'était point le vassal du seigneur du Vault-de-Lugny, la Cour se prononça encore contre les habitants de Domecy et d'Island, « a mis et met leursdictes appellations au néant sans « amende; et par nouveau jugement, les deux sentences don- « nées par Simon, juge aud. Vault-de-Lugny, et le lieutenant « du bailliage d'Auxois à Avalon contre lesd. habitans tien- « dront et sortiront leur effaict selon leur forme et teneur, « lesquels habitans ladicte Cour a condampné et condampne « ad ce et aux despantz tant des causes principales que apel- « latoires envers led. sieur du Vault-de-Lugny, la taxation « desd. despans à elle réservée, le tout sans préjudice des « droits et actions dud. sieur de Domecy qu'il pourra in- « tenter et poursuivre se bon luy semble, et aussy aud. sieur « dud. Vault-de-Lugny leurs exceptions et deffances au con- « traire, despantz entre lesd. sieurs du Vault-de-Lugny et de « Domecy compancés. » Cet arrêt du 18 janvier 1558 fut signifié le 6 février suivant, « heure d'environ midy, devant « le portal du chastel et maison-fort du sieur Régnier de « Jaucourt du Vault de Lugny », en présence d'un certain nombre d'habitants de Domecy et d'Island convoqués (1). Le procès était terminé... provisoirement.

Pendant que se poursuivaient ces débats, Claude de Longueville avait commencé, en 1553, à cinq cents mètres environ au sud de Domecy, la construction de la maison dite de Prélong, d'après le nom du climat. Une pierre qui provient de cet édifice et qui se trouvait en octobre 1913 dans le parc du château, porte l'inscription commémorative suivante :

(1) Arch. du château de Domecy.

HARDY, FRANCOIS, IOSEPH DE LONGVEVILLE
DES FVNDEMENT ONT MIS LA PRIME PIERRE
DV BASTIMENT CONSTRVICT DAPARENT STILE
EN CE PREZ LON FLORISSANT SVR LA TERRE.
QVT FVT LAVLTEVR TRES NOBLEMENT VOLONTAIRE,
CE FVT LEVR PERE CLAVDE DE LONGVEVILLE,
EPOVX DE NOBLE MARGVERITE DE VILLEFRANCHE,
SEIGNEVR DE SANTIGNI ET DE DOMECI LES VIGNES,
L'AN MIL V.e LIII, VIVANT HENRI ROI DES FRANCOIS.

Cette inscription n'est évidemment pas un chef-d'œuvre
de poésie, mais elle nous apprend que Claude de Longueville,
veuf de Philiberte Robée, s'était remarié à Marguerite de Villefranche; elle nous donne en même temps le blason de cette
dernière, *d'azur au chevron d'or accompagné de trois roses
de même;* elle nous fait connaître enfin les noms des trois
fils du seigneur de Domecy, Hardy, François et Joseph. Notons que c'est la seule mention rencontrée de François et de
Joseph qui ont dû mourir jeunes.

La maison de Prélong fut-elle un château? Il est vrai qu'elle
servit plus tard de demeure à Claude de Longueville dans des
circonstances qui seront indiquées tout à l'heure; il est certain néanmoins qu'elle ne fut jamais qu'une sorte de ferme
installée d'une façon confortable pour l'époque, et comprenant « deux chambres basses, des étables, une grange, un ver-
« ger, un jardin, environ quatre arpents de prés scis à l'en-
« tour, avec un colombier en pied »; elle n'a pas été dé-
molie par les Protestants, en 1569, puisqu'elle était debout en
1572, et qu'elle n'avait pas encore disparu vers la Révolution.
La tour dont on a vu longtemps les ruines et qui a pu donner
une certaine consistance à la légende du château de Prélong,
n'était rien autre chose que « le colombier en pied » que la
noblesse seule avait le droit d'édifier sur ses terres.

Si la date du second mariage de Claude de Longueville ne
nous est pas connue, pas plus que celle de la mort de Marguerite de Villefranche (qui dut arriver peu de temps après
la construction de Prélong), nous savons que, par contrat
passé par-devant Laureau, notaire en la châtellenie de
Dreux, Claude de Longueville épousa en troisièmes noces
Marguerite de Blondeau, le 27 octobre 1558 (1). Son fils, Hardy

(1) En 1563, il était tuteur de François le Bascle, seigneur d'Ar-
genteuil. (Communication de M. le comte de Chastellux.)

de Longueville, conserva de cette alliance une irritation profonde.

Cependant, des événements d'une extrême gravité allaient préoccuper tous les esprits.

Le protestantisme était né en Allemagne vers 1517 : un moine apostat, Luther, en fut le fondateur et le premier apôtre. A Genève, Calvin commença en 1530 à prêcher la même doctrine sensiblement modifiée. De là, l'hérésie pénétra bientôt en France où la nouveauté a toujours eu beaucoup d'attrait. D'ailleurs, la nouvelle religion était très accommodante, chacun pouvant à sa guise se faire un symbole de foi et interpréter l'Écriture et la loi divine. Les protestants ne tardèrent pas à exaspérer les catholiques en se promettant tout haut d'abolir la religion de nos pères, en insultant publiquement aux mystères du catholicisme, en tournant en ridicule ses ministres et ses cérémonies. D'autre part, des ambitieux surent exploiter dans leur intérêt le mécontentement du peuple. La rencontre de Vassy, 1562, fut le signal de l'incendie qui désola la France.

Dès le mois d'août 1562, trois cents protestants s'emparèrent de Girolles (1) et de là mirent à contribution tous les pays voisins. Au commencement de mars 1563, le sieur de Vézannes (2), capitaine d'Avallon, força la garnison de Girolles à capituler ; la paix cependant ne revint pas, car d'autres places de l'Avallonnais et de l'Auxois étaient toujours occupées par les protestants.

Pourtant, les années 1565 et 1566 furent à peu près tranquilles ; mais en 1567, les protestants reprirent Girolles et recommencèrent à piller la région. Pour les tenir en respect, le lieutenant de Bourgogne leva des troupes dont la solde devait être payée au moyen d'un impôt à percevoir sur les populations. A la fin d'avril 1569, le procureur de la paroisse reçut, par la lettre suivante, notification de la somme imposée aux habitants de Domecy : « Vous, habitans de Domecy les Vignes sur « le Vault, êtes imposés par les officiers du roi au bailliage « d'Auxois suivant les commissions géminées (3) à eulx « envoyées par Monsieur de Ventoux, lieutenant pour le Roi « au gouvernement de Bourgogne, à la somme de sept livres

(1) *Girolles*, canton d'Avallon, Yonne.
(2) *Vézannes*, canton de Tonnerre, Yonne.
(3) *Géminées*, en double exemplaire.

« tournois pour vos cothes (1) des deniers ordonnés estre le-
« ves pour la soulde (2) de trois cens soldatz, qui seront repré-
« sentées à somme (3), suÿvant lesdictes commissions. par-
« devant Monsieur de Misery, chevalier de l'ordonnance du
« Roi, et qu'ils (4) seront employés pour le service de Sa Ma-
« jesté pour la deffense et seureté dudict bailliage, *et ce pour
« ung moys seulement*, lesquels deniers vous paierez ès mains
« de Pierre Josserand qui ne prendra aucun sallèr (5) pour
« la quittance, dans dix jours, à peine que ledict temps passé
« en serez contrainctz à faire comme des propres deniers et
« affaires du Roi. Faict à Semur le vingtiesme apvril mil V⁰
« soixante neuf. Par ordonnance (6). »

Trois cents soldats pour la défense de l'Auxois, c'était tout
à fait insuffisant; et l'on s'en aperçut bientôt. Vézelay venait
d'être surpris par les Protestants qui s'y étaient installés; et
un mois plus tard, en juin 1569, quarante mille reîtres, venant d'Allemagne au secours des Protestants de France, allaient se réunir aux vainqueurs de Vézelay. Avallon, qui avait
été averti de l'arrivée de ces étrangers conduits par le duc
des Deux-Ponts, avait pu échapper à peu près à leurs coups;
mais les villages voisins furent dévastés. Un témoin ocu-
laire (7) a ainsi raconté cette invasion : « Partout, c'estoit
« saccagemens, pilleries, voleries exercées par ces Allemands,
« plus furieux que chiens enraigés; ils s'enalloient rançon-
« nant et bruslant les chasteaux, les bourgs et les villaiges,
« gastant les bleds et orges à deux lieues à la ronde, d'où
« sera famine; leurs ravaiges sont si grands que c'estoit chose
« inaudite (8) depuis l'Incarnation Nostre Seigneur (9). »

Domecy, situé sur l'ancien grand chemin d'Avallon à Vézelay par le Grosmont, ne pouvait échapper à leurs coups.
Le village fut traité comme une ville prise d'assaut; l'église
fut saccagée; la maison-fort, « arse et bruslée » (10). Et le duc

(1) *Cothes*, cotes d'impositions.
(2) *Soulde*, solde.
(3) *Représentées* à somme, représentées en argent.
(4) *Qu'ils*, qui.
(5) *Sallèr*, salaire.
(6) Arch. d'Avallon, EE, 42.
(7) Rapport du secrétaire de la Chambre des Comptes de Dijon.
(8) Inaudite, inouïe, dont on n'a jamais entendu parler.
(9) Nous savons que, depuis cette époque, cette race ne s'est pas
civilisée...
(10) Arch. du château de Domecy.

des Deux-Ponts arriva à Vézelay, y séjourna quelque temps, et en repartit se dirigeant vers le Limousin, où il mourut bientôt « pour avoir trop bu des vins de l'Avallonnais ».

Au milieu de cette tourmente, que devint Claude de Longueville, seigneur de Domecy ? Nous ne savons; mais son fils, Hardy de Longueville, fit bonne figure dans les troupes fidèles à la religion et au roi : le 2 juillet 1569, Henriette de Clèves, duchesse de Nevers, le nomma capitaine du château de Metz-le-Comte en Nivernais et le chargea de lever douze soldats pour la défense de la place (1); sa solde devait être de 30 livres par mois, et celle de chacun de ses soldats, de 7 livres 10 sous. La même année, le 30 novembre, pendant le siège de Vézelay, Sansac lui donna ordre de garder, avec six soldats, le château de Pisy qui appartenait à un gentilhomme protestant (2). Aussi, le 20 août 1570, quelques jours après la signature de la paix de Saint-Germain, Hardy de Longueville, en reconnaissance de ses services, fut-il « esleu par les habitans « d'Avalon et présenté au Roy pour le pourveoir de l'estat de « cappitaine de ladicte ville (3) ».

Ce fut vers cette époque que Hardy de Longueville réclama hautement à son père *la jouissance des droits dont il n'aurait point dû*, disait-il, *être privé depuis sa majorité*. Aussi, par acte du 10 mars 1572, reçu Pigenat, notaire de la cour de Bourgogne, à Domecy, en présence de François Sacquespée, seigneur de la Tour-de-Pré, de Michel de Changy, seigneur de Sauvigny-le-Bois, de Tristan de Blondeau, seigneur de la Brosse, et de François de Caramagne, seigneur de Thory, il conclut avec son père une transaction aux termes de laquelle il entrait en possession de la terre et maison seigneuriale de Domecy avec tout ce qui lui venait de sa mère; en même temps, il assignait une pension viagère à son père qui s'en allait à Prélong vivre de cette pension et de ses revenus personnels, avec Marguerite de Blondeau, sa femme, et les deux enfants nés de son dernier mariage, Agnès et Guillaume de Longueville (4).

A compter de ce jour, le véritable seigneur de Domecy fut messire Hardy de Longueville.

(1) Communiqué par M. le comte de Chastellux.
(2) Communication du même.
(3) Arch. du château de Domecy.
(4) Communiqué par M. le comte de Chastellux.

2. — *Hardy de Longueville* (1572-1914). — Pendant le calme relatif qui suivit la paix de Saint-Germain, les ruines amoncelées à Domecy avaient été relevées à la hâte. L'église était remise en état, grâce à la contribution du curé et à la somme de 100 livres versée aux habitants par Saint-Père et Asquins, après accord de 1573, sous la condition que ces derniers villages auraient le droit, en temps de vaine pâture seulement, de mener leur bétail gros et menu sur les terrains de la communauté de Domecy (1). La maison-fort fut pareillement rétablie, et « bien garnie de foussés, ponts-levis, tours et dé-
« fenses pour estre tenue et gardée en seureté pour la tuition
« des personnes et des choses qui y seront retirées, et capable
« de soubtenir et résister à l'effort qui pourroit estre attenté
« par adventuriers et compaignies passans et repassans par le
« pays (2). »

Le pays n'était donc toujours pas sûr; des bandes le parcouraient presque continuellement, moins barbares sans doute que celles des Allemands qui l'avaient dernièrement dévasté, commettant cependant de sérieuses déprédations. Et la misère était grande, si grande qu'en 1574, « les très humbles sub-
« jects et obéissans serviteurs du Roy supplient Sa Majesté
« de jeter un œil de pitié sur son pauvre peuple de Bour-
« gogne qui, puis trois ou quatre ans, a esté contraind à
« manger au simple pain d'avoyne, herbaiges et boyre de
« l'eau, par le moyen de quoy en est mort la moictié (3). »
Mais que pouvait le roi quand la disette était générale, quand les partis sous les armes n'attendaient qu'un prétexte pour recommencer la lutte, quand le roi lui-même, en 1576, écrivait aux habitants des bourgs et villages du ressort d'Avallon, leur ordonnant d'amener et de resserrer dans cette ville « tous
« les blés, vins, et vivres du plat pays afin de les conserver
« pour yceulx et empescher que les ennemis qui marchent
« contre Sa Majesté n'en fussent aucunement secourus? (4) »
En 1577, le dénuement est extrême; et l'historien autorisé de l'Avallonnais a pu dire : « Beaucoup d'habitants ne paient pas l'impôt parce qu'ils sont pauvres et misérables, n'ayant aucun meuble dans leurs maisons; d'autres sont absents; d'autres vagabonds et ne tenant aucun domicile (5). »

(1) Arch. de l'Yonne, H, 1969.
(2) Arch. du château de Domecy.
(3) Arch. d'Avallon, AA, 26.
(4) Arch. d'Avallon, EE, 50.
(5) E. PETIT, *Avallon et l'Avallonnais*, page 313.

A tort ou à raison, on rendait un peu responsables de cette triste situation les sires de Jaucourt, seigneurs du Vault-de-Lugny, de Villarnout (1), de Rouvray (2), de Ruères (3), des terres de Champien (4), de Valloux (5), etc., chefs déclarés du protestantisme dans nos pays. Aussi, nos populations sincèrement catholiques avaient-elles contre eux une véritable aversion. Au cours des guerres civiles précédentes, les sires de Jaucourt avaient aussi souffert dans leurs biens: mais, au lieu de s'en prendre aux malheurs des temps et à eux-mêmes, ils incriminèrent ceux qui n'avaient pas approuvé leur apostasie. C'est ainsi que Jacques de Jaucourt, seigneur du Vault-de-Lugny, reprocha aux habitants de Domecy et d'Island d'avoir toujours refusé de faire guet et garde à son château, « lequel par « leurs négligence et contravention est demeuré pendant tous « les troubles précédens sans aucune guarde et à l'abandon, « ce qui a esté cause d'infinité de ruynes audict chasteau, « tant aux maisons, tours, murailles que fossez, notamment « à la prinse (6) qui y auroit faict ung nommé Jacqueminier « qui y auroit faict mille desguatz (7) et insolences et qui sont « cause que de présent tous les fossez sont en ruyne. » Et il cite à comparaître devant sa justice, le 12 janvier 1580, les récalcitrants de Domecy et d'Island. Au jour dit, ceux-ci se présentent devant le juge par leurs délégués et fondés de pouvoir qui sont, pour Domecy, Jean Coppin et Lazare Dubois; mais ils sollicitent et obtiennent, « à fin de prendre communication d'un certain arrest rendu contre eux », un délai de trois mois, ce qui permettra de plaider la cause, non au Vault-de-Lugny, mais à Semur, au siège du bailliage d'Auxois. Hardy de Longueville épouse avec ardeur la cause des habitants de Domecy, non parce qu'il est en possession définitive et absolue du château et de la seigneurie de Domecy, mais parce qu'il en est possesseur « par droit successorial (*sic*) »; et, comme il sait que Jacques de Jaucourt, en révolte contre le roi, ne doit pas avoir l'oreille des juges, il se tourne de ce côté pour trou-

(1) *Villarnout,* canton de Quarré-les-Tombes, Yonne.

(2) *Rouvray,* canton de Saulieu, Côte-d'Or.

(3) *Ruères,* ch. comm. de Saint-Léger, canton de Quarré-les-Tombes, Yonne.

(4) *Champien,* hameau de Pontaubert et d'Avallon, Yonne.

(5) *Valloux,* hameau de Vault-de-Lugny, canton d'Avallon, Yonne.

(6) *Prinse,* prise.

(7) *Desguatz,* dégâts.

ver le moyen de faire annuler la sentence de 1558. Et trois conseillers au Parlement de Dijon ont la gracieuse complaisance de lui donner, sur la marche à suivre dans l'affaire, une consultation signée : La Verne, Montholon et Fèvre; la pièce mérite d'être reproduite *in extenso*. « (Il) semble », lit-on sur ce document, « que les habitans de Domecy sont tenuz de faire le
« guet et garde au chasteau du seigneur dudict lieu, pourveu
« qu'il soit *hors de l'écu et de la lance* (1), estant, ainsy que
« ledict chastel est, au village mesme, et ne nuyt à cela l'ar-
« rest obtenu par le sieur du Vault, parce qu'il est randu sans
« préjudice des droictz du sieur de Domecy, lequel ayant son
« chasteau plus proche, ses sujetz y sont tenus y faire
« guet et guarde, voires mesme quant il auroit faict cons-
« truire le chasteau depuys l'arrest, selon qu'il a esté jugé
« pour le sieur de Chamilly contre le sieur de Trains, et pour
« le sieur de Muceys contre le sieur d'Arcey, ce qui n'est pas
« le cas ici; par conséquent, lesditz habitans ne seront tenuz
« de faire le guet et guarde au chasteau dudict sieur du Vault,
« et par mesme moyen ne seront tenuz en aucune réparation
« d'iceluy, joinct que les retrayans ne sont tenuz qu'aux me-
« nuz anparemens; et, pour en avoir jugement, (il) sera bon
« que le sieur de Domecy se pourvoye au bailliage à Vallon
« (*sic*) contre ses sujetz pour les faire condampner à faire
« le guet et guarde en son chasteau en temps d'éminent pé-
« ril, où l'on pourra faire appeler ledict sieur du Vault, puis-
« qu'il poursuit lesditz habitans pour mesme faict en sa jus-
« tice, le bailly estant juge des nobles, aussy qu'il y a difficulté
« pour mesme faict entre divers seigneurs. Et la cause sera
« jugeable sur une visitation qui devra estre faicte suyvant
« ordonnance particulière de se pays, en quoy sans difficullé
« obtiendra ledict sieur de Domecy, puisque son chasteau est
« le plus proche et au village mesme (2). »

La question se posa beaucoup mieux que les conseillers ne l'avaient prévu; car, sans avoir été cités par le seigneur, les habitants demandèrent d'eux-mêmes à faire le guet et garde au château de Domecy; et ils en prirent l'engagement par-devant maistre Jean Borot, notaire à Avallon, le 20 mars 1580 (3). Les

(1) Cette expression doit signifier *hors de la suzeraineté et de la protection de la lance.*

(2) Arch. du château de Domecy.

(3) Voici le texte de cette pièce : « En nom de Nostre Seigneur. Amen. Claude Bouchot, garde du scel estably par le Roy nostre sire ès bailliage et prévosté d'Avalon, scavoir faisons que le

hommes en état de faire ce service étaient au nombre de cinquante-neuf, tous présents, savoir : Claude Delachèse l'aisnel (l'aîné), Claude Delachèse le jeune, Claude Grangier, Guillaume Contand, Bernard Contand, Nicolas fils de feu Thomas Contand, Loup Lestault, Estienne Rémond, Jean fils de Phili-

vingtiesme jour du mois de mars mil cinq cens quatre vingtz, pardevant m° Jehan Borot, notaire royal juré en la Cour de la Chancellerie du duché de Bourgongne, au lieu de Domecy sur le Vault comparurent en leurs personnes (*suivent les noms ci-dessus*), tous manans et habitans dud. Domecy et faisantz la plus grande et saine partye desdictz habitans, lesquels font scavoir à tous présens et advenir que, comme ainsy sont et aient cy devant à la poursuite des seigneurs du Vault esté appelez, voire par arrest de la Cour de Parlement de Dijon condamnez à faire le guet et garde au chastel dudict Vault, et que de présent encoures ils y soient appellez à la requeste du noble sieur Jacques de Jaulcourt, seigneur dudict Vault, ce qu'ilz considèrent estre à leur très grande charge, folle et oppression, veu que au dedans ledict villaige de Domecy y a un chastel et maison-fort appartenant à noble seigneur Hardy de Longueville, conseigneur dudict lieu, lequel ad ce moyen ilz auroient humblement supplié et requis, en considération qu'ilz sont ses subjectz et est tenu de les conserver et tenir la main qu'ilz soient relevez de telle charge et oppression, aymant très mieulx et de la plus grande ardeur faire service audict sieur de Longueville, l'ung de leurs seigneurs vrays et naturelz et faire le guet et garde en son chastel dudict Domecy en ce que sujetz et retraïans sont tenuz, affectez et obligez selon les ordonnances royaulx et coustume de ce pays et duché de Bourgongne, voires offroient librement suppourter, payer et satisfaire tous les frais et impenses nécessaires à la poursuitte qui se pourra faire à l'encontre dudict sieur du Vault pour les retirer et mectre hors de ladicte servitude, guet et garde qu'il prétend sur lesdictz habitans, et encoures relever, acquitter et rendre indempne ledict sieur de Longueville de tous frais, despens, dommaiges et intérestz qu'ilz pourront avoir à suppourter au moien de ladicte poursuitte, circonstances et deppendances. Ce que entendu et ouy par ledict sieur, et en aiant communicqué à son conseil, aussy pour le désir qu'il a conserver iceulx habitans, ses subjectz, de telle vexation, veu que de droit il est plus juste et équitable qu'ilz facent ledict guet et garde en son chastel et demeure seigneurialle qu'il a audict lieu de Domecy, suyvant mesme qu'il est réservé par ledict arrest qui est intervenu sans préjudice de ses droictz. A ce moïen et inclinant volontairement à la prière et supplication desd. habitans, il leur a promis et promect dresser action et instance à l'encontre dudict sieur du Vault et faire toutes pour-

bert Bargeot, Lazare Seguin, Millet Bargeot, Jean Culin, Nicolas Brossard, Jean Coïffard, Jean Lestault, Claude Morizot, honorable homme Claude Degoix, Philibert Dubois, Jean Grossin le jeune, Jean Pierre, Jean Rollot, Léonard Serelet, Urbin Raquier, Jean fils de feu Guillaume Bargeot, Guillaume Bargeot, Jean Montenat, Aignien Degoix, Nicolas fils de feu An-

suittes pour les rendre indempnes, garandiz et exemptz dudict guet et garde aud. chastel du Vault, à la charge de par les habitans, suyvant leurs offres et qu'ils ont pareillement promis et promectent de solliciter, païer et satisfaire tous les frais et impenses qu'il conviendra fournir à ladicte poursuitte. Aussy se sont lesdictz habitans pour eulx et leurs successeurs, manans, habitans et subjectz dudict Domecy obligez de faire à l'advenir le guet et garde audict chastel de Domecy et satisfaire au reste selon et conformément aux éeditz et ordonnances royaulx et coustume de cedict duché de Bourgongne et ce en temps d'éminent péril et que le cas le requerra, comme il est désigné, permis et ordonné par lesdictes ordonnances et coustume, à la charge de par ledict seigneur et ses successeurs les retirer au temps d'éminent péril, eulx, leurs biens et familles en sondict chastel, d'advantaige parce que ledict chastel de Domecy a esté, en depuis les troubles rebasty et rédiffié, aïant esté par le ravaige des Reistres bruslé et que lesdictz habitans ont secouru et aidé ledict sieur de Longueville à le remectre, en sourte (que) il a ad ce moien déclairé et dénoncé à iceulx habitans que c'est sans la tirer à conséquence, joinct que aud. secours et aide n'a esté proceddé de force ni contrainte sur lesdictz habitans, ains comme ilz ont librement déclairé et recongneu (que) a esté de leurs plaines et libéralles voluntez et sans y avoir été contrainctz aucunement, mais par le désir de faire service et secourir ledict sieur, aussy ilz ont de mesme volunté et désir promis paier et satisfaire audict sieur la somme de dix escuz pour employer à faire faire le pont levis dudict chastel en ce qu'il reste pour le rendre parfaict, et une sentinelle au coing de la muraille dudict chastel joignant au ruisseaul qui passe et décolle (découle) du cousté du haut, et ce deans le dimanche de Quasimodo prochain; et pour l'advenir eulx ny leurdictz successeurs habitans et subjectz dudict Domecy ne seront tenuz ny contrainctz de faire autres réparations audict chastel, synon conformément auxdicts ordonnances royaulx et coustume de cedict pays et duché de Bourgongne et selon lesquelz sera le présent contract entretenu et observé de poinct à autre. Car ainsy a esté traicté et accordé entre lesdictes partyes dont elles se sont tenues et tiennent pour bien contentes, promectant lesdictes partyes respectivement et chascun en droict soy en bonne foy par leurs sermens pour ce donnez corporellement

thoine Contand, Jehan Grossin l'aisnel (l'aîné), Anthoine Gillet, Anthoine Lestault, Thibault Lebeaul, Georges Gourlot, Fiacre Serelet, Amilland Pierre, Jehan Jolliet, Gilles Liard Philibert Lestault, Guillaume Racquier, Ysaac Soupoil, Jehan Coppin, Loys Bargeot, Jehan fils de feu Pierre Degoix, Nicolas fils de feu Jehan Contand, Léonard Perreaul, Lazare Mathieu, Sébastien Goux, Ligier Desbois, Claude Coppin, Hubert Pierre, Philibert Coppin, Jehan Lebeaul, Lazare Goix, Jehan fils de feu Ciffrain Degoix et Jehan Gourlot. Non seulement ils promirent de faire le guet et garde au château en cas de grand danger, mais encore ils avancèrent à messire Hardy de Longueville la somme de dix écus pour mettre le pont-levis en parfait état, et pour construire une échauguette sur la muraille au pied de laquelle coule le ruisseau; de plus, ils s'engagèrent à faire au château toutes les menues réparations dont il aurait besoin, conformément aux ordonnances royales.

Evidemment, Jacques de Jaucourt, seigneur du Vault-de-Lugny ne pouvait avancer et encore moins prouver que le château de Domecy était assez rapproché du sien pour être sous la protection de sa lance. Mais il dut entreprendre de démontrer que Domecy était sous son écu, c'est-à-dire sous sa suzeraineté; car il y a aux Archives de l'Yonne (1) un mémoire gé-

aux sainctz évangilles de Dieu avoir à jamais pour aggréable, ferme et stable tout le contenu cy-dessus sans y contrevenir, mais le tout accomplir de poinct en poinct selon sa forme et teneur, sous l'obligation de tous et ungs leurs biens tant meubles, héritaiges que immeubles présens et advenir quelsconques, que pour ce ils soubmectent et oblige (sic) par la Cour royalle de Chancellerie du duché de Bourgongne pour y estre contrainctz et exécutez comme une chose loyalement adjugée, Renunceantz à toutes choses génèrallement à ces présentes contraires, mesmement au droit disant généralle rénunciation non valloir si l'espécial ne précedde. En tesmoings de quoy, nous, garde dessusdict, au rapport dudict juré, avons scellé cesdictes présentes du scel dessusdict, quy furent faictes et passées audict Domecy les jour et an que dessus. Présents, Léonard Dampgauthier, sergent royal, Clément Léaulmot, demeurant à Tharoiseau, et André Contand, de Fontettes, lesquelz Léaulmot et André scavent signer. Ainsy signé en la minutte : de Longueville, Degoix, Coppin, Dubois, Contand, Emilland Pierre, Ysaac Souppoi, Degoix et Dampgauthier, et les autres ne scavent signer. Signé : Borot. » (Arch. du château de Domecy, original scellé autrefois.)

(1) E, 240.

néalogique pour le seigneur du Vault, tendant à établir qu'à une époque lointaine il y aurait eu alliance entre sa famille et celle des seigneurs de Domecy, et qu'ainsi il pouvait avoir quelque droit sur Domecy; cette pièce, couverte de ratures et de surcharges, ne donne aucune preuve favorable à la thèse du sire de Jaucourt; elle fournirait plutôt des conclusions opposées; car elle indique que l'inspirateur du mémoire a confondu la seigneurie de Domecy-sur-le-Vault avec celle de Domecy-sur-Cure. Ce qui est bien évident, c'est que le document n'a pas été produit en justice. Nous pensons que Jacques de Jaucourt n'a pas protesté et qu'il se tint pour battu; et il fit bien.

Qu'il s'agît du château de Domecy sur lequel il n'avait « qu'un droit successorial (1) », ou bien qu'il s'agît de ses terres, Hardy de Longueville n'entendait pas que ses prérogatives fussent méconnues. Etienne Dauphin, meunier du moulin Jolyet, en fit l'expérience à ses dépens : en 1580, Hardy de Longueville l'appela en justice pour avoir « coppé ou « faict copper un beau noyer sis sur les terres dudict molin ». L'instance ne fut pas poursuivie jusqu'au bout, car Etienne Dauphin, reconnaissant ses torts, consentit à compenser le dommage qu'il avait causé, en payant comptant une somme de 10 écus sols et en donnant en deux fois six setiers de grain, moitié froment et moitié orge (2).

Ce fut surtout à l'égard de son père que Hardy de Longueville se montra rigoureux. On se souvient que Claude de Longueville, en 1558, avait épousé en troisièmes noces Marguerite de Blondeau, et que Hardy en avait gardé un vrai ressentiment. Aussi, quand il fut installé au château, il demanda d'abord un arrangement pour déterminer ses droits, ceux de son père et ceux des enfants de Jacques de Chappes et d'Agnès de Robée, ses cousins, qui avaient toujours conservé la moitié de la part de leur mère dans la seigneurie de Domecy. Puis, quand cette question fut réglée, Hardy de Longueville fit signifier à son père et à ses cousins, Nicolas de Sacquespée et Pierre d'Avoust, gendres de Jacques de Chappes, que désormais il y aurait au château de Domecy qu'il habitait, un coffre dans lequel serait déposé le terrier de la seigneurie; chacun des coseigneurs

(1) Par cette expression déjà rapportée plus haut, Hardy de Longueville veut dire que son domaine n'était pas franc de tous droits, mais qu'il était grevé de la pension qu'il servait à son père.

(2) Arch. du château de Domecy.

posséderait une clef de ce coffre, afin de pouvoir consulter
ledit terrier, quand il le voudrait; il spécifiait toutefois
qu'aucune poursuite ne pourrait être exercée contre lui-même,
s'il était absent au moment où l'un des intéressés viendrait
pour feuilleter ce registre (1). Et encore, en 1578 et en 1585,
il notifia à son père qu'il venait d'acheter d'abord à Nicolas
de Sacquespée, puis à Pierre d'Avout, ce que ceux-ci possédaient encore à Domecy, et qu'ainsi, lui, acquéreur, jouissait
désormais de la presque totalité des droits et revenus de la
seigneurie de Domecy (2). Ces faits n'étaient peut-être pas en
opposition avec le droit strict, mais ils n'en constituaient pas
moins autant de graves atteintes au respect qu'un fils doit à
son père.

Bien plus, Hardy de Longueville ne consulta pas son père
lorsque, le 5 mai 1586, il épousa Judith de Loron, veuve de Philibert de Lanvaulx, écuyer, seigneur de Mons;du moins, Claude
de Longueville ne parut pas au contrat qui fut signé à Dornecy (3), dans la maison du seigneur d'Argoulois. Les témoins
de la future étaient Philibert de Loron, seigneur d'Argoulois,
François de Loron, écuyer, seigneur de Limanton, et Lazare de
Loron, écuyer, seigneur de Domecy-sur-Cure (4) et de Certaines; les témoins de Hardy de Longueville étaient François de
Caramagne, seigneur de Thory, et Philippe de Léoville, seigneur dudit lieu (5).

Et nous ne trouvons pas que les relations aient été dans la
suite plus cordiales entre Hardy de Longueville et son père,
qui mourut vers l'année 1599.

A l'époque du mariage de Hardy de Longueville avec Judith
de Loron, le pays passait par de rudes épreuves : la peste faisait de nombreuses victimes, et, comme conséquence, les impôts étaient difficiles à recouvrer; les comptes d'Avallon exposent ainsi la situation : « On annule les cothes des paouvres
« mercenaires et femmes vefves, les ungs estans mors et déced-
« dez n'ayant rien laissé que de paouvres petitz enffans men-

(1) Arch. du château de Domecy.

(2) Arch. de la Côte-d'Or, et communication de M. le comte
de Chastellux.

(3) *Dornecy*, comm. du canton de Clamecy, Nièvre.

(4) *Domecy-sur-Cure*, château dans la commune de ce nom,
canton de Vézelay, Yonne.

(5) Inventaire des titres de Nevers, col. 742, et communication
de M. le comte de Chastellux.

« dians leurs vyes, les autres s'estans absentez du pays, et
« autres mendians journallement leurs vyes (1). »

En 1587, les guerres de la Ligue ont de sérieux contrecoups
dans la région : des bandes armées ont recommencé à la par-
courir; l'insécurité est partout; à l'époque de la moisson, on
fait garder les récoltes, de peur qu'elles ne soient incendiées (2).

Le 20 mars 1589, les royalistes, au nombre desquels se trouvent cette fois les Protestants, s'emparent de Girolles et renouvellent les dévastations dont on n'a pas perdu le souvenir :
les provisions des familles sont pillées, les bestiaux enlevés,
les hommes rançonnés. Le 29 août, il est vrai, les Ligueurs
d'Avallon ont envoyé l'un des échevins de la ville, nommé Robert, pour conclure avec Briquemaut, capitaine de Girolles, un
traité concernant Domecy comme toutes les autres paroisses
du bailliage d'Avallon; il a été convenu que « les serviteurs
« de labour et les laboureurs ne seroient point traictez comme
« ennemis, ni le bestial de charrue comme bien d'ennc-
mis (3) », — ce qui n'empêcha pas les habitants de ces villages d'être accablés de corvées, de contributions, de réquisi-
tions, ni d'être pillés sans cesse par les gens d'armes des deux
partis. Cependant, en 1591, les ligueurs d'Avallon se décident
à réduire les royalistes qui tenaient Girolles, la Tour-de-Pré (4),
Sainte-Magnance (5), et ils imposent une nouvelle contribution
à toutes les paroisses du ressort d'Avallon : dans la répartition
de cette levée d'impôts, Domecy-les-Vignes est taxé à la somme
de 15 livres tournois (6). Et Girolles est repris par le sire de
Jaulges (7).

En 1592, le vicomte de Tavannes, l'un des chefs de la Ligue
dans nos pays, réclama aux échevins d'Avallon de nouvelles
taxes qui ne furent probablement ni perçues ni même répar-
ties, parce que la réponse à la lettre de Tavannes exposa que
les villages étaient déserts et à peu près vides d'habitants (8).
Tavannes cependant avait été reçu à Avallon; mais il y avait

(1) Arch. d'Avallon, CC, 191.
(2) Arch. d'Avallon, CC, 193.
(3) Arch. d'Avallon, EE, 58.
(4) *La Tour-de-Pré,* ch.-fort détruit, commune de Provency,
cant. de l'Isle, Yonne.
(5) *Sainte-Magnance,* canton de Quarré-les-Tombes, Yonne.
(6) Arch. d'Avallon, EE, 60.
(7) *Jaulges,* canton de Saint-Florentin, Yonne.
(8) Arch. d'Avallon, EE, 61.

fait entrer avec lui « une énorme et influance (*sic*) garnison à la « toutalle ruyne du pays » ; et, « ès festes de Pasques », les habitants des villages voisins, lassés d'être continuellement dévalisés, sollicitèrent des lettres-patentes en vue de faire payer par le bailliage d'Auxois tout entier les dégâts qu'ils avaient subis (1).

Quand il se vit si peu secondé, le vicomte de Tavannes quitta Avallon, laissant aux Avallonnais le soin de se défendre par leurs propres moyens. Mais, un grand nombre d'entre eux, fatigués d'une lutte dont ils faisaient tous les frais, étaient décidés à se séparer de la Ligue et à reconnaître l'autorité d'Henri IV. Aussi, quand Rochefort-Pluviaut, gouverneur de Vézelay, rallié depuis peu au parti du roi, vint surprendre Avallon, le 21 mai 1594, ne rencontra-t-il qu'une légère résistance. Ainsi Avallon rentrait dans l'obéissance au souverain légitime; ainsi prenaient fin les malheureuses guerres civiles qui avaient ensanglanté la France dans la dernière moitié du xvi⁰ siècle; et Domecy, comme tout le reste du pays, allait enfin pouvoir respirer en paix.

Pendant que ces graves questions générales tenaient tous les esprits dans l'inquiétude, Hardy de Longueville eut encore à se préoccuper d'intérêts plus particuliers. Jacques de Loron, ce fougueux protestant que l'on accuse d'avoir emporté et caché chez lui la châsse de saint Germain, évêque d'Auxerre, mourut laissant à sa sœur, Judith de Loron, dame de Domecy, les seigneuries de la Maison-Blanche (2), de Champmorot (3) et des Courtils (4 ; et, le 4 novembre 1593, Hardy de Longueville autorisa sa femme à donner procuration à Claude Bargedé, bailli de Vézelay, pour prendre en son nom possession de cet héritage (5).

Déjà, en 1592, il avait poursuivi en justice, devant son propre juge, l'un de ses sujets de Domecy, nommé Jean Pierre, à qui les idées révolutionnaires de l'époque avaient sans doute tourné la tête : aux semailles de cette année, Jean Pierre n'avait rien

---

(1) Arch. d'Avallon. CC. 201.

(2) *La Maison-Blanche*, autrefois château fortifié, commune de Crain, canton de Coulanges-sur-Yonne : la tradition rapporte que c'est à la Maison-Blanche que fut cachée la châsse enlevée à l'abbaye Saint-Germain d'Auxerre.

(3 et 4). — Lieux non identifiés, situés peut-être dans le voisinage.

(5) Inventaire des titres de Nevers, col. 461.

trouvé de mieux à faire que de se mettre à labourer avec quatre juments les prés de son seigneur; et pour ce bel exploit, il fut condamné, le 22 mai 1595, à une journée de corvée. Mais il en appela successivement à Avallon, à Semur et à Dijon; mais aussi, devant toutes ces juridictions, la sentence fut maintenue; et, tout en la confirmant, le Parlement de Dijon renvoya, le 9 décembre 1599, Jean Pierre exempt de tous les frais d'un procès (1) qui avait duré sept ans!

L'autorité du juge de Domecy ne rencontrait pas en toute circonstance le même accueil auprès des tribunaux supérieurs. On le vit bien en 1602, lors d'une absence de noble seigneur Hardy de Longueville, pour la durée de laquelle il avait laissé à sa femme tout pouvoir d'administrer sa seigneurie : Jean Tribouillard, de Domecy, porta plainte devant le lieutenant criminel d'Avallon contre un de ses compatriotes, l'accusant *du crime d'usure* (3). Après information, un décret fut rendu contre l'accusé qui réclama son renvoi devant le juge de Domecy; mais il fut débouté de sa demande par sentence du bailliage d'Avallon. Soutenu par noble dame Judith de Loron, suffisamment autorisée de son mari, il interjeta appel devant la Cour de Dijon. Sans s'arrêter aux appellations ni à l'intervention de la dame de Domecy, et sans préjudice de ses droits de juridiction, la Cour confirma le jugement d'Avallon, en se basant sur l'important motif qui suit : « non seulement l'accusé était sujet et fermier de la dame de Domecy, mais encore il était substitut du procureur d'office de la terre dud. Domecy; et ainsi on pouvait prévoir que Jean Tribouillard aurait difficilement justice devant le juge de Domecy (3). » Et l'affaire suivit son cours au bailliage d'Avallon.

Sur ces entrefaites, Claude de Longueville était mort à la maison de Prélong; il fut enterré dans le chœur de l'église de Domecy. Par acte reçu Laureau, notaire en la châtellenie de Dreux, le 11 avril 1599, Hardy de Longueville régla la succession de son père avec sa sœur Agnès et son frère Guillaume, nés de Marguerite de Blondeau (4), qui se retirèrent ensuite à la Brosse-Conche, paroisse de Sermizelles.

(1) Arch. du château de Domecy.

(2) L'usure a toujours été considérée comme un criminel abus de confiance.

(3) LE PRÉSIDENT BOUHIER, *Observations sur la coutume de Bourgogne*, tome II, p. 69.

(4) Communiqué par M. le comte de Chastellux.

Le soin des seigneuries appartenant à noble dame Judith de Loron motiva bientôt après l'abandon du château de Domecy. Car, en 1602, Hardy de Longueville et les siens s'installèrent à la Maison-Blanche. En 1603, ils chargèrent le curé de Tannay (1) d'annoncer le 16 novembre, au prône de sa messe paroissiale, la prochaine rédaction du terrier de la Maison-Blanche et autres seigneuries leur appartenant (2). En 1607, Judith de Loron rendait foi et hommage pour des terres acquises en son nom, sur les châtellenies de Monceaux-le-Comte (3) et de Clamecy (4). Plusieurs fois leurs enfants furent parrains ou marraines à Coulanges-sur-Yonne (5).

Vers la fin de 1613 ou au commencement de 1614, mourut Hardy de Longueville, seigneur de Domecy-les-Vignes. Par son testament reçu Borot, notaire royal à Avallon, le 7 novembre 1604, il avait demandé, en quelque lieu qu'il mourût, à être enterré en l'église de Domecy, au côté senestre de son père; il avait recommandé à sa femme de faire célébrer pour lui des services religieux, et de bien veiller sur leurs enfants, François, Edme, Marguerite et Catherine (6); il avait laissé à François la Maison-Blanche, à Edme, celle de Domecy (7); Judith de Loron exécuta les dernières volontés de son époux; et, en sa qualité de tutrice légitime ayant la garde noble de ses enfants mineurs, elle rendit foi et hommage de la terre et seigneurie de Domecy, le 5 avril 1614 (8), et paya pour les droits d'enregistrement appelés épices, la somme de 12 écus valant 39 livres (9).

Les deux fils, Edme et François, ont dû aussitôt échanger leurs seigneuries; car, en 1615, nous trouvons François installé à Domecy, avec le titre de seigneur dudit lieu.

3. — *François de Longueville* (1614-1668). — En 1615, François de Longueville, seigneur de Domecy, reconnaît qu'il doit à

(1) *Tannay*, canton, arr. de Clamecy, Nièvre.
(2) Arch. du château de Domecy.
(3) Monceaux-le-Comte, canton de Tannay, Nièvre.
(4) Clamecy, chef-lieu d'arrondissement, Nièvre.
(5) Inventaire-sommaire des Arch. de l'Yonne, GG, p. 56.
(6) L'acte porte *Cathelyne*. Catherine de Longueville épousa dans la suite Jacques de Blanchefort, seigneur du Château-du-Bois.
(7) Communiqué par M. le comte de Chastellux.
(8) Arch. du château de Domecy; Arch. de la Côte-d'Or, B, 10713; Peincedé vol. IX, p. 355. — Dans cette pièce, Domecy est toujours écrit *Doumecy*.
(9) Arch. du château de Domecy.

la ville d'Avallon une rente de 18 livres 15 sous (1), dont l'origine nous est inconnue. Par contrat du 29 janvier 1617, passé
par-devant Jean Borot, notaire à Avallon, en présence de Georges de Clugny, seigneur de Préjean et en partie d'Etaules, de
Robert le Foul l'aîné, seigneur de Vassy et conseiller au bailliage d'Avallon, de Robert le Foul le jeune, seigneur dudit Vassy, de Pierre Filzjehan, avocat, seigneur des Grandes-Maisons,
François de Longueville, seigneur de Domecy, écuyer de Mgr le
duc de Nemours, épousa Madeleine Filzjehan, fille du noble
homme Etienne Filzjehan, seigneur des Grandes-Maisons, et
de Marie Chodey (2), laquelle apporta en mariage les seigneuries du Saussois (3) et d'Island.

Il venait d'acheter la dernière parcelle de la terre de Domecy qu'avait gardée jusqu'alors Nicolas d'Avout; et il en fit
hommage au roi devant la Cour de Dijon, le 17 février 1617.
La quittance des *épices* porte qu'il versa pour droits d'enregistrement la somme de 5 écus, de 65 sous chacun (4).

Pour l'organisation de sa seigneurie, François de Longueville suivit l'exemple de Louis de Robée, son ancêtre, et donna
à rente perpétuelle plusieurs terres de Domecy : en 1617, il
cédait ainsi, moyennant une rente de 3 livres 10 sous 6 deniers,
à Pierre Tenelle et Pierre Sappin, de Domecy, une vigne située
lieu dit la Chaume, ou autrement les Hâtes-de-Dominion; en
1622, il délaissait à Adrien Barberon, natif de Mailly-le-Chastel,
60 journaux de terre, moyennant une rente foncière, annuelle
et perpétuelle de 30 bichets de grain: en 1626, il abandonnait
dans les mêmes conditions, à Raphaël Bargeot, de Domecy,
3 journaux de terre pour 18 livres tournois de rente annuelle;
à la même date, il reprenait un journal de terre à Léonard
Defert, de Domecy, moyennant 20 livres tournois et les vins
du marché estimés 1 sou par livre (5).

Sa mère, Judith de Loron, de retour à Domecy, faisait de
même, vendant ou achetant, selon ses convenances ou selon les
circonstances : le 5 septembre 1627, elle achetait à Jean Pierre,
de Domecy, une maison sise « en la rue de la Fonteyne »,
consistant simplement en une chambre, avec un cellier dessous
et un grenier dessus, pour quarante-huit livres et les vins, le

---

(1) Arch. d'Avallon, CC, 225.
(2) Communiqué par M. le comte de Chastellux.
(3) Probablement le Saulce d'Island.
(4) Arch. du château de Domecy.
(5) **Arch. du château de Domecy.**

tout payé comptant; le 26 du même mois, elle acquérait de Philibert Copin et consorts, deux ouvrées de vigne en Roumont, avec une maison en ruines à Domecy, appelée le meix Goussot, moyennant 74 livres et les vins; en revanche, le 9 mars 1645, elle vendait à Nicolas Contant, de Domecy, moyennant deux cents livres et les vins comme à l'ordinaire, une maison sise au village et comprenant deux chambres, deux caves, deux greniers, une chambre à four *et un appandis* (1).

Par sa femme, François de Longueville, écuyer, seigneur de Domecy-sur-le-Vault, gouverneur pour le roi de la ville et chastel de Montbard (2), possédait Island-le-Saulsoy, la Chaume, Pré-de-Fond, la Guichelle, la Motte (3), Champgâchot (4). A ce titre, il avait à recevoir chaque année, le lendemain de Noël, des habitants de Tharoiseau, une rente singulière, destinée à payer le droit d'usage, de pâturage et de garennage à eux jadis concédé dans les bois et buissons d'Island : chaque feu de Tharoiseau devait un demi-pain de froment plus quatre deniers pour tout chariot à quatre roues, deux deniers pour toute charrette à deux roues, un denier pour « tout animal portant bât », une obole pour tous ceux qui n'avaient ni voiture ni bête de somme; seulement, comme la perception de ce demi-pain pour le lendemain de Noël n'était pas chose facile, les habitants de Tharoiseau proposèrent à « très noble personne messire « Françoys de Longueville », de remplacer cette redevance par une taxe en argent. L'affaire fut débattue le 14 juillet 1648, « après midy, au-devant de l'église de Domecy, dans la place « publique dudit lieu », et la transaction signée à l'instant même : François de Longueville donna son plein consentement aux désirs des hommes de Tharoiseau, mais sous la condition que ceux-ci nommeraient et auraient à leurs frais deux gardes pour veiller au maintien de leurs droits et pour verbaliser contre « les personnes mésusantes (5) ».

---

(1) Arch. du château de Domecy. — *Un appandis,* un appentis, un hangar.

(2) *Montbard,* ch.-lieu de canton, Côte-d'Or.

(3) *La Chaume, Pré-de-Fond, la Guichelle, la Motte,* étaient des terres rattachées à la seigneurie d'Island. Arch. du château de Domecy.

(4) *Champgâchot,* terre ayant appartenu à Georges Filzjean, qui mourut le 4 décembre 1634, laissant ladite terre à sa sœur, Mme de Domecy.

(5) Un des documents retrouvés à Tharoiseau, sur un fumier, après la vente du château, 1910.

D'après ce fait concernant Tharoiseau, on peut se faire une idée de la bonne harmonie qui régnait entre François de Longueville et ses sujets de Domecy et d'Island. Souvent en effet il leur donna une preuve de sa bienveillance en acceptant d'être parrain de l'un ou de l'autre de leurs enfants (1).

Il eut aussi avec les de Clugny, les Séguenot, les Filzjean, Vincent de la Fondrée, théologal de la Collégiale Saint-Lazare d'Avallon, avec le seigneur d'Arcy-sur-Cure, avec la famille de Chastellux, des rapports fréquents et empreints de la meilleure cordialité; en 1633, il fut témoin de la noblesse de Georges de Chastellux quand celui-ci entra dans l'ordre de Malte; en 1640, il signa au contrat de mariage de Paul de Remigny, seigneur de Joux (2), avec Catherine de Chastellux (3).

Un recueil qui ne cite jamais ses sources (4), a donné sur François de Longueville une anecdote caractéristique : un jour, des amis du seigneur de Domecy étaient venus d'Avallon chasser sur ses terres; le gibier étant rare, l'un des invités laissa entendre que les braconniers devaient prendre toute licence dans ce pays. « J'aime mieux des amis que des lièvres », répondit M. de Longueville.

Madeleine Filzjean donna à son mari six enfants :

1° Judith, baptisée le 27 novembre 1617; elle épousa Pierre Thomas, conseiller maître à la cour de Dijon; elle était veuve en 1762;

2° Jacques, baptisé le 3 février 1620, qui suit;

3° Etienne, baptisé le 3 mai 1622, qui mourut jeune;

4° Marie-Gabrielle, baptisée le 9 avril 1623; elle fut la première novice reçue au monastère des Visitandines d'Avallon, fondé le 14 avril 1646; elle fit profession en 1647; elle écrivit de sa main la formule de ses vœux, qu'elle termina par ces mots : « Tous rendront témoignage que c'est de ma franche « et libre volonté que j'ai fait la sainte profession (5). » Ce qui démontre une fois de plus que les couvents n'admettaient pas des vocations imprudentes et forcées;

---

(1) Etat civil, Domecy et Island, *passim*.

(2) Joux-la-Ville, canton de l'Isle-sur-le-Serain, Yonne.

(3) Le Marquis de La Guère, *Généalogie de la maison de Stutt*, page 93.

(4) Ce manuscrit qui a appartenu à l'abbé Bernard, curé de Saint-Père, est certainement de la plume de M. Guillié, maire de Vézelay; il n'y a guère de ses traits qui ne se terminent par une impertinence.

(5) Mém. de la Soc. Eduenne, t. XXIV, page 359.

5° Françoise, baptisée le 7 mars 1628; elle épousa, le 2 septembre 1647, Jean de la Porte, seigneur d'Issertieux (1), en Berry : nous retrouverons plus tard leurs enfants;

6° Philippe, baptisé le 19 janvier 1634, dont il sera question plus loin.

Craignant d'être surpris par la mort, François de Longueville et Madeleine Filzjean avaient fait de bonne heure leur testament. Au lieu de cette pièce, datée du 11 novembre 1647, et que son étendue ne permet pas de citer en entier, nous reproduirons l'analyse qu'en a donnée M. Quantin, archiviste de l'Yonne : « Premièrement, quand et lors qu'il plaira à Dieu les
« appeler de ce monde en l'autre, luy recommandent leurs
« âmes et implorent les prières et suffrages de la Vierge Ma-
« rie et de toute la Cour céleste de Paradis.

« Veulent que leurs corps soient inhumez et ensépulturez
« en l'église paroissiale dudict lieu de Domecy, ès lieux où
« sont leurs prédécesseurs, et que leurs funérailles soient
« faictes honorablement ainsi qu'il est requis et à frais com-
« muns de leurs héritiers, c'est-à-dire le jour de l'obit, qua-
« rantaine et bout de l'an.

« Que Jacques, leur fils aîné, ait la maison seigneuriale avec
« tout droit seigneurial sans division;que le cadet,Philippe, au-
« ra la terre et seigneurie d'Island, avec le château appelé
« la Chaume aux fils ainez; toutefois, que le dernier survi-
« vant (des deux époux) qui aura la jouissance du tout sa
« vie durant, donnera s'il le veut à chacun des enfants la part
« qui luy est attribuée, mais seulement quand il se ma-
« riera (2). »

François de Longueville mourut en septembre 1668. Il fut enterré dans l'église de Domecy, où l'auteur de *Villes et Campagnes de l'Yonne* (page 63) a pu lire ces restes de l'inscription gravée sur la dalle recouvrant le défunt : .....VILLE, VIVANT SEIGNEUR DE DOMESSI SUR LE VAVT, PREMIER HOMME D'ARME DE LA COMPAGNIE DE MONSEIGNEVR LE GRAND..... CAPITAINE DV.....

Madeleine Filzjean, sa veuve, avait à peine eu le temps de faire aveu et dénombrement de la terre et seigneurie de Domecy, le 1ᵉʳ mars 1669, en qualité d'usufruitière des biens de son mari (3), quand elle fut emportée par un mal soudain, le

(1) *Issertieux*, non identifié.
(2) Arch. de Yonne, B, 274.
(3) Arch. de la Côte-d'Or, 10.809; Peincedé, vol. IX, page 572.

30 mai, jour de la Pentecôte. « Elle fut munie seulement, dit
« son acte mortuaire, du Sacrement de l'Extrême-Onction qui
« lui fut donné avant la messe paroissiale, et incontinent
« après la réception dudict sacrement, est décedée, ayant
« ainsi gagné le jubilé (1). »

4. — *Jacques de Longueville* (1669-1673). — Le 16 août 1670,
Jacques de Longueville fit aveu et dénombrement de la seigneurie de Domecy que ses parents lui avaient assignée par
leur testament : dans cet acte, il mentionnait que le château,
outre ses terres, possédait deux pressoirs bannaux, une maison
sise au milieu du village au lieu appelé *les Dominés*, et la
métairie de Prélong (2). Le 29 octobre 1671, il reçut la visite
de l'évêque d'Autun (3).

De son mariage avec Barbe de la Borde (4), Jacques de
Longueville n'eut qu'un fils, nommé Jacques comme son père,
et qui mourut en 1661. Se voyant sans héritier direct, il fit, du
vivant même de son père et par acte du 19 janvier 1662, donation de la terre de Domecy à son frère Philippe, seigneur
d'Island (5). Et il mourut en 1673 (6).

5. — *Philippe de Longueville* (1673-1695). — Ce fut seulement le 31 juillet 1676 que Philippe de Longueville reprit en fief
la seigneurie de Domecy, et le 16 novembre 1677 qu'il en fit
aveu et dénombrement (7).

Du vivant de son père, en 1653, il avait donné à l'église de
Domecy un tableau médiocre, représentant saint Léger, patron
de la paroisse, et portant cette inscription : MESSIRE PHILIPPE
DE LONGUEVILLE, ESCUYER, SEIGNEUR DE DOMECY ET D'ISLAND (8),
A DONNÉ CE TABLEAU (EN 1653).

Devenu seigneur de Domecy à la mort de son frère, il continua de résider à la Chaume d'Island. C'est là qu'il mourut,
sans avoir été marié, le 4 février 1695; il fut inhumé le lende-

(1) Etat civil de Domecy.
(2) Arch. de la Côte-d'Or, B, 10813; Peincédé, vol. IX, p. 579;
Arch. du château de Domecy.
(3) Etat civil de Domecy.
(4) *La Borde*, fief sur Asquins, canton de Vézelay, Yonne.
(5) Arch. de la Côte-d'Or, B, 10835.
(6) Arch. de l'Yonne, B, 183.
(7) Peincedé, vol. IX, page 606.
(8) Comme héritier futur de ses parents.

main dans l'église de Domecy (1), comme il en avait exprimé la volonté dans son testament du 29 juillet 1694, ainsi conçu :

« Testament de Philippe de Longueville, écuyer, seigneur de
« Domecy et d'Island, reçu en son château d'Island, — lequel
« considérant qu'il n'y a rien de plus certain que la mort
« et de plus incertain que l'heure d'icelle, fait son tes-
« tament en la forme qui s'ensuit :

« Premièrement, recommande son âme à Dieu, le priant
« par les mérites de l'effusion de son sang et par les interces-
« sions de la très sainte Vierge Marie, sa mère, et de tous les
« Saints du Paradis, de voulloir lui faire la grâce, après qu'elle
« sera sepparée de son corps, la faire jouir avec les bienheu-
« reux de la félicité éternelle;

« Veut et entend qu'après que son âme sera sepparée de
« son corps, icelluy soit inhumé en l'église dudict Domecy en
« la sépulture où reposent les cendres des sieurs ses père et
« mère, que ses obsèques lui soient faites suivant sa condi-
« tion, qu'il lui soit dit et célébré trois services continuels en
« lad. église incontinant après son déceds, avec autant de
« messes basses qu'on pourra trouver de prestres dans le voi-
« sinage, auxquels il sera donné à chascun 20 sous pour lesdites
« messes basses, qu'il soit aumosné par ses héritiers les trois
« jours desdicts services, tant aux pauvres dud. Domecy que
« dud. Island, la quantité de 20 bichets de blé;

« Charge les révérends Pères Minimes d'Avallon de célébrer
« pour lui un annuel de messes quotidiennes;

« Donne et lègue à la cure de Domecy la somme de 800 li-
« vres dont il sera acheté un fonds qui produira quarante li-
« vres de rente annuelle;

« Donne et lègue 200 livres à la fabrique d'Island, 100 li-
« vres aux Cordeliers de Vézelay, 100 livres aux Capucins
« d'Avallon, 200 livres aux Quinze-Vingts de Paris, 600 livres
« à Marie Trichot, sa servante domestique, avec un lit garni
« et ses rideaux rouges. (2) »

On voit que les dernières volontés exprimées par le défunt avaient trait surtout à des intentions pieuses, mais ne disposaient en aucune façon de ses seigneuries.

III. — FAMILLE DE LA PORTE ET DE FAVEROLLES (1695-1699).— Dans ces conditions, les biens de Philippe de Longueville, com-

(1) Etat civil de Domecy.
(2) Arch. de l'Yonne, B, 278.

posés des terres de Domecy et d'Island, revinrent naturellement à sa nièce et à son neveu, Marie-Madeleine de la Porte, veuve de François de Faverolles, et François de la Porte, seigneur d'Issertieux, tous deux nés du mariage de Jean de la Porte et de Françoise de Longueville, cinquième enfant de François de Longueville et de Madeleine Filzjean. Tous deux reprirent en fief leur héritage le 5 juin 1697 et le 15 mai 1699 (1). Et les deux seigneuries restèrent indivises, au moins pendant quelques années. Les noms de ces deux coseigneurs et ceux de leurs enfants paraissent si souvent dans les actes de l'état civil, que l'on peut croire que l'une des familles s'installa à Domecy, et l'autre à Island.

En 1699, Marie-Madeleine de la Porte, au nom de son fils, Antoine-François de Faverolles, officier de la milice de Bourgogne, céda à son frère, François de la Porte, une partie des droits qu'elle possédait sur Island, tandis que François de la Porte abandonnait en échange à sa sœur les trois quarts de ses droits sur Domecy; ils firent aveu et dénombrement de cet échange le 23 janvier 1700 (2).

1. — *Antoine-François de Faverolles* (1699-1748). — Par ce contrat passé entre sa mère et son oncle, Antoine-François de Faverolles, qui portait *d'azur à 3 chevrons d'or* (3), devenait seigneur de la plus grande partie de Domecy. Nous l'appellerons seigneur de Domecy parce qu'il habitait avec sa famille le château de Domecy, pendant que la famille de la Porte habitait Island.

François de Faverolles épousa Madeleine de Vallecourt (ou de Valcourt) (4), qui lui donna quatre enfants : 1° Jean-François, qui suit ; 2° Gui, mort en bas âge; 3° Marie-Madeleine; 4° Françoise qui, le 24 juin 1718, était « trop jeune pour signer » un acte de baptême où elle était marraine (5).

Le 6 novembre 1747, dame Madeleine de Valcourt, épouse d'Antoine-François de Faverolles, reçut la sépulture dans le chœur de l'église de Domecy. Et quelques mois plus tard, le 7 avril 1748, *après une longue maladie* durant laquelle il reçut

(1) Peincedé, vol. IX, page 705.
(2) Arch. de la Côte-d'Or, B, 10896.
(3) *Catalogue et armoiries des gentilshommes qui ont assisté à la tenue des Etats-Généraux de Bourgogne.* J. F. DURAND, Dijon, 1760.
(4) On trouve aussi bien l'un que l'autre.
(5) Etat civil de Domecy.

avec foi les sacrements de l'Eglise, messire Antoine-François de Faverolles, seigneur de Domecy, chevalier de l'Ordre militaire de Saint-Louis, ancien capitaine et en dernier lieu commandant du bataillon d'Autun de la milice de Bourgogne, allait rejoindre sa femme dans la tombe; lui aussi fut inhumé dans le chœur de l'église de Domecy, en présence de son fils, Jean-François de Faverolles, capitaine de carabiniers, chevalier de Saint-Louis; toute la population de Domecy assista aux obsèques (1).

2. — *Jean-François de Faverolles* (1748). — Héritier universel de son père, aux termes du testament olographe de ce dernier, en date du 6 mai 1744, Jean-François de Faverolles reprit de fief les trois quarts de la seigneurie de Domecy, le 14 mai 1748 (2). Le 5 juillet suivant, il acheta de son cousin, Gui-François de la Porte, marquis de Riand, seigneur d'Island, et de dame Henriette-Bibienne de Collebert, dame d'Island, moyennant dix-sept mille livres, le dernier quart de la terre de Domecy (3), et il en fit reprise de fief, le 19 du même mois (4). Et aussitôt qu'il eut ainsi réuni en sa possession toute la seigneurie de Domecy, il la vendit à Michel-Auguste de Denesvre (5).

(1) Etat civil de Domecy.
(2) Arch. de l'Yonne, A, 11; Peincedé, vol. IX, p. 876; Arch. de la Côte-d'Or, B, 11023.
(3) Arch. de l'Yonne, A, 11.
(4) Arch. de la Côte-d'Or, B, 11024.
(5) Arch. de l'Yonne, A, 11; Arch. du château de Domecy.

LES DE LONGUEVILLE, SEIGNEURS DE DOMECY

Claude DE LONGUEVILLE, seigneur en partie de Santigny, devient seigneur de Domecy par son mariage en 1537, avec Philiberte ROBÉE, l'une des filles du dernier seigneur. Philiberte Robée mourut à une date inconnue. En 1553, Claude DE LONGUEVILLE était remarié à Marguerite DE VILLEFRANCHE qui mourut à une date inconnue, ne paraissant pas avoir donné d'enfants à son mari. Le 27 octobre 1558, Claude DE LONGUEVILLE épousait en troisièmes noces Marguerite DE BLONDEAU. Il mourut en 1599. — D'où :

Du premier lit   **Du troisième lit**

- HARDY, seigneur de Domecy en 1572 ; épousa Judith DE LORON en 1586 ; mourut en 1614. — D'où :
- François, qui mourut très jeune.
- Joseph, qui mourut très jeune.
- Agnès.
- Guillaume, seigneur de la Brosse-Conche.

- François, seigneur de Domecy en 1614 ; épousa Madeleine FITZJEHAN en 1617 ; mourut en 1669. — D'où :
- Edme, alliance inconnue.
- Marguerite, alliance inconnue.
- Catherine, épousa Jacques DE BLANCHEFORT.

- Judith, qui épousa Pierre THOMAS.
- Jacques, seigneur de Domecy en 1669 ; épousa BARBE DE LA BORDE ; mourut en 1673. — D'où :
- Etienne, mort enfant.
- Marie-Gabrielle, religieuse de la Visitation.
- Françoise, épousa Jean DE LA PORTE, seigneur d'Issertieux en Berry. — D'où :
- Philippe, seigneur d'Island, puis de Domecy en 1673 ; mourut en 1695, sans avoir été marié.

- Jacques, mort enfant, avant son père.
- Marie-Madeleine DE LA PORTE, épousa François DE FAVEROLLES. — D'où :
- François DE LA PORTE, céda ses droits sur Domecy à son neveu, en 1699.

- Antoine-François DE FAVEROLLES, seigneur de Domecy en 1695 ; acquit les droits de son oncle, François DE LA PORTE, en 1699 ; épousa N... ; mourut en 1748. — D'où :

- Jean-François DE FAVEROLLES, seigneur de Domecy en 1748 ; vendit la même année le domaine à M. Michel-Auguste DE DENESVRE.

CHAPITRE V

LA FAMILLE DE DENESVRE

Les de Denesvre, qui portent *d'argent à un géné-vrier de sinople et deux croisettes de gueules posées en chef* (1), étaient une famille considérable d'Aval-lon ; et leurs noms paraissent avec honneur dans l'histoire de la région. En 1498, Claude de Denesvre, abbé de Reigny (2), était nommé aumônier ordinaire du roi (3). En 1594, Albert de Denesvre et ses amis entreprenaient de faire rentrer Avallon dans l'obéissance au roi Henri IV (4). Au XVIIe siècle, les de Denesvre donnaient des chanoines à la Collégiale Saint-Lazare, des conseillers au bailliage, des avocats en Parlement (5). En 1681, Michel de Denesvre était capitaine de la ville et du château de Cravant (6). En 1693, Gabrielle de Denesvre entrait en religion chez les Visitandines d'Aval-lon. Le 1er septembre 1701, un officier de la famille de Denesvre tombait au champ d'honneur, à Chiari (8), où le présomptueux Villeroy faisait battre nos troupes par le prince Eugène (9). En 1720, Marie-Etiennette de Denesvre faisait profession chez les Visitandines d'Avallon (10), où elle devait mourir en 1733 (11).

(1) Armorial de la Généralité de Bourgogne, 1696.

(2) *Reigny*, ancienne abbaye de Bénédictins, fondée au XIIe siè-cle, près de Vermenton.

(3) Arch. du château de Domecy.

(4) E. PETIT, *Avallon et l'Avallonnais*, page 362.

(5) Armorial de l'Yonne, p. 177; Arch. de l'Yonne, B, 276, 278.

(6) Arch. de l'Yonne, suppl. E, GG, page 142. — *Cravant*, canton de Vermenton (Yonne).

(7) Mém. de la Soc. Eduenne, t. XXIV, p. 383.

(8) *Chiari*, ville d'Italie, ancienne Lombardie, située à environ 45 kilomètres à l'est de Milan.

(9) Arch. du château de Domecy.

(10) Mém. de la Soc. Eduenne, t. XXIV, page 367.

(11) Quand sa fille fit sa profession religieuse, Michel de Denesvre donna à la chapelle des Visitandines des orgues qui furent placées à la tribune; ces orgues sont restées dans la chapelle, devenue, depuis, l'église Saint-Martin; elles y étaient toujours quand le V. P. Muard était curé de la paroisse : il essaya vainement d'en tirer parti. (Mém. de la Soc. Eduenne, *loco citato*).

En 1724, Claude de Denesvre, oncle du futur seigneur de Domecy, était officier dans la maison du roi (1).

1. — *Michel-Auguste de Denesvre* (1748-1790). — L'acte par lequel Michel-Auguste de Denesvre se rendit acquéreur contre Jean-François de Faverolles, de la terre et seigneurie de Domecy pour la somme de 37.200 livres, fut signé le **31 juillet 1748** (2). Le 8 novembre suivant, il en fit aveu et dénombrement par un document qu'il est utile d'analyser, à la veille de la Révolution :

« La seigneurie de Domecy consiste en un château et mai-
« son seigneuriale audit lieu de Domecy, entourée de fossés,
« garnie de ponts-levis, basse-cour du château, écuries et
« granges, deux pressoirs bannaux, un moulin banal, vinée et
« colombier, jardin devant le château, deux vergers, une che-
« nevière, le tout entouré de murs, avec droit de prison, géô-
« lage (3), guet et garde, curements et emparements des fos-
« sés par les sujets de Domecy (4); plus deux maisons, l'une
« en masière (5), au village, avec jardin, chenevière, une petite
« grange et autres aisances, l'autre aussi en masière en Pré-
« long;
« Plus la justice haute, moyenne et basse, avec pouvoir de
« nommer et instituer juge, procureur d'office, greffier, ser-
« gents, et droit de connaître de tous les cas civils et criminels,
« le droit d'avoir signe patibulaire, de prendre les amendes,
« les confiscations, les biens vacants depuis trente ans, le droit
« des mesures à vin et à grains sur lesquelles les habitants
« doivent faire *égandiller* (6) les leurs sous peine d'amende, de
« visiter les bêtes *omailles* à tuer et vendre au détail et d'en
« prendre les langues (7) qui doivent être apportées au châ-

(1) Arch. de l'Yonne, H, 2032.
(2) Arch. de la Côte-d'Or, B, 11024.
(3) *Géôlage,* droit que payaient les détenus pour leur nourriture.
(4) Ce droit de faire curer et entretenir les fossés du château par les habitants était prévu et réglé par des ordonnances royales, et correspondait au droit pour les habitants de se réfugier au château et de se faire défendre par le seigneur en cas de danger.
(5) Une masière était une maison avec une petite quantité de terrain : c'était moins qu'une métairie.
(6) *Egandiller,* échantillonner, vérifier, contrôler.
(7) Ce droit de langues ou *langueyage* était payé sur tout animal de boucherie : c'était un droit de police sanitaire, car les sergents reconnaissaient à la langue de l'animal abattu, si la chair en était

« teau sous peine d'amende; le droit de cens, de rente, paya-
« bles à la Saint-Rémy, faute de quoi il y aura amende de
« 3 livres 5 sous; les lods (1) qui sont de 2 sols 6 deniers,
« par livre, la taille abonnée autrement dite la rente perpé-
« tuelle, le droit de forestage à raison de 5 deniers par habi-
« tant, le droit de corvée au nombre de trois, savoir, une pour
« sarcler, une pour fener, une pour moissonner, comme aussi
« le droit de corvée au nombre d'une sur tous les habitants qui
« ont une charrue ou une demi-charrue; les coutumes en
« avoine, les tierces au quinzième, la redevance en huile;

« Plus 56 sées et demie de pré dans les prés dudit Domecy,
« 371 journaux et demi de terre, 77 ouvrées de vigne en 7 piè-
« ces, le droit de donner le ban de vendange et de vendanger
« 2 jours avant les autres (2). »

Les frais d'expédition et d'enregistrement de cette pièce ont
été détaillés ainsi qu'il suit :

« Sceau, 1 livre;
« Greffe, 7 livres 6 sous 10 deniers;
« 2 sous par livre, 14 sous 8 deniers;
« Aux huissiers, 5 sous;
« Parchemin, 12 sous.
« Total, cy : 9 livres 18 sous 6 deniers,
« dont quittance, datée du 24 janvier 1749. »

Mais cette quittance ne fut délivrée qu'après la publication dudit aveu et dénombrement (3), ordonnée par la Chambre des Comptes de Dijon, et faite les dimanches 29 décembre,
5 et 12 janvier, à la porte de l'église, après la messe paroissiale, par Perrin, sergent royal à Avallon (4).

Avant l'acquisition de la terre de Domecy, Michel-Auguste
de Denesvre, écuyer, avait épousé, le 25 novembre 1738, Claude-
Françoise Laureau, fille de noble homme Jean Laureau (5),

saine; quand la langue était piquée de petits points blancs, comme
des grains de millet, la viande n'était pas saine et devait être en-
fouie.

(1) Tous ces droits ont été déjà expliqués ou le seront dans la
suite.

(2) Arch. de l'Yonne, A, 11.

(3) Dans le but sans doute de contrôler la sincérité de la déclaration.

(4) Arch. du château de Domecy.

(5) Arch. d'Avallon, GG, 38.

demeurant à Avallon (1). A cette occasion, Jean-Claude de Denesvre, ancien officier chez le roi, lui avait donné par contrat de mariage, à lui et à sa future épouse, une somme de trente-cinq mille livres, dont dix mille seraient payées le jour de la bénédiction nuptiale, et les vingt-cinq mille restant, à prendre au décès du dit donateur (2).

Plusieurs habitants de Domecy avaient sans doute pensé que leur nouveau seigneur n'était au courant ni des coutumes locales ni de l'état de son domaine; et, forts de cette idée, ils s'étaient mis à défricher des terres laissées en chaume et abandonnées depuis plus de trente ans. Mais ils s'étaient trompés : Michel-Auguste de Denesvre, écuyer, seigneur de Domecy, était parfaitement renseigné et sur l'état de ces terrains et sur le droit en vigueur. Seulement, au lieu de reprendre tout simplement ces terres, il se contenta d'en réclamer la tierce; et, le 27 septembre 1750, il fit publier par le curé de Domecy, au prône de la messe paroissiale, un avis invitant ceux des habitants qui avaient entrepris ces défrichements, à faire dans la quinzaine et par-devant M⁰ Louis Breuillard, notaire à Avallon, déclaration des dites terres et reconnaissance de la tierce revenant au seigneur; quant à ceux qui, à la dernière récolte, avaient refusé la tierce sur les héritages soumis à ce droit, ils avaient pareillement quinze jours pour liquider ce droit à l'amiable : faute de quoi et passé ce délai, Michel-Auguste de Denesvre se pourvoirait contre eux en justice (3). **Nous croyons** que le seigneur de Domecy n'eut pas besoin de recourir à ce moyen extrême, et que dans la suite ses droits ne furent plus méconnus.

Vers cette époque, en 1750, dit l'auteur des *Villes et Campagnes de l'Yonne* (4), M. de Denesvre commença des travaux qui ont changé l'aspect de l'ancienne maison-fort de Domecy : à la place du corps de logis qui regarde le midi, il fit élever dans le goût de l'époque un château avec étage et mansardes. Mais il faut reconnaître que cette construction avait des appartements plus spacieux, mieux aérés, plus salubres que les salles basses de la demeure de messire Louis Robée.

---

(1) La famille Laureau portait *d'argent au laurier terrassé et accosté de deux troncs d'arbres, le tout de sinople;* elle possédait le fief et château de Montelon, mouvant de Montréal.

(2) Arch. de l'Yonne, B, 279.

(3) Arch. du château de Domecy.

(4) Page 63.

De son mariage avec Claude-Françoise Laureau, M. de Denesvre eut cinq enfants, savoir :

1° Claude-Françoise qui, à son baptême dont nous n'avons pas retrouvé l'acte, reçut les noms de sa mère; le 18 mars 1758, elle fut mariée à Louis Champion d'Annéot (1);

2° Jean-Claude-Bénigne, baptisé le 4 octobre 1745 (2), qui continua le nom ;

3° Louise-Françoise, née le 26 novembre 1749 et baptisée le lendemain (3); nous ne savons pas son alliance;

4° Jeanne-Françoise, née et baptisée le même jour, 13 septembre 1751 (4); elle épousa, le 25 janvier 1782, Charles-François Guillier des Monts, « lieutenant-général civil, criminel et de police du bailliage, duché-pairie et domaine du Nivernois et du Donziois (5) » ;

5° Jeanne-Françoise-Adélaïde, baptisée le 15 septembre 1753, ayant pour marraine sa sœur aînée (6).

Depuis l'an 1555, la famille de Denesvre possédait une maison à Avallon, très voisine des fortifications. En 1713, Edme-Etienne de Denesvre, père de Michel-Auguste, avait acquis de la ville d'Avallon la jouissance de la *Tour de l'Oiseau* et du rempart en ruines qui touchait au jardin de sa dite maison, en s'engageant à faire au rempart et à la tour toutes les réparations nécessaires et à payer une rente perpétuelle et non rachetable de quatre livres. Michel-Auguste de Denesvre de Domecy reconnut ces charges à l'égard de la ville par un acte authentique de 1758, qui lui renouvelait une servitude, presque un droit de propriété sur cette tour et sur le rempart contigu. Mais, en 1771, les échevins d'Avallon parurent disposés à restreindre, peut-être même à supprimer ce droit, en adoptant le projet de faire construire des Halles pour les marchands forains sur l'emplacement du fossé longeant la Tour de l'Oiseau et le rempart y attenant. Michel-Auguste de Denesvre de Domecy, présentant la convention de 1713 et l'acte de 1758 qui reconnaissait son droit contre la ville, mit opposition à l'exé-

(1) Arch. d'Avallon, GG, 39.
(2) Arch. d'Avallon, GG, 37.
(3) Etat civil de Domecy.
(4) Etat civil de Domecy.
(5) Arch. d'Avallon, GG, 40.
(6) Etat civil de Domecy.

cution des travaux, ce qui fit ajourner et finalement abandonner le projet (1).

Lorsque Louis XVI monta sur le trône, tous les nobles et possesseurs de fiefs furent soumis à une obligation dont nous n'avons jamais vu d'exemple dans le passé (2), celle de faire acte de foi et hommage au nouveau monarque. Michel-Auguste de Denesvre de Domecy remplit ce devoir le 30 décembre 1776, et le même jour il reçut quittance des frais ou droits d'enregistrement de cet acte, après avoir versé la somme de 17 livres 17 sous et 6 deniers (3).

Si M. de Denesvre, seigneur de Domecy, se montrait en toutes circonstances fidèle sujet du roi, s'il administrait avec soin son domaine, s'il aimait à vivre au milieu des siens, il savait aussi consacrer aux lettres tous ses loisirs. Dans un mémoire dont quelques lignes lui sont consacrées, nous lisons que « Monsieur de Domecy avait une conversation instructive, « variée, charmante, qui a laissé dans la mémoire de tous ceux « qui l'ont connu des souvenirs ineffaçables. Jusque dans une « extrême vieillesse, il vous étonnait par le charme de sa pa- « role et la grâce de son esprit, par la citation toujours heu- « reuse de longs passages, non pas d'auteurs classiques, mais « d'auteurs remarquables dont on venait de publier les ou- « vrages. Son esprit était jeune à 90 ans (4). »

Il eut un digne émule de ses goûts littéraires dans la personne de son frère, Claude de Denesvre, lieutenant-colonel d'artillerie, qui prit sa retraite et vint se fixer au château de Domecy, en 1775 (5).

Jean-Claude-Bénigne de Denesvre de Domecy, fils de Michel-Auguste, embrassa, comme son oncle, la carrière des armes; en

---

(1) Arch. d'Avallon, II, 12; DD, 22; BB, 17; DD, 124.

(2) Du moins pour Domecy.

(3) Arch. du château de Domecy.

(4) *Annuaire de l'Yonne*, 1861, p. 99-100; art. signé RAUDOT.

(5) Claude de Denesvre naquit à Avallon, le 19 juillet 1714; il fut nommé chevalier de Saint-Louis, le 10 avril 1758, quand il était à Valenciennes, le 31 juillet 1773, il eut son brevet de lieutenant-colonel, daté de Compiègne. Le 9 septembre 1792, il reçut à titre de récompense nationale pour ses loyaux services envers la Patrie, une pension annuelle et viagère de 1.770 livres. (Arch. du château de Domecy). — Il y a aux Archives d'Avallon (DD, 98) trois lettres de Claude de Denesvre. Cl. de Denesvre avait épousé la fille de Guillaume de Sermizelles. (Arch. du château de Domecy.)

1786, il était lieutenant au régiment de Dragons-Montmorency (1) ; le 30 mars 1788, il recevait son brevet de chevalier de l'Ordre militaire de Saint-Louis, signé de la main même du roi Louis XVI. Le 23 avril suivant, il épousait Anne Champion, fille de feu Jacob Champion (2), en son vivant maire d'Avallon (3). En 1787, Jean Nezon, ancien bailli de Joux, seigneur de Merry-les-Joux, demeurant audit lieu (4), fit donation à Jean-Claude-Bénigne de Denesvre de Domecy, écuyer, lieutenant au régiment de Dragons-Montmorency, de six maisons avec leurs dépendances à Joux, d'un domaine au Puits-d'Esme, paroisse de Joux, et d'autres biens à Noyers (5). A la fin d'un congé et avant de repartir pour sa garnison, Jean-Claude-Bénigne de Denesvre donna à Anne Champion, sa femme, le 24 juillet 1788, procuration pour « la gérence, le gouverne-« ment et l'administration de tous leurs biens » pendant son absence (6).

Le 1ᵉʳ janvier 1790, fut baptisé Michel-Auguste-Germain de Denesvre, fils du précédent (7), dont la postérité s'est continuée jusqu'à nos jours.

Quelques mois plus tard, le 13 juillet 1790, fut inhumé Michel-Auguste de Denesvre, seigneur de Domecy (8). Il eut ses derniers jours attristés par les débuts de la Révolution ; il s'en alla à temps du moins pour ne pas être témoin des « crimes « qui allaient se commettre au nom de la liberté ».

*

*   *

La Révolution fit, on le sait, table rase de l'organisation sociale de l'ancienne France, en supprimant les droits de la noblesse. Elle laissa cependant les de Denesvre en possession de leur demeure et de celle de leurs terres qui n'étaient pas soumises aux redevances féodales.

---

(1) Arch. du château de Domecy.

(2) Champion ; armes parlantes : *d'azur à un guerrier de profil, casqué, cuirassé, tenant de la main droite une épée levée, de la gauche un bouclier, le tout d'or.* (Arm. Gén. Bourgogne, 1696.)

(3) Arch. d'Avallon, GG, 41.

(4) Peut-être un parent de lui ou de sa femme.

(5) Arch. de l'Yonne, B, 265 et 287.

(6) Arch. du château de Domecy.

(7) Arch. d'Avallon, GG, 41.

(8) Arch. d'Avallon, GG, 41.

Nous donnons les noms des descendants de la famille, depuis la Révolution jusqu'à nos jours, en nous bornant à mentionner les aînés :

Après Jean-Claude-Bénigne de Denesvre de Domecy, qui demeura à Domecy pendant la période révolutionnaire, la propriété appartint à son fils, Michel-Auguste-Germain de Denesvre de Domecy. Ce dernier, conscrit de 1809, fut rayé des tableaux à cause de sa vue; et, au moment de la levée des quatre-vingt mille hommes, en 1813, il fut définitivement réformé le 4 mai « pour sa myopie au plus haut degré ». Malgré cette infirmité, il fut nommé, le 10 octobre 1815, par le Ministre de la Guerre, sous-lieutenant au 1er régiment des cuirassiers de la Garde royale; mais il démissionna le 13 juillet 1819. Il épousa Blanche-Victoire-Caroline Josse de Beauvoir, fille du député du Vendômois sous Charles X.

Henri-Bénigne-Arthur de Denesvre de Domecy, fils des précédents, naquit le 29 septembre 1824. En 1866, il commença la construction du nouveau château de Domecy, l'une des plus importantes résidences de la région. De plus, M. le baron Arthur de Domecy fut un homme d'œuvres dans toute la force du terme : il s'occupa de l'église, du presbytère, de la paroisse de Domecy; il y fonda un Cercle catholique, qui répondait et répond si bien aux besoins de notre Société; il accepta la vice-présidence du Cercle catholique établi à Avallon en 1874. Il avait épousé, le 18 mai 1853, Mlle Marie-Adélaïde de Beaunav.

M. le baron Joseph-Robert-Bénigne de Denesvre de Domecy, fils des précédents et propriétaire actuel du château de Domecy, est né le 20 octobre 1862; le 18 mai 1892, il a épousé Mlle Cécile-Jeanne Frotier de Bagneux, dont il a eu une belle famille, trois fils et sept filles.

DEUXIÈME PARTIE

La Paroisse

—

CHAPITRE PREMIER

RENSEIGNEMENTS GÉNÉRAUX

L'origine de la paroisse de Domecy ne nous est pas connue. Nous savons seulement qu'elle existait en 593, et qu'à cette date le saint évêque d'Auxerre, Aunaire, possesseur du domaine de Domecy, donna par son testament à l'abbaye Saint-Germain d'Auxerre au moins une grande partie de cette terre, qui devint le patrimoine de l'église, à charge pour ladite abbaye de pourvoir à l'administration spirituelle de Domecy et de Saint-Père (1).

Bien que faisant partie du diocèse d'Autun, la paroisse de Domecy demeura sous le patronage des religieux de Saint-Germain, tant qu'ils furent en jouissance de ces biens. Plus tard, au xiv⁰ siècle, sans qu'il nous soit possible d'expliquer ce changement, nous la trouvons sous le patronage des Hospitaliers de Saint-Jean de Jérusalem, établis à Pontaubert; elle devait alors à l'évêque d'Autun onze sous de procuration (2) : cette redevance indique évidemment que l'autorité de l'évêque comptait aussi bien que celle du Commandeur de Pontaubert. Cependant la juridiction de l'évêque d'Autun sur la paroisse fut longtemps contestée, jusqu'au jour où un arrêt de 1620 ordonna que la paroisse de Domecy, comme toutes les autres dépendances des Hospitaliers, serait visitée par l'évêque diocésain (3); cette décision, qui annulait une sentence rendue par l'official d'Autun, en 1618, et reconnaissant (nous ne savons

(1) Voy. plus haut, au chapitre I.

(2) Cartulaire de l'évêché d'Autun, p. 383. *Procuration*, droit de gîte en vertu duquel les évêques, les archiprêtres se faisaient héberger par le curé du lieu qu'ils visitaient.

(3) Archives locales.

à quel titre) au Chapitre de Saulieu (1) le droit de visite à Domecy (2), était en tout point conforme à la saine raison et au droit canonique général touchant la juridiction de l'évêque.

Sous la haute autorité de l'évêque d'Autun, la paroisse de Domecy dépendit longtemps, au moins jusqu'en 1550, de l'archiprêtré de Quarré-les-Tombes (3); puis elle fut rattachée à l'archiprêtré d'Avallon, et finalement, en 1669, à l'archiprêtré de Vézelay (4). Depuis le Concordat du 15 juillet 1801, elle fait partie de l'archidiocèse de Sens et dépend logiquement du doyenné et de l'archiprêtré d'Avallon.

Tels sont les renseignements généraux recueillis sur la paroisse de Domecy; mais, dans les pages suivantes, ils seront complétés par des données particulières concernant l'église, ses revenus et leur administration, les curés et leurs ressources, le culte local.

CHAPITRE II

L'ÉGLISE

L'église de Domecy, signalée en l'année 593, était certainement l'un des rares sanctuaires chrétiens de la région. A cette époque, les églises étaient peu nombreuses, preuve évidente qu'après les invasions des Burgondes et des Francs, la population était clairsemée. Ainsi, les règlements que fit saint Aunaire durant son épiscopat, nous apprennent que son diocèse d'Auxerre, qui s'étendait jusqu'à la Loire, ne comptait alors que trente-sept paroisses. Domecy peut donc revendiquer l'honneur d'avoir été l'un des premiers centres chrétiens et d'avoir eu l'une des premières églises de nos contrées.

Mais, qu'était cette église du sixième siècle? Aucun document ne permet de la décrire. Combien de temps est-elle restée debout? Rien ne l'indique. Et nous ne savons pas si c'est le même monument de la foi de ces premièrs siècles, qui a reçu les fondations de deux chapellenies (5) au XIII° siècle.

(1) *Saulieu,* chef-lieu de canton, Côte-d'Or.
(2) Arch. de l'Yonne, H, 2235.
(3) *Quarré-les-Tombes,* canton, Yonne.
(4) Archives locales.
(5) Chapellenie, fondation acquittée par un aumônier ou chapelain à demeure.

En 1247 (1), Yves de Vézelay, chanoine de Chartres, reconnaissait par-devant Anseau, évêque d'Autun, consentant et approuvant, qu'il avait fondé dans l'église Saint-Léger de Domecy une chapellenie pour le repos de son âme et de celles de ses ancêtres, laissant pour le chapelain qui y célébrera l'office divin, deux vignes au territoire dudit Domecy et le douzième des dîmes de la paroisse, dont le curé se tenait pour payé, cette année-là; puis, du consentement de l'évêque, il déclarait que la nomination à cette chapellenie lui appartiendrait sa vie durant, qu'elle appartiendrait de même à Gui d'Ostun, chevalier, à Hermine, son épouse, et à leur fils, Gui, chevalier, mais que, après leur mort, l'évêque seul aurait ce droit de nomination.

Et peu de temps après, Gui d'Ostun, seigneur de Domecy, fonda dans l'église de ce lieu une autre chapellenie; car, au mois d'octobre 1274 (2), Guillaume de Domecy, damoiseau,

(1) Ego Ansellus divina miseratione episcopus Eduensis, universis presentes litteras inspecturis notum facio quod dominus Yvo de Verzeliaco, canonicus Carnotensis, constituit quandam capellaniam pro salute anime sue et antecessorum suorum, in ecclesia beati Leodegarii de Domiciaco, qui debet ibi celebrare divinum officium, sicut supradiximus, pro quibus dedit capellano qui habet dictam capellaniam duas vineas sitas in territorio de Domiciaco, et quartam partem tercie partis decimarum de Domiciaco, de quibus vicarius jam ibi institutus coram nobis se tenuit pro pagato; nos vero attendentes devotionem dicti Yvonis, dictam capellaniam confirmavimus et eidem concessimus ut, si contigerit dictam capellaniam vacare tempore suo, vel Guidonis de Edua, militis, et Hermine, uxoris ejus, vel Guidonis, militis, filii corumdem, dictus Yvo et post mortem ejus alter dictorum trium qui superstes fuerit, dare possint cui voluerint capellaniam supradictam. Post decessum vero eorum, ad nos donatio pertinebit. In cujus rei testimonium presentes litteras sigilli nostri munimine roboravimus. Actum anno Domini m° ducentesimo quadragesimo septimo. (Cartulaire de l'évêché d'Autun, page 141.)

)2) Universis presentes litteras inspecturis, ego Guillermus de Domiciaco, domicellus, filius condam nobilis viri Guidonis, domini de Domiciaco, militis, notum facio quod cum vir nobilis Yvo de Verzeliaco, canonicus Carnotensis, nec non vir nobilis Guido de Edua, avus meus, quilibet eorum capellaniam fundasset in ecclesia sancti Leodegarii de Domiciaco in suorum et predecessorum suorum remissionem peccatorum, et ad Dei servicium et honorem, videlicet dictus Yvo sub istis conditionibus, quod collacio istius capellanie quam fundavit in ecclesia supradicta, ad ipsum Yvonem.

attestait qu'Yves de Vézelay, chanoine de Chartres, ainsi que Gui I d'Ostun, aïeul dudit Guillaume, avaient doté chacun une chapellenie dans l'église Saint-Léger-de-Domecy, sous la condition précédemment acceptée par Anseau, évêque d'Autun, que la nomination des chapelains dépendrait des fondateurs tant qu'ils vivraient, et aussi d'Hermine, femme de Gui, et de Gui, leur fils; mais après leur mort, l'évêque d'Autun aurait

quandiu viveret ,ac deinceps ad Guidonem de Edua, militem, et Herminam, uxorem suam, necnon ad Guidonem, filium eorum primogenitum, patrem meum, quandiu dicte persone viverent, pertineret; et predictus Guido de Edua, miles, condam avus meus, sub istis conditionibus, videlicet quod ad ipsum Guidonem, et Herminam, uxorem suam, nec non et Guidonem, filium eorundem primogenitum, dicte capellanie a dicto Guidone fundate, quandiu viverent, collacio pertineret, quibus conditionibus in utriusque capellanie fundatione positis et adjectis, existentibus et expletis, quod predictarum capellaniarum collacio pertineret imperpetuum pleno jure ad venerabilem in Christo patrem episcopum Eduensem qui esset pro tempore episcopus Eduensis, prout hec omnia et singula in litteris hone memorie Anselli, condam episcopi Eduensis plenius continentur. Ego predictus Guillermus de Domiciaco, domicellus, confiteor spontanea voluntate et ex certa scientia recognosco conditiones appositas et adjectas in utriusque capellanie fundatione quantum ad collacionem harum, penitus exstitisse; et, ex nunc in antea dictarum capellaniarum collacionem ad episcopum Eduensem qui pro tempore fuerit, plenius pertinere et ipsum jus habere conferendi quocienscunque ad id obtulerit se facultas, aliis conditionibus appositis et adjectis in fundatione dictarum capellaniarum in suo robore duraturis. Confiteor etiam me et heredes meos et successores ex nunc in antea in collationem dictarum capellaniarum jus aliquod non habere, sed plenum jus conferendi, ut dictum est, ad quemcunque episcopum Eduensem totaliter pertinere, promittens per juramentum meum tactis sacrosanctis Evangeliis contra confessionem hujusmodi non venire. In cujus rei testimonium sigillum meum presentibus litteris apposui, et rogavi virum venerabilem patrem officialem Eduensem ut sigillum curie Eduensis una cum sigillo meo presentibus litteris apponat.

Et nos predictus officialis ad preces et mandatum dicti Guillermi, sigillum curie Eduensis presentibus litteris apposuimus in testimonium veritatis.

Actum anno Domini m° cc° septuagesimo quarto, mense octobri. (Cartulaire de l'évêché d'Autun, p. 130-131.) Le trésor généalogique de D. Villevieille (Bibl. Nat., f. fr. n° 31918, f° 95 r°) donne seulement l'analyse de cette pièce.

seul le droit de pourvoir à ces deux bénéfices. Guillaume déclarait ensuite que les conditions n'existaient plus depuis la mort des personnages désignés dans les actes de fondation, que ni lui ni ses héritiers ne les feraient reparaître à leur profit; et il jurait, en présence de l'official d'Autun et la main sur les saints évangiles, qu'il ne ferait personnellement entendre aucune réclamation à ce sujet.

L'église de Domecy, à laquelle furent assignées ces importantes dotations, fut détruite pendant les guerres des XIVe et XVe siècles. Sur les fondements de l'ancienne (1), elle fut reconstruite dans la dernière moitié du XVe siècle. Et nous la voyons aujourd'hui telle qu'elle est sortie de la main des ouvriers, allongée cependant d'une travée que l'on a ajoutée à l'ouest en 1833. Elle a une seule nef à laquelle donnent la forme d'une croix latine ses deux chapelles formant transept; au-dessus de la chapelle du nord se trouve la chapelle du château qui a son entrée à l'extérieur de l'édifice.

Dans son état actuel, l'église mesure 29 mètres 70 de longueur, sur une largeur de 7 mètres à la nef et de 17 m. 70 aux chapelles; la hauteur de la voûte est de 7 m. 50 : cette voûte, de style ogival, a les arêtes de ses nervures retombant sur des colonnes à demi engagées dans la muraille et contrebutées au dehors par les contreforts en moellons et à ressauts. Le sanctuaire est de même style, avec entrelacs de nervures à la voûte; il est éclairé par trois longues fenêtres divisées par un meneau avec trèfle au-dessus : l'une, celle du chevet qui est droit, est remplie de vitraux modernes qui représentent en médaillons l'*histoire de saint Léger*, patron de la paroisse et de l'église; celle du nord, des scènes de *la vie de la sainte Vierge et de saint Joseph;* celle du midi, le *Christ en croix*, la *Samaritaine et la Bienheureuse Marguerite-Marie.* Toutes les autres fenêtres de la nef, formées pareillement de deux baies géminées et trilobées et surmontées d'un cœur, ont aussi des vitraux modernes représentant : 1° au midi, première fenêtre vers la porte principale : *l'apparition de Notre-Dame de Lourdes*, et le *saint curé d'Ars priant sainte Philomène;* deuxième fenêtre : *saint Martin donnant la moitié de son manteau à un pauvre* et le *baptême de Clovis;* 2° au nord, première fenêtre vers la porte : *Jeanne d'Arc écoutant ses voix*, et *saint Antoine de Padoue;* deuxième fenêtre : scènes non identifiées ..

____

(1) *Villes et Campagnes de l'Yonne*, page 63.

La porte d'entrée, à l'ouest, est toute récente, mais bien dans le style de l'église. Au midi, s'ouvrant sur l'ancien cimetière, on voit les restes d'une jolie porte Renaissance avec médaillons. Le clocher est une petite tour carrée élevée sur le transept; il abritait trois cloches avant la Révolution (1).

Quand on visite cette intéressante église de Domecy, on se sent dans une atmosphère de recueillement et de piété. Quelqu'un dira peut-être qu'il est fâcheux que, pour y pénétrer, on doive descendre plusieurs degrés à l'intérieur; mais si l'on songe que cette disposition a été nécessitée par le niveau du cimetière, on se surprend à répéter les vers du poète d'Annéot (2), chantant son église :

> « Elle est basse et s'enfonce en terre
> « Pour y protéger de plus près
> « Les morts, qui dans le cimetière
> « A son ombre dorment en paix,
> « Et qu'elle a vus dans son enceinte
> « Prier comme on priait jadis :
> « Vieux chrétiens qui partaient sans crainte
> « D'ici-bas pour le Paradis... »

Pendant la première période des guerres civiles de la fin du XVIe siècle, l'église de Domecy subit des dégâts qui durent être considérables, si l'on en juge d'après le devis des travaux à y exécuter, et s'élevant à la somme de 250 livres, somme énorme pour l'époque et surtout en face de la misère générale. Mais pour les habitants, leur église, c'était leur maison paternelle, celle où ils aimaient à se réunir sous le regard de Dieu, leur Père du ciel. Et les travaux furent exécutés en 1572; seulement, le paiement n'a pas dû être effectué aux termes convenus; car la Cour de Dijon, par un arrêt qui ressemble à une véritable sentence de justice, « permectoit aux habitans « de Dommecy-sur-le-Vaux d'imposer sur eulx par un rolle « sepparé et dans la quinzaine la moictié de la somme de deux « cens cinquante livres (l'autre moictié devant estre payée par « le curé luy-mesme), lequel rolle sera exécuté et les contri- « buables contrainctz à payement de leur *cotthes* non obstant « oppositions ou appellations ou autres empeschements quels- « conques, pour estre la moictié dudict prix desd. réparations « payées un moys après l'imposition faicte, faute de quoy per-

(1) Arch. locales.
(2) L'ABBÉ PATRIAT, *Pour l'église d'Annéot.*

« mectons d'y faire contraindre les eschevins et quatre princi-
« paulx habitans (1). » On voit que l'entrepreneur et ses ouvriers n'usaient pas de ménagements pour se faire payer leurs
travaux.

Dans la circonstance, il y avait donc urgence : les habitants
de Domecy ne craignirent pas alors de créer contre eux-mêmes
une servitude, peut-être fort onéreuse pour l'avenir; et ils chargèrent leurs représentants et mandataires au nombre desquels
était messire Hardy de Longueville, de conclure, par-devant
messire Mathieu de Chalmaison, grand-doyen de Saint-Etienne
de Sens et grand-vicaire de l'abbé de Vézelay, un accord avec
les communautés d'Asquins et de Saint-Père : il fut convenu
entre les parties que les habitants d'Asquins et de Saint-Père,
au temps de la vaine pâture seulement, auraient le droit de
conduire leurs bestiaux sur le territoire de Domecy, 1573, à
condition qu'ils verseraient une somme de 100 livres pour les
réparations de l'église dudit Domecy (2). Il n'y avait plus qu'à
répartir sur tous les habitants la somme de 25 livres, complé-
tant la moitié à leur charge desdits travaux, ce qui dut se faire
sans difficulté.

Il n'est plus question désormais de l'église de Domecy que
dans les procès-verbaux des visites canoniques. Les détails mi-
nutieux que contiennent ces pièces, se rapportent plutôt au
mobilier qu'à l'église elle-même. Nous les reproduirons cependant à cause de leur intérêt pour notre sujet.

L'un, de 1671, s'exprime ainsi : « Ce jour d'huy, vingt
« neufiesme octobre mil six cens soixante et unze, nous, Jac-
« ques Griveau, presbstre, curé de Saint-Pierre de Vézelay, en
« vertu de la commission à nous adressée par Mgr l'évesque
« d'Authun ou Mgr son grand vicaire pour la visite des es-
« glises et paroisses de l'archiprebstré de Vézelay, diocèse du l.
« Authun, nous nous sommes transportés au lieu de Domecy-
« sur-le-Vaulx, assisté de M. Bertelemy Morand, presbstre se-
« miprébendé à la Magdelaine, nostre promoteur, et de
« M. Pierre Condren, procureur et notaire par nous pris pour
« secrétaire et greffier, et y estant, sommes entrés en la mai-
« son où faict sa demeure Mᵉ Jean Henryot, prebstre et curé
« dud. Domecy, auquel nous avons faict voir nostredicte com-
« mission, et après lecture à luy faicte, nous l'avons adverty

(1) Arch. de la Côte-d'Or, C, 2979.
(2) Arch. de Yonne, H, 1969.

« de satisfaire à son esgard en ce qui le touche au désir
« d'icelle commission; pour quoy faire led. s^r curé nous a
« mené et conduit en l'esglise, où estant nous aurions faict
« sonner les cloches d'icelle église affin d'y faire assembler les
« paroissiens, lesquels ont comparu au nombre de huict ou
« dix avec Modéré Milières, et Denis Gillet, procureurs fabri-
« ciens, et Joseph Pinard, marguilier; et revestu de nostre sur-
« plis et estolle, nous nous sommes agenouillé devant le grand
« autel dédié à saint Léger, évesque d'Authun et martyr, pa-
« tron d'icelle esglise, pour implorer les faveurs du ciel; et
« après avoir faict allumer les cierges sur l'autel, faict appor-
« ter du feu dans l'ensensoir nous aurions faict ouver-
« ture du tabernacle avec la clef qui nous a esté mise en main
« par led. s^r curé, et après avoir tiré le ciboire dud. tabernacle,
« l'ayant encensé, adoré et chanté un hymne convenable en
« l'honneur du Saint-Sacrement, nous l'aurions visitté par le
« dedans : led. ciboire est d'argent et non doré par le dedans,
« y ayant dessus un petit voille de tafetas; il y a un corporal
« dessoubz; led. tabernacle est un peu pint par le dehors,
« mais par le dedans n'est point orné d'estofe prétieuse; il
« y a aussi dans led. tabernacle une boëste pour porter le
« Saint-Sacrement aux malades, qui est de coton; sur led. ta-
« bernacle il y a un pavillon en ouvrage qui est de laine;

« Ce faict, avons visitté l'autel qui est de pierre, y ayant
« dessus un marbre pour n'estre led. autel consacré, trois
« nappes dessus, quatre chandeliers de cuivre, une croix au
« mélieu avec un crucifix, deux cuissinets (1), un parement
« d'autel bien déchiré;

« Plus sur led. autel, il y a un image de saint Léger et un
« aultre de Nostre Dame en relief, un tableau avec deux petits
« images de saint François de Paule et de saint François d'As-
« size; au-dessus dud. autel, il y a un daix bien propre et deux
« petis images de Nostre Dame et du Sauveur;

« Ensuitte nous nous sommes transporté aux fonts baptis-
« maux qui sont dans une chapelle dédiée soubz le tiltre de
« Nostre Dame de Pitié, au costé droict à l'entrée de l'esglise,
« lesquels ouverts avec la clef par le s^r curé, nous avons trou-
« vé l'eau baptismale dans un bassin de cuivre, couverte de
« mesme mestail, un chresmier (2) de cuivre, un vase d'es-

(1) Probablement deux petits coussins pour appuyer le missel.
(2) *Chresmier*, vase pour conserver le saint Chrême.

« tain pour verser l'eau sur la teste de l'enfant, lesd. fonts
» ne sont percés dans le mélieu, les vaisseaux pour le bap-
« tesme y sont renfermés;

« De là led. sr curé nous a conduit en la sacristie où estant
» il nous auroit faict voir quatre chasubles, l'une de couleur
« jaune et viollet de velours ramage, la deuxième chasuble de
« soye et de laine; la 3° blanche de futaine ramage, la 4° de
« satin noir; quatre aubes déchirées qui ne valent presque
« rien, quatorze nappes d'autel; lesquels ornemens cy-dessus
« déclarez sont en un coffre fermant à clef; ce faict, le sr cu-
« ré nous a faict ouverture d'une armoire proche le grand
« autel où il nous a faict voir une figure de Sainct Léger qui
« est en bois peint où est un ossement du test dud. Saint-
« Léger fort considérable, mais luy ayant demandé le pro-
« cès-verbal, il nous a dict que le Sr de Domecy le doibt avoir
« en son chasteau; au dessoubz de ladicte armoire c'est trouvé
« un soleil d'argent, un calice d'argent, les vaisseaux des
« huiles pour les infirmes, une bourse avec deux corporaux,
« 3 pailles (pales), 4 voilles de calice en bon estat;

« Il y a dans une aultre fenestre non fermant à clef une lan-
« terne de fert blanc, deux burètes, une clocheste, un encen-
« soir, une croix de cuivre pour la procession et un missel fort
« bon; sur le pulpitre c'est trouvé un pseaultier, un graduel,
« un anthiphonaire, trois processionnaires, et un petit missel
« un peu déchiré;

« Dans lad. esglise il y a une chappelle à main gauche où
« il y a un autel de pierre où est un image de nostre Dame en
« relief; plus dans la chappelle des fonts, il y a aussy un autel
« de pierre et un image de nostre Dame de Pitié; plus il y a
« un autel dédié à Saint Denis, led. autel, de pierre, sur lequel
« il y a un tableau tout déchiré;

« Dans lad. esglise il y a deux portes; proche la grande
« porte est un bénitier de fonte qui est fort beau, et à la
« petite est un petit bénitier de pierre;

« Au mélieu de l'esglise est un clocher où sont deux cloches,
« l'une de la pesanteur de huict cens livres, et l'autre de six
« cent, à ce qui nous a esté dict; le cimetière de lad. église qui
« est proche d'iceluy, n'est ni clos, ni fosseys, ni grille, seule-
« ment est une croix au mélieu, de pierre;

« Les vitres de la nef sont rompues; il n'y a dans lad. es-
« glise ny confessionnal, ni chaize pour la prédication, ny con-
« frérie, ny balustre, ny fondation; il y a une planche qui tra-

« verse l'esglise, sur laquelle il y a un crucifix et un image de
« nostre Dame et un de Saint Jean en relief.

« Ce faict, nous avons interpellé led. s^r curé de nous dé-
« clarer qui est le patron de lad. cure, lequel nous a faict ré-
« ponse que c'est Mgr l'illustrissime évesque d'Authun qui l'a
« mesme pourveu en ceste qualité, et que pour les prenant
« fruicts (les décimateurs), le sieur curé prend la moictié en
« la disme de bled, et que l'aultre moictié est partagée entre
« le s^r abbé de Marcilly (1) et les s^{rs} du chappitre d'Avalon, et
« que pour la disme de vin, il la lève seul; que dans lad. pa-
« roisse il y a six vingts communians.

« De plus, nous avons requis le s^r curé de nous exhiber ses
« lectres de prebstrise et ses provisions, lequel nous a dict ne
« les avoir pas, pour les avoir produictes à Paris dans un pro-
« cez qu'il a eu et ne les avoir retirées du sieur Courlot, pro-
« cureur au Parlement (2).

« Nous avons veü les registres baptistaires et aultres qui se
« sont trouvés en bonne forme.

« Le s^r curé a une maison presbytéralle où il y a un jardin
« y attenant, mais elle est inhabitable pour estre ruineuse, et
« qu'il a eü procez avec ses paroissiens pour la restablir (3),
« par devant le S^r juge civil d'Avallon, et que lesd. parois-
« siens sont condamnez à la restablir. La sage-femme a l'apro-
« bation de la paroisse et s'acquitte bien de son debvoir (4).

« Qui est tout ce que nous avons trouvé et qui nous a esté
« représenté par lesd. s^{rs} curé, procureurs fabriciens et mar-
« guilier, dont nous avons donné acte aux susd. qui ont signé
« avec nous et nostre greffier le présent procez-verbal (5). »

Le 27 mai 1700, l'archidiacre d'Avallon, qui avait juridiction sur l'archiprêtré de Vézelay, visitait à son tour l'église de
Domecy; mais, dans son procès-verbal, il ne se contentait pas
de constater l'état des choses, il prescrivait aussi les mesures à
prendre pour remédier à ce qui n'était pas selon les règles :
« Le jeudy vingt septiesme jour de may, de l'année 1700, dit-

(1) *Marcilly*, ancienne abbaye, comm. de Provency, Yonne.
(2) Nous ne savons rien de cette affaire.
(3) Ce procès ne nous est pas autrement connu.
(4) En 1697, un procès-verbal du même genre aurait pu signaler la sage-femme de Domecy, Louise Gillet, « approuvée pour re-
« cevoir les enfans qui viennent au monde ». (Etat civil de Domecy.)
(5) Arch. de Saône-et-Loire, communiqué par M. Lex, archiviste.

« il, nous sommes arrivés dans la paroisse de Domecy-sur-
« Vaux à quatre heures du soir, accompagné du curé de Pré-
« cy (1) et du sieur Pilin, curé de Saint-Léger-de-Fouche-
« ret (2), où nous avons trouvé la dicte paroisse dépourvüe de
« pasteur; pour ce, nous nous sommes adressé à honorable
« homme Claude Jolyet, fabricien cy-devant, et à Georges Gut-
« tin, à présent en charge, lesquels nous ont faict ouverture
« de l'église, ont faict sonner les cloches et assemblé les pa-
« roissiens, nous ont remis les clefs du tabernacle, des fonds
« baptismaux et des saintes huiles. En suitte de quoy, nous
« avons procédé à nostre visitte, par laquelle nous avons re-
« connu et ordonné qu'il faut dorer la pataine et le croissant
« du soleil, qu'il faut faire fermer l'endroit où se mettent les
« saintes huiles, qu'il faut faire faire une balustrade au sanc-
« tuaire, qu'il faut faire relier le missel, qu'il faut faire car-
« ronner (*paver de carreaux ou de briques*) la sacristie, élargir
« la fenestre, y mettre des barreaux de fer, et y faire faire de
« grandes armoires pour serrer les ornemens ; qu'on se pour-
« voira d'un ornement verd et que l'on fera faire une balus-
« trade à l'entour des fonds dans lesquels les fabriciens nous
« ont dict qu'on n'avoit point faict d'eau bénitte à Pasque; fi-
« nallement, attendu qu'il ne s'est trouvé nombre sufisant des
« paroissiens pour estre présent aux comptes de Fabrique qui
« devoit estre rendu par devant nous par lesd. Jolyet et Gut-
« tin, nous avons ordonné qu'ils les rendront, comme aussy
« tous autres qui ont géré cy devant lad. Fabrique et qui n'ont
« pas esté déchargés, pardevant le S^r curé de Précy, archiprê-
« tre de Vézelay, dont nous sera justifié à nostre première
« visitte, et un livre de Fabrique qui contiendra les receptes
« et despences, et un inventaire des tiltres de Fabrique, des
« vaisseaux sacrés et des ornements et linges de l'église...;
« en outre, nous avons trouvé le marbre qui est sur le grand
« autel trop petit et rompu sur les coings, en sorte qu'il n'est
« pas de la propreté requise; pour quoy nous l'avons inter-
« dict et deffendu d'y célébrer, ordonné qu'à cette effet on se
« pourvoira d'un neuf, consacré par Monseigneur d'Autun, pour
« qu'on puisse faire le service divin sur le grand autel; et à
« l'instant, nous nous sommes transporté au presbyter qui

(1) *Précy-le-Sec,* canton de l'Isle-sur-le-Serain, Yonne.
(2) *Saint-Léger-de-Foucheret, Saint-Léger-Vauban,* canton de
Quarré-les-Tombes, Yonne.

« ne consistent qu'en une chambre et quelqu'autres aysances
« qui sont en ruine, en sorte que nous avons ordonné que les
« paroissiens ou ceux qui y sont obligés, feront réparer
« led. presbyter et le mettront incessamment en estat de re-
« cevoir un curé quant on leurs en envoyra un; nous avons...
« encore ordonné que led. Guttin, à présent fabricien, fera
« les diligences et poursuittes nécessaires pour faire payer les
« escheüs à l'avenir des rentes qui sont deheüs à la Fabrique,
« notamment celle de quinze livres par an deheü par la Dame
« du lieu, et nous en justifiera à nostre première visitte. Dont
« et de ce que dessus nous avons dressé le présent acte que
« nous avons signé avec le sieur curé de Précy, led. Jolyet,
« led. Guttin ne scachant signer (1). »

L'évêque d'Autun donna bientôt à Domecy un curé dans
la personne de l'abbé Delatoison; celui-ci, en 1710, établissait
ainsi qu'il suit le mémoire de ce qui manquait à son église :

« 1° Des chasubles pour le violet et le verts,

« 2° Le tabernacle estant tout nut au dedans et au dehors,
« de l'étoffe pour le dedans principalement,

« 3° La sacristie bien malpropre où il pleut dedans, et sans
« pavé, table, etc.;

« 4° Les vases des Saintes Huiles bien malpropres à conser-
« ver une chose si sainte.

« La pauvreté de cette paroisse la destitue encore des forces
« de pouvoir servir à l'entretien de deux cierges pour la
« messe. Voilà, Monseigneur, le plus nécessaire à ma pa-
« roisse, y joint un rituel absolument nécessaire. » Signé :
DELATOISON (2).

Le zèle du curé et la bonne volonté des paroissiens surent
faire face à la situation. Mais, comme la vie est ainsi faite,
qu'à une difficulté vaincue une autre succède sans retard, il
arriva qu'un voisin de l'église, Chenal, en embarrassa les
abords : la place publique, qui était alors « une dépendance
« de l'église, faisoit un plein quarré. » Or. « en 1750, Che-
« nal a fait faire des bastimens qui ont barré la sortie de la
« rue, de manière que pour faciliter la voie publicque, il a
« falut ouvrir une voie pour les voitures ». Et l'on abattit
un mur qui limitait la dite place et soutenait le chemin en
terrasse, « en gallerie » selon l'expression employée. Il fut

(1) Communiqué par M. Lex, archiviste de Saône-et-Loire.
(2) Communiqué par M. Lex, archiviste de Saône-et-Loire.

décidé que le nouveau chemin, « en pente très dure vis-
« à-vis la borne qui est marquée à la croix », et longeant la
construction de Chenal, ferait désormais partie de la place de
l'église; M. le Juge de Domecy en fit mention à la « tenue
des Jours » (1); en cas d'anticipation, on devra recourir
au greffe de la justice de Domecy (2).

Il est probable que cette nouvelle disposition des lieux fit
que les cinq noyers de l'église devinrent une gêne pour la
circulation; car, le 17 septembre 1768, ils furent vendus au
profit de l'église à Jean-Baptiste Moricard, charron à Pontaubert, pour le prix de 26 livres 2 sous (3).

Cette vente, qui a trait aux revenus de l'église, nous amène
à parler de ses ressources et de leur administration. C'est ce
que nous ferons dans le chapitre suivant.

CHAPITRE III

LES REVENUS DE L'ÉGLISE ET LEUR ADMINISTRATION

Il est certain qu'aux premiers siècles du christianisme, il
n'y eut pas d'établissement pour s'occuper de l'administration temporelle des paroisses. En 593, nous le savons, des
biens considérables sur Domecy furent donnés par saint Aunaire à l'abbaye Saint-Germain d'Auxerre, qui se chargea en
retour de pourvoir aux besoins spirituels de Domecy et de
Saint-Père; mais ces biens, propriété de l'abbaye, étaient ré-
gis par elle. Plus tard, les archidiacres, les archiprêtres, et les
curés s'occupèrent du soin des revenus des églises; et ce n'est
qu'au XIIIe siècle que des laïques, sous le nom de marguilliers (4), commencèrent à remplir la même fonction sous l'autorité des évêques. Les marguilliers, appelés dans la suite
fabriciens, étaient nommés par l'assemblée des fidèles réunis
à l'église; leur fonction était obligatoire; et ils l'inauguraient

(1) La « *tenue des jours* », comme on le verra plus loin, était
une assemblée générale des habitants qui délibéraient sous la
présidence du juge du pays.
(2) Archives locales.
(3) Archives locales.
(4) *Marguilliers, matricularii*, inscrits sur les registres matri-
cules de l'église.

en faisant le serment de gérer fidèlement les revenus sacrés de l'église. Bien qu'un arrêt du Parlement ait supprimé ce serment en 1704, les fabriciens de Domecy le prêtèrent jusqu'à la Révolution.

Les fabriciens restaient en charge pendant deux, trois, quatre années et quelquefois davantage; et, primitivement, ils rendaient leurs comptes devant toute la population à la fin de leur mandat, en présence d'un commissaire désigné par le commandeur de Pontaubert; dans la suite, cette reddition de comptes avait lieu de la même manière tous les ans, en présence de l'archiprêtre ou de l'archidiacre.

C'est à la date de 1620 que nous rencontrons, pour la première fois, les noms des fabriciens de Domecy, Léonard Gillet et Émillan Guttin : le 28 octobre, ils furent condamnés par le lieutenant du juge de Pontaubert, faisant les fonctions de juge à Domecy, à rembourser au curé, messire Etienne Hugon, sur les fonds de la *fabrice*, la somme de cent sous par lui avancée pour les besoins de l'église (1). Leur charge devait être importante, car l'église possédait alors des bâtiments et héritages, qui ne sont pas autrement mentionnés (2).

A la fin du xviie siècle, Nicolas Gueutin ou Guttin (car son nom est écrit des deux manières), officier de feu la reine Marie de Médicis, retiré à Domecy, son pays natal, laissa en mourant une rente de 30 livres à l'église dudit Domecy. Jacques de Longueville, seigneur de Domecy, qui mourut en 1673, assura aussi à l'église de sa paroisse une pareille rente de 30 livres, garantie sans doute sur les domaines de Domecy et d'Island, puisque nous trouvons que, jusqu'à la Révolution, elle fut payée moitié par le seigneur de Domecy, et moitié par le seigneur d'Island. Souvent des paroissiens de Domecy léguaient encore à leur église, par testament, des parcelles de terres et de pré, qui constituèrent peu à peu à la fabrique un véritable patrimoine.

Une autre petite source de revenus pour l'église était le droit de sépulture dans la nef, qui se payait à raison « de « 1 livre 10 sous pour les jeunes, et de 4 livres 10 sous pour « les grands corps; aux enterrements d'enfants, l'église re- « cevait le quart d'une pinte d'huile à brûler devant le Saint « Sacrement. »

(1) Arch. de l'Yonne, H, 2241.
(2) Arch. de l'Yonne, H, 2235.

Il convient de noter aussi : 1° la quête qui se faisait à l'église « toutes les grandes fêtes, mais n'était pas d'un grand « produit, la paroisse étant très pauvre »: 2° la moitié du pain bénit qui se vendait tous les dimanches à la porte de l'église au profit de la fabrique; et 3° enfin, l'offrande *d'une épartie de fil* (1), donnée par les femmes des paroissiens aisés, quand elles présentaient le pain bénit.

En même temps qu'ils nous font connaître les noms des administrateurs des deniers de l'église, les comptes de la Fabrique nous donnent des détails parfois très intéressants pour le pays.

Ainsi, Henry Blondeau et Philibert Contant, fabriciens depuis 1711, rendent leurs comptes, le 24 juin 1715, en présence de maistre Claude Bourrelier, curé du Vault, commissaire:

Simon Imbert et Lazare Degoix, fabriciens, n'ont pas rendu leurs comptes pour les années 1732-1740; M. de Ricard, commandeur de Pontaubert, les mit en demeure de régulariser cette situation par devant messire Louis Minard, curé de Pontaubert, commissaire, à qui ils déclarèrent, le 18 juillet 1740, que « leurs papiers justificatifs ont estez mis sous le scellé « à la mort de messire Masson, leur curé, et qu'ils ne se sont « point oposé au scellé par un esprit de religion qu'ils avoient « pour deffunt led. sieur Masson »; mais, après des pourparlers avec les héritiers dudit Masson, ils purent présenter leurs comptes accusant un excédent de recettes de 76 livres;

Le 1ᵉʳ juin 1746, Jean Dubois et Edme Guignot, fabriciens, établissent en présence de Mʳᵉ François Guillier, curé du Vault, commissaire, que pendant les années 1741-1745, ils ont encaissé pour l'église 374 livres 7 sous, et dépensé 287 livres 14 sous 6 deniers;

Les comptes de 1746-1749 sont présentés. le 10 décembre 1749, par Antoine Guiod et Philibert Guignot, en présence de Mʳᵉ Jean-Baptiste Bourgogne, curé de Noidan (2),commissaire : les recettes se sont élevées à 611 livres 16 sous 8 deniers, et les dépenses à 506 livres 4 sous 4 deniers;

C'est le même commissaire, curé de Noidan, qui, le 24 octobre 1752, entend les comptes de Philibert Guay, pour les années 1750 et 1751 : il a été acheté pour 25 livres 6 sous de

---

(1) *Epartie de fil,* écheveau composé de deux bobines filées au rouet ou du contenu de trois fuseaux.

(2) *Noidan,* canton de Précy-sous-Thil, Côte-d'Or.

toile à faire des aubes, et pour 6 livres de dentelle de garniture. Total des recettes : 162 livres 6 sous 2 deniers; dépenses, 90 livres 7 sous;

Les comptes de 1752-1757, rendus le 20 décembre 1758 par les mêmes, le curé de Pontaubert étant commissaire, accusent 343 livres 7 sous 4 deniers de recettes, et 296 livres 18 sous 3 deniers de dépenses : il a été vendu à Mme de Précy (1) pour 36 livres de fil; on a dépensé pour le poulet du clocher, la garniture en fer-blanc de la croix, après que les quatre bras de ladite croix ont été rallongés, 15 livres, — et pour la réparation de la toiture de l'église, 26 livres 9 sous;

Le 20 décembre 1762, les mêmes fabriciens, en exercice depuis douze ans, justifient devant le même commissaire que leurs recettes de 1758-1761 se sont élevées à 343 livres 7 sous 4 deniers, y compris 181 livres 16 sous trouvés dans le tronc, et leurs dépenses pendant le même temps à 296 livres 18 sous 3 deniers;

Henry Moiron et Antoine Dubois, fabriciens, présentent, le 15 septembre 1766, leurs comptes des années 1762-1765 devant le même curé de Pontaubert, commissaire : ils ont reçu 886 livres 17 sous et dépensé 528 livres 12 sous;

Le 27 juin 1769, Lazare Jolliet, seul en charge depuis la mort de son collègue François Guay, expose devant le curé de Pontaubert, commissaire, la gestion des années 1766-1768: les recettes ont été de 266 livres 6 sous, les dépenses de 148 livres 7 sous 6 deniers; en dehors de ces dépenses, il a été payé à Thibault, menuisier à Avallon, pour la boiserie du chœur, pour le tabernacle, le cadre du tableau et la dorure, 324 livres; au sieur Raveneau, peintre à Paris, pour avoir raccommodé le grand tableau de saint Léger, 42 livres; plus, pour achat de rideaux, tringles et façon, 58 livres; plus, au sieur Thibault, pour la menuiserie des deux chapelles, la balustrade de communion, le pulpitre et le banc des chantres, 150 livres; plus au sieur Langlois, peintre à Paris, pour la bannière et les tableaux de la sainte Vierge et de saint Vincent, la somme de 100 livres.— Nota : ces dépenses ont été payées par le reliquat du dernier compte de la fabrique, et le surplus par des personnes charitables.

Désormais, les comptes seront rendus tous les ans, et l'on n'y

---

(1) *Précy-le-Mou,* comm. de Pierre-Perthuis, cant. de Vézelay, Yonne.

constatera plus la présence d'un commissaire délégué par le commandeur de Pontaubert.

Philippe Guignot et Léonard Degoix, fabriciens jusqu'en 1772, ont reçu, en 1769, 256 livres 2 sous 6 deniers, et dépensé 138 livres 12 sous; leurs recettes, en 1770, ont été de 175 livres 17 sous 6 deniers, et leurs dépenses, de 211 livres 5 sous; en 1771, recettes : 129 livres 1 sou 6 deniers, dépenses : 95 livres 11 sous 6 deniers;

Antoine Guignot et Pierre Guignot ont fait recette, en 1772, de 85 livres 17 sous, et dépensé 47 livres 7 sous (1); en 1774, recette, 181 livres 17 sous 6 deniers, dans laquelle figure la vente de 34 livres de fil à 18 sous la livre; dépense, 83 livres 9 sous, y compris l'achat d'un surplis qui a coûté 22 livres 15 sous; en 1775, recette, 163 livres 15 sous 6 deniers; dépense, 68 livres 16 sous 6 deniers, dans laquelle sont comprises deux portes au cimetière, faites par Lazare Degoix, et qui ont coûté tant bois que façon et ferrures, 22 livres; en 1776, recette, 227 livres 19 sous; dépense, 142 livres 16 sous; en 1777, recette, 143 livres 10 sous; dépense, 142 livres 16 sous (2);

Edme Jarry et Léonard Rousseau, fabriciens, ont reçu, en 1778, 134 livres 11 sous, et dépensé 81 livres 18 sous; dans cette somme, il faut comprendre de la toile pour 12 purificatoires et 3 amicts avec leurs cordons et le fil, en tout 9 livres 12 sous; plus, à M. Guillemot, orfèvre à Avallon, pour avoir raccommodé le soleil (l'ostensoir), 5 livres; plus, à Lazare Degoix, pour avoir fait un banc-d'œuvre, 7 livres; plus, l'huile pour la lampe du Saint Sacrement, qui a coûté cette année 11 livres 6 sous; le compte des mêmes pour 1779, porte 148 livres 10 sous de recette, et 53 livres 7 sous 6 deniers de dépense; celui de 1780, 157 livres 17 sous 6 deniers de recette et 74 livres 13 sous 6 deniers de dépense;

Les fabriciens élus le 1er mai 1781 étaient François Guignot et Etienne Jolliet; ce dernier, étant mort peu de temps après, fut remplacé par Philibert Guignot : leur recette de 1781 est de 127 livres 10 sous, leur dépense, de 41 livres 9 sous; en 1782, recette, 138 livres 10 sous; dépense, 51 livres 8 sous; en 1783, recette, 150 livres 12 sous; dépense, 59 livres 17 sous.

---

(1) Les comptes de 1773 ne se trouvent plus.

(2) C'est en 1777 que l'on cessa de faire des inhumations dans les églises.

Philibert Guignot mourut au commencement de l'année 1784, et la population nomma à sa place Edme Cuiller; celui-ci et son collègue furent les derniers fabriciens de Domecy avant la Révolution : cette année-là, ils louèrent à M. Hollier, pour 9 ans, une partie des terres de la Fabrique, savoir : 1° un quart de pré au Grand-Pré; 2° trois quartiers de journal de terre « es foussés de l'église; 3° un demi-journal de terre au champ de Monbare, moyennant 8 livres 5 sous par an. (Une autre partie de ces terres de l'église étaient tenues à bail pour le même prix par Léonard Cuiller.)

Le compte des mêmes pour 1784 accuse 187 livres 11 sous de recettes, et 64 livres 16 sous de dépenses; en 1785, 177 livres 10 sous de recettes, et 54 livres 9 sous 6 deniers de dépenses;en 1786,encore 177 livres 10 sous de recettes et 82 livres 14 sous de dépenses; en 1787, les recettes sont de 204 livres 5 sous 6 deniers et les dépenses de 89 livres 3 sous; en 1788, 192 livres 12 sous 6 deniers de recettes, et 126 livres 3 sous 9 deniers de dépenses. En 1789, ils furent appelés à recueillir une somme de 300 livres devant produire 15 livres de rente, et léguée à la Fabrique par messire J. de la Grange, curé de Domecy, décédé à la fin de 1786; comme ils ne trouvèrent personne qui pût se charger de faire fructifier cette somme, ils la remirent à messire Jacques Colard, leur nouveau curé, qui devait en payer la rente le 1ᵉʳ novembre de chaque année pour l'acquit d'une messe le 3 décembre.

Le 13 juillet 1789,un arrêté du Parlement de Bourgogne modifia l'organisation si simple et si pratique des Fabriques; des deux fabriciens,l'un, le receveur, serait en charge pendant deux ans et l'autre, le secrétaire, sortirait tous les ans;et les comptes seraient examinés par le bailliage d'Avallon. Ce nouveau système fonctionna quelque temps. En 1792, Etienne Milliard et Jacques Lenoble formant le bureau de la Fabrique, M. Charles Colard leur remit les 300 livres du legs de feu J. de la Grange, parce que Edme Contant reconnu solvable, se chargeait de fournir la rente de 15 livres.

*
* *

La seule des trois cloches que la Révolution avait laissée à Domecy, était cassée en 1804; par les soins de Paul Tavoillot, adjoint, elle fut remise à la fonte, rechargée de 150 livres, à raison de 38 sous la livre, et coulée par Bürel, fondeur, le 11 avril 1804, à 9 heures du soir; le lendemain, 12, elle était bénite par M. Lombard, curé de Vault-de-Lugny, et avait pour parrain M. Claude-Bénigne de Denesvre et pour marraine Mme Hollier, de Domecy. Cette cloche fut encore cassée en 1840; elle a été refondue le 25 juillet de la même année, à Lucy-le-Bois (1) : elle pèse 405 kilogrammes. Une autre, du poids de 114 kil. 1/2, fut donnée en même temps. Elles ont été bénites ensemble peu après, et ont eu pour parrain M. Michel-Auguste de Denesvre de Domecy, et pour marraine dame Blanche-Victoire-Caroline Josse de Beauvoir, dame de Domecy. La grosse cloche s'appelle *Caroline*, et la petite, *Marie*.

*

* *

Ce sont là des souvenirs vénérables; mais ce qui doit surtout exciter l'intérêt et nourrir la foi des habitants de Domecy, c'est le véritable trésor de reliques que possède leur église.

Le fragment du crâne de saint Léger, patron de la paroisse, qui nous a été signalé par le procès-verbal de visite du 29 octobre 1671, a été pieusement conservé pendant les mauvais jours de la Terreur. A cette relique précieuse, il faut ajouter les suivantes : 1° de saint Potentien, martyr; 2° de saint Quirice, évêque et martyr; 3° des saints martyrs de Trèves; 4° de saint Bénigne, évêque et martyr; 4° de saint Blaise, évêque et martyr; 6° de sainte Colombe, vierge et martyre; 7° de saint Regnobert, évêque; 8° des compagnes de sainte Ursule, vierges et martyres; toutes reconnues et authentiquées par Mgr de Cosnac, archevêque de Sens, le 7 octobre 1835.

Puis, le 18 juin 1836, Mgr de Quélen, archevêque de Paris, donna pour l'église de Domecy-sur-le-Vault une parcelle de la vraie croix.

De plus, le 30 mars 1844, Mme Blanche-Victoire-Caroline Josse de Beauvoir, épouse de M. Michel-Auguste de Denesvre de Domecy, rapporta de Rome, pour l'église de sa paroisse, des reliques : 1° de saint Laurent, lévite et martyr; 2° de saint André, apôtre; 3° de saint Sébastien, martyr; 4° de saint Jean-Baptiste, précurseur; 5° de saint Martin, évêque et confesseur; 6° de sainte Catherine de Sienne, vierge; avec leur authentique, signé : *fr. Joseph Castellani, episcopus Porphyriensis* (2).

(1) *Lucy-le-Bois*, canton d'Avallon. Yonne.
(2) Dans cette liste n'est pas mentionné un morceau de la robe de sainte Philomène, vierge et martyre, donné à Rome, en 1838, à M. Blin, d'Auxerre, suivant attestation datée du 1er février 1845.

Toutes ces richesses étaient gardées dans deux vieilles châsses en bois très simples, mais tombant en poussière. M. l'abbé Joseph Morlet, curé de Domecy, demanda à Mgr Ardin, archevêque de Sens, le 10 mars 1893, l'autorisation de transférer ces reliques dans six châsses nouvelles en cuivre doré; sur réponse favorable du prélat, M. Morlet, assisté du R. P. Théodore, bénédictin de la Pierre-qui-Vire, fit cette translation le 30 mai suivant, au Vault-de-Lugny, où Monseigneur se trouvait en tournée de confirmation. Après avoir pris connaissance des pièces officielles constatant l'authenticité des dites reliques, Mgr Ardin délivra de nouvelles attestations et les renferma dans les châsses nouvelles, sur lesquelles il apposa ensuite son sceau en cire rouge.

CHAPITRE IV

LES CURÉS DE DOMECY ET LEURS RESSOURCES

Il est certain que pour satisfaire aux clauses du testament de saint Aunaire, les religieux de Saint-Germain d'Auxerre envoyèrent au moins de temps en temps des missionnaires à Domecy et à Saint-Père, afin de procurer aux habitants les secours religieux. Il est probable que, pour les besoins du ministère, ils durent par la suite y installer à demeure quelques-uns d'entre eux, peut-être y établir un prêtre résidant, à qui ils ont assuré ce qui était nécessaire à sa vie et à son entretien. Et il en fut sans doute de même plus tard, quand la paroisse se trouva placée sous un autre patronage que celui de l'abbaye.

Mais, au milieu des circonstances inconnues qui ont fait perdre ce patronage sur Domecy aux moines d'Auxerre, et au milieu des troubles et des guerres que le pays a traversés tant de fois depuis, trop de documents ont disparu pour qu'il y eût encore quelque chance de retrouver les noms des pasteurs de Domecy; et c'est seulement à de longs intervalles que l'on rencontre l'un de ces noms dans une des rares pièces échappées par extraordinaire à tant de causes de ruines.

D'après l'acte de fondation par Yves de Vézelay d'une chapellenie dans l'église de Domecy, nous savons qu'en 1247, la paroisse avait un curé; mais son nom ne nous est pas révélé.

La première pièce qui nous fournit un renseignement de

ce genre, est de 1478. Cette année-là, le 10 août, « discrette
« personne messire Andrey Gillet, prebstre, curé de Do-
« mecy, reconnaît qu'il tient de messire Estienne de Salins,
« chevalier, seigneur dudict lieu, le meix Crochet », et il s'en-
gage à payer au dit seigneur chaque année, « le jour et feste
de sainct Barthellemy, apostre », une taille de 40 sous, à
condition qu'il sera dispensé de toute corvée.

Onze ans plus tard, le 11 novembre 1489, le même curé de
Domecy, André Gillet, conclut avec ses paroissiens une transaction ayant pour but de terminer un procès, et précisant une
bonne partie des ressources que le pasteur avait alors pour
vivre. A cause de son style suranné, ce document (1) ne sau-

(1) En nom de Nostre Seigneur. Amen. Lan de lincarnacion
d'icelluy mille quatre cent quatre vingt et neuf et le unziesme
jour de novembre, nous, parties cy après escriptes, c'est assavoir, je Andrey Gillet, prebstre curé de Domecy sur le Vault de
Lugny ou diocèse d'Ostun, pour moy d'une part, et nous, Jehan
de Salins laisnel, escuyer, seigneur dud. Domecy, Philibert Reve-
rault, Thiébaut Forest, Jacques Lestault, Perrin Galloix, Jehan
Degoix, Guilliaume Coppin, Jehan Coppin, Pierre Goix, Perrot
Coppin, Jehan Picard, Pierre Byon, Phelippes Coppin, Guilliaume Lestault, Phelippes Bergeot, Simon Contant, Jehan Contant, Andrey Contant, Colas Broissart, Laurent Mathey, Pierre Jolyet, Ligier Fourest, et Rémonne Boursault, tous habitans et parochiens dud. Domecy en nos propres et privez-noms comme pour
tous autres parochiens et habitans dud. Domecy absens qui auront et tiendront perpétuellement fermes et estables les chouses
cy après escriptes, et lesquelles chouses et une chascune d'elles
leur promectons faire louher, consentir et appreuver se mestier
en est et requis en sommes, pour nous d'aultre part, scavoir faisons, nous, lesdictes parties, à tous présens et advenir qui ces présentes lectres verront et oërront, que, comme procez, question et
debat fut mehu et espérance de plus avant mouvoir entre nous,
lesdictes parties, pour raison et à cause des dismes des raisins
du finage et parochiage dud. Domecy, du chande qui croist aud.
parochiage et finage dud. Domecy, des aignesses et aigneaulx
que possèdent lesd. habitans et parochiens aud. Domecy ou
parochiage d'illecques, du droict des sépultures et des mortuaires
de lad. paroiche de Domecy, des espousailles et aultres droicts
cy après déclairés, que je, ledict curé, disoys et prétendoys à
moy compecter et appartenir à cause de madicte cure de Domecy, pour obvier auxquelz procez, questions et desbats dessusdicts et pour nourrir paix entre nous, considéré mesmement que
les jugemens des hommes sont doubteux, nous lesdictes parties

rait être reproduit intégralement dans le cours de ce chapitre; en voici du moins une analyse :

André Gillet agit en son nom et au nom de ses successeurs à perpétuité; messire Jean de Salins l'aîné, seigneur de Domecy, Philibert Révérault, Thibault Forest, Jacques Lestault, Perrin Galloix, Jean Degoix, Guillaume Coppin, Jean Coppin,

dessusdictes et chascune de nous en droict soy, par le moyen d'aucuns preudons et saiges nos conseillers, avons traicté, transigé et accordé et par la teneur de ces présentes traictons, transigeons et accordons entre nous ensemble sur et touchant les chouses dessusdictes, leurs circonstances et despendances, en la forme et manière qui s'ensuit, c'est assavoir que je, ledict curé, auray, prendray et empourteray perpétuellement et dores en avant pour moy, et mes successeurs curez dud. Domecy, pour les dismes de raisins sur tous ceux qui ont et qui dores en avant auront vignes ou parochiage et finage dud. Domecy, le vingtiesme des raisins qui seront cuillis, perçuz et levez auxd. vignes ou temps des vendanges et que l'on a accoustumé de payer dismes desd. raisins, assavoir de vingt boillotz de raisins l'ung à prendre et lever par moy ledict curé et mesd. successeurs curez dud. Domecy ès vignes dud. finage et parochiage dud. Domecy ou temps desd. vendanges; et semblablement pour lad. disme de chande, de vingt poignées de chande l'une, en prenant et recevant lad. disme de chande, je ledict curé suis et seray tenu pour moy et mesd. successeurs fournir les cordes nécessaires pour sonner les cloches de l'esglise parochiale dud. Domecy; Et quant au regard des aignesses et aigneaulx qui seront nourrys aud. Domecy et parochiage d'illec, je ledict curé et mesd. successeurs les lèverons en la manière que j'ay accoustumé de lever les dismes de grains, c'est assavoir au quinziesme, et par ce moyen, je ledict curé ne mesd. successeurs ne pourrons prétendre aultre droict desd. aigneaulx pour le nombre plus grant au pardessus led. quinziesme de surplus qui s'en trouvera, fors seullement lad. disme aud. quinziesme aud. nombre dud. quinziesme quant il se trouvera par chascun an, sans ce que l'une desd. années fournisse aucunement à l'aultre des années subséquentes; Item et quant au regard des sepultures de tous les habitans chefs d'ostel dud. Domecy et parochiage dud. lieu qui dores en avant iront de vie à trespas, je led. curé et mesd. successeurs curez dud. Domecy, aurons et empourterons pour la sépulture desd. trespassez, assavoir : des plus riches de lad. paroiche, un franc vallant vingt solz tournois, — des moyens, huict gros vallant treize solz quatre deniers tournois, — et des povres et misérables personnes, quatre gros vallant six solz huict deniers tournois ou leur despoille, sans ce que je, led. curé et mesd. successeurs puissions contraindre aucun

Pierre Goix, Perrot Coppin, Jean Picard, Pierre Byon, Philippe Coppin, Guillaume Lestault, Philippe Bergeot, Simon Contant, Jean Contant, André Contant, Nicolas Broissart, Laurent Mathey, Pierre Jolyet, Léger Fourest, et Rémonne (Rémonde) Boursault, stipulant pour eux, les autres habitants et paroissiens de Domecy, absents, présents et futurs. Pour met-

des parochiens et habitans de lad. paroiche fournir aucun luminaire pour lesd. trespassez, sinon ou plaisir et volenté des parens desd. trespassez, — et au regard des aultres habitans et parochiens dud. Domecy qui ne sont ou ne seront pas chefs d'ostel, je ledict curé et mesd. successeurs ne serons tenus de prendre pour leur sépulture et enterraige que vingt et ung deniers tournois sans chanter messe, et qui vouldra avoir messe il la paiera; et se d'adventure aucuns desd. parochiens ou habitans dud. Domecy estoient inhumez et enterrez en l'esglise parochiale dud. lieu du consentement des aultres parochiens ou du procureur de la fabrice d'icelle esglise pour aucune biens ou aulmosnes qui seroient faicts au prouffict de ladicte fabrice, en cest cas je, led. curé et mesd. successeurs curez dud. Domecy n'y pourrons prétendre ne y avoir aucun droict fors seullement le droict de sépulture tel que cy devant est dict et déclairé; Semblablement pour le droict de ennolyement des malades de la paroiche de Domecy, je ledict curé et mesd. successeurs ne pourrons lever pour chascun desd. ennolyemens que sept blancs d'un chascun desd. malades pour nos peines et salaires, et au surplus seront tenus lesd. parochiens de fournir le luminaire à leur volenté pour led. ennolyement; Item au regard des *recedo* à cause des mariages qui se feront dores en avant par les parochiens dudit Domecy, iceulx *recedo* se paieront par iceulx parochiens en la manière que les sépultures cy devant déclairées et selon la faculté d'un chascun, avec une géline; Mais au regard des espousailles qui se feront aud. Domecy et parochiage d'illec, je led. curé et mesd. successeurs curez ne pourrons prendre, lever ne percevoir de chascun de ceulx qui se feront en ladicte paroiche le temps d'estey, que trois sols tournois avec un quartier de mouton et une géline pour les vespres, et pour le temps d'hyver, que trois solz tournois, une tranche de porc avec lad. géline pour lesd. vespres, en leur administrant la messe et le sacrement de mariaige en tel cas pertinent; Item et pour la déclaration des chefs d'ostel de lad. paroiche dud. Domecy deffaillans ou allans de vie à trespas, le père et la mère ou l'ung d'eulx ou les descendans d'iceulx, je ledict curé ne mesd. successeurs ne pourrons prétendre que deux chefs oudict hostel, assavoir le père ou la mère ou le maindre ou le plus esnel ou l'ung d'iceulx descendans dud. père ou de ladicte mère seullement, quelque plus grant nom-

tre un terme à une difficulté qui pouvait tenir les parties divisées pendant longtemps, considérant que les jugements des hommes sont douteux, ils ont, de l'avis de prud'hommes et de sages conseillers, transigé ainsi qu'il suit : 1° le curé et ses successeurs lèveront sur la récolte de toutes les vignes du finage de Domecy, la dîme au vingtième, c'est-à-dire de vingt

bre de lad. communion non obstant, ou choix de moy ledict curé ou de mesd. successeurs; Item touchant le cyerge bénist a esté traictié et accordé entre nous lesd. parties que led. cyerge bénist sera et demourera à la charge de moy led. curé et de mesd. successeurs, et le seurplus du luminaire de lad. esglise sera et demourera à la charge de nous, les parochiens et habitans des susd., réserve touteffois des messes qui se diront et célébreront en lad. esglise pour les pèlerins qui vindront en pèlerinage à Monseigneur Sainct Ligier, patron de lad. esglise; ou aultrement à la dévocion de moy ledict curé et de mesd. successeurs, je led. curé et mesd. successeurs serons tenus fournir led. luminaire à nos despens, sans ce qu'il soit à la charge desd. parochiens; Et pour ce que au jour de Pasques charnelz, il est de nécessité dire et célébrer en lad. esglise deux messes, une grant messe à l'eure accoustumée et une basse petite messe, avant lad. grant messe ordinaire, pour en icelle petite messe basse ordonner les serviteurs et ceulx qui auront à garder les maisons pendant que se dira lad. grant messe, lesquelz ne pourroient estre à lad. grant messe : icelles deux messes seront dictes et célébrées à la charge de moy led. curé et mesd. successeurs curez de Domecy. Desquelz traictiés, accords, promesses, transactions et aultres chouses dessusdictes, nous, lesd. parties dessusd. et une chascune de nous èsdictz noms que dessus, sommes convenus pour (le) bien de tous, et promectons, nous, lesd. parties et une chascune de nous en droict soy èsdictz noms en bonne foy par nos sermens pour ce donnez aux saincts évangilles de Dieu corporellement et soubz l'obligacion de tous nos biens présens et advenir

mesmement je ledict curé soubz l'expresse obligacion des biens temporels de lad. esglise parochiale dud. Domecy, lesquelz quant ad ce nous lesd. parties submectons et obligeons à la juridiction et contraincte de la court de la chancellerie du duchié de Bourgogne et à toutes aultres courts tant d'Esglise comme sécullières, l'une d'icelles courts ne cessant pas l'aultre, sentence d'excommuniement non obstant, pour par icelles courts estre contrainctz et compellés ainsy comme de chouses

toutes et singulières les chouses dessusdictes et une chascune d'icelles par les formes et manière qui cy dessus sont dictes, escriptes, narrées, divisées, faire, tenir, garder, observer et accomplir et avoir perpétuellement fermes, estables et agréa-

bouillots l'un; 2° la dîme du chanvre sera perçue au même taux, de vingt poignées l'une; seulement, les curés fourniront les cordes des cloches; 3° la dîme des agneaux et des agnelles sera, comme la dîme des grains, levée au quinzième, sans que le surplus de ce quinzième puisse être reporté sur l'année suivante (ce qui revient à dire que, si le nombre des agneaux de l'année dépassait quinze ou un multiple de quinze, — par exemple 42, — le curé n'aurait droit qu'à 2 agneaux sur 42, et que les 12 autres qui n'auraient pas été dîmés, ne pourraient pas, l'année d'après, entrer en ligne de compte); 4° quant aux sépultures, le curé percevra pour les chefs de famille, « les chefs d'ostel » les plus riches, un franc valant vingt sous tournois, — pour ceux de condition moyenne, « les moyens », huit gros valant treize sous quatre deniers tournois, — pour « les povres et misérables personnes », quatre gros valant six sous huit deniers tournois ou bien leurs hardes, et le curé dira la messe et fournira le luminaire, à moins que pour ce luminaire la famille ne décide autrement; pour l'enterrement de ceux qui ne sont pas chefs de famille, le curé ne percevra que 21 deniers, mais ne chantera pas la messe : qui voudra la messe, la paiera; 5° pour l'administration de

tles sans corrompre ne venir à l'encontre en quelque manière que ce soit. Et renunceant quant ad ce pour nous, lesdictes parties, et pour une chascune de nous esd. noms que dessus, à toutes et singulières actions, exceptions, déceptions, fraudes, cautelles, simulacions, subterfuges, et à toutes aultres chouses que tant de droict, de faict comme de coustume pourroient estre dictes, proposées, alléguées ou aultrement obviées à l'encontre de ces présentes lectres ou ne seroient en droict, disant que générale renunciacion ne vault se le principal ne précedde. En tesmoing desquelles chouses nous avons requis et obtenu le scel de lad. Court de la Chancellerie dud. duchié de Bourgongne estre mis à ces présentes lectres et aux semblables d'icelles faictes et données à Domecy par devant et en la présence de Jehan Chalmeaux, clerc, notaire royal juré de lad. Court, et rédacteur du tabellion d'Avalon pour le roy nostre sire. Et présens : Pasquier Rollot, demourant à Tharoiseaul; Berthier Danguy, de Fonteste; Jehan Qoquard, d'Yllan; François Jolyet; Albin Jehannin, d'Avalon. et plusieurs aultres tesmoings ad ce appellez et requis, les an et jour dessusdicts. (Arch. du château de Domecy, orgl. scellé autrefois.)

Aux Arch. de l'Yonne, G. 2539, il y a, du XVII° siècle, une copie assez inexacte de ce document.

l'Extrême-Onction (l'ennolyement), le curé recevra sept blancs et les parents du malade fourniront le luminaire; 6° le droit à payer par ceux qui, en se mariant, quitteront la paroisse (droit de *recedo*), sera tout comme pour un enterrement, plus une poule; 7° les mariages seront payés comme il suit : en été, trois sous, un morceau de mouton et une poule, — en hiver, trois sous, une tranche de porc et une poule, et, en administrant le sacrement de mariage, le curé célébrera la messe. Mais, dans tous les cas précédents, seront réputés chefs de famille, « chefs d'ostel », le père et la mère, ou, en cas de décès de l'un ou de l'autre, l'un quelconque de leurs enfants, quel qu'en soit le nombre, du moment qu'ils ont le même foyer et la table commune (1); 8° le cierge bénit (2) sera à la charge du curé, mais les habitants de Domecy seront obligés de fournir le reste du luminaire nécessaire à la célébration des offices, excepté quand des pèlerins viendront en pèlerinage à monseigneur saint Léger : c'est le curé dans ce cas qui fournira les cierges; 9° à Paques charnel (3), le curé dira deux messes, une messe basse pour les domestiques qui y feront leur communion pascale (4), et une grand'messe, toutes les deux à sa charge. Cet accord, juré sur les saints évangiles, fut conclu en présence de plusieurs témoins des villages voisins.

Pour souscrire un acte d'une aussi grave portée et dans lequel une question de dîmes était si nettement résolue, le curé André Gillet devait être autorisé, ou du moins avoir la présomption fondée qu'il ne serait pas désavoué par l'évêque d'Autun (5). Nous voyons en effet, par une note écrite en marge du traité même, que l'autorité épiscopale donna son

(1) La table commune est rendue dans le texte par un mot délicieux, *la communion*. — Magne d'Arnis, *Lexicon*, dit : Communio, communis mensa, table commune.

(2) Le cierge bénit était, ou le cierge du Samedi-Saint, ou le cierge qui restait allumé devant le Saint-Sacrement.

(3) Le jour même de Pâques, où l'on reprenait l'usage de la viande, suspendu depuis le mercredi des Cendres.

(4) Le texte porte : « ordonner les serviteurs », ce qui signifie leur donner les sacrements de Pénitence et d'Eucharistie: Ordinare = Pœnitentiæ et Eucharistiæ sacramenta administrare. (Magne d'Arnis, *Lexicon*.)

(5) Car « in Lateranensi concilio, anno 1123, inhibitum est ne quælibet persona ecclesias vel *decimas* de manibus laïcorum sine consensu Episcopi recipiat. (Ferraris, t. 3, 57.)

approbation quelque temps après, le mardi 7 janvier 1493.

D'après ce curieux document qui nous reporte à un temps où les mœurs et les coutumes étaient toutes différentes des nôtres, le curé de Domecy avait la dîme des raisins, celle du chanvre, celle des agneaux, toutes soumises à bien des aléas. Si, de ces données, nous rapprochons les renseignements que nous fournissent les Archives de l'Yonne (1), celles de la Côte-d'Or (2), et celles de Saône-et-Loire (3), nous constatons qu'au curé de Domecy appartenait en outre la moitié des dîmes de grains (4), l'autre moitié se partageant entre l'abbaye de Marcilly et le Chapitre d'Avallon. Mais, comme pour les premières, ces recettes variaient avec le rendement des récoltes. Ainsi, en 1353, le curé de Domecy perçut 40 setiers de grains, savoir : 10 de froment, 10 d'orge et 20 d'avoine (5); en 1640, 74 bichets de grains, moitié froment et moitié avoine (6).

Disons tout de suite que, sous l'ancien régime, le curé de Domecy n'avait comme principal moyen d'existence que les dîmes; et encore, avec ses ressources, il devait subvenir à l'entretien et aux réparations du sanctuaire de l'église paroissiale. Primitivement, en reconnaissance des secours spirituels qu'ils recevaient de leurs pasteurs, les fidèles offraient spontanément aux ministres de la religion et pour leur entretien, une portion des fruits de leurs terres. Dans la suite, ce qui était facultatif devint obligatoire; et les capitulaires de Charlemagne et de ses successeurs ont fini par prescrire le paiement de la dîme. Seulement, malgré son nom, la dîme, à Domecy, n'était pas le dixième des produits de la terre, mais le quinzième des céréales et des agneaux, et le vingtième des raisins et du chanvre : ce n'était pas une redevance onéreuse, a dit Vauban. Notons aussi que la dîme avait probablement un avantage sur les impôts actuels : elle ne prenait rien au laboureur quand celui-ci malheureusement ne récoltait rien, tandis qu'aujourd'hui, si les récoltes manquent, le laboureur doit quand même payer ses impositions.

Ajoutons encore que la cure fut dotée de quelques biens fonds; et le terrier de la seigneurie, dressé en 1641, signale la

(1) C, 182; G, 2032; G, 2132.
(2) C, 2886.
(3) Communication de M. Lex, archiviste.
(4) Les dîmes de grains étaient levées au quinzième.
(5) Arch. de l'Yonne, G, 2032.
(6) Arch. de l'Yonne, G, 2185.

chaume, le champ, la vigne, le pré, la maison du curé (1);
pourtant dans la suite, nous n'en trouvons la liste nulle part,
pas même dans les pièces qui mentionnent les droits de nouveaux acquêts qu'à chaque nouvelle donation le curé avait à
payer au fisc (2). Bien qu'il soit par conséquent impossible
d'énumérer les terres appartenant à la cure de Domecy, nous
pouvons dire cependant qu'elles existaient et qu'elles ont été
vendues comme biens nationaux, en 1792. Au rétablissement
du culte, en 1801, l'Etat qui avait encaissé le prix de ces terres,
s'engagea par le Concordat à faire au clergé un traitement, en
compensation des biens de l'Eglise confisqués à la Révolution:
telle était la légitime origine du budget des cultes, passé à
son tour dans le domaine de l'histoire.

En 1513, le curé de Domecy était messire Etienne Drouet :
il fut le fondé de pouvoir du commandeur de Pontaubert pour
consentir la continuation, pendant 29 ans, à Jean Cadot, Guillaume Cadot et Pierre Petit, du bail de la métairie du Saulce
d'Island, moyennant une redevance annuelle de 30 livres, de
30 setiers de grains, moitié froment et moitié avoine, et de
2 livres de cire jaune (3).

Et l'on est ensuite plus d'un siècle sans lire le nom d'un
seul des curés de Domecy.

En 1620, messire Estienne Hugon, curé de Domecy, obtint,
on l'a déjà vu, une sentence du 28 octobre, condamnant les
fabriciens à lui rembourser la somme de 100 sous qu'il leur
avait avancée pour les besoins de l'église (4).

Après la mort de messire Estienne Hugon, originaire du
diocèse de Sens, frère Baptiste Deltors de Pradines, commandeur
de Pontaubert, tint à protester contre un arrêt de 1620 qui déclarait toutes les paroisses en dépendance de religieux, même
de religieux exempts, soumises à l'autorité des évêques; et, le
20 mai 1622, à titre de curé primitif, il institua messire Claude
Bargeot, prêtre du diocèse d'Autun, curé ou, comme on disait
alors, vicaire perpétuel de Domecy-sur-le-Vault. L'acte de
nomination s'exprime ainsi : « Nous, frère Baptiste Deltors
« de Pradines, commandeur de Pontaubert, Normiers,
« Sainct-Jehan de Lacourt, chevalier de l'Ordre de Sainct-

---

(1) Arch. du château de Domecy.
(2) Arch. de l'Yonne, G, 2271; H, 2235.
(3) Arch. de l'Yonne, H, 2240.
(4) Arch. de l'Yonne, H, 2241.

« Jehan de Jérusalem, scavoir faisons que, pour le bien et
« utilité de notre Ordre, à plain certain de la suffisance et
« conversation catholicque de messire Claude Bargeot, prebs-
« tre au diocèse d'Autun, nous avons icelluy institué et pour-
« veu du vicariat perpétuel de l'esglise paroissiale de Mon-
« sieur Sainct-Léger de Domecy-sur-le-Vault audict diocèse
« d'Autun, vacant par le décedz de feu Mre Estienne Hugon,
« prebstre du diocèse de Sens, cy devant pourveu par nous
« dudict bénéfice selon que la permission nous en appartient
« à cause de notre Commanderye de Pontaubert et curé pri-
« mitif dudict Sainct-Léger, pour dudict bénéfice jouir des
« fruits, proffits, revenus et émolumens, en user plainement
« et paisiblement ainsi qu'ont faict cy devant ses prédéces-
« seurs, à la charge de bien et dehuement desservir et faire
« le divin office au contentement des paroissiens, et le tout
« selon le sainct concile de Trente et suyvant que l'on a ac-
« coustumé de tout temps et antienneté, et prester le ser-
« ment en tel cas requis et accoustumé. Voulons et entendons
« qu'en vertu de ces présentes il prenne et appréhende la
« possession du dict vicariat perpétuel de Sainct-Léger de Do-
« mecy-sur-le-Vault, actuel et corporel, ensemble les fruicts,
« proffits et émolumens d'icelluy vicariat, *à la charge que*
« *ledict Bargeot ne reconnoitra aultre supérieur que notre*
« *Ordre*, et qu'il fera un terrier de toutes les terres, vignes,
« preys, héritages et aultres droicts qui appartiennent à la-
« dicte cure et dont il baille(ra) déclaration bien et dehuement
« signée et ce par devant notaire, et qu'il sera obligé de def-
« fendre lesdicts biens et droicts pour les maintenir à la-
« dicte cure envers tous et contre tous, mandant au premier
« notaire apostolicque requis, mettre ledict Bargeot en la
« vraye possession dudict vicariat y faisant les cérémonies
« dehues et accoustumées en tel cas. En tesmoing de quoy
« nous avons signé la présente institution et scellé de notre
« scel et faict signer à Hugues Lanicque, notaire apostolicque
« au diocèse d'Autun, immatriculé au bailliage d'Avalon, de-
« meurant audict lieu. Ce fut faict en notre logis audict Ava-
« lon le vingtseptiesme jour du mois de may mil six cents
« vingt deulx, en présence de maistre Sébastien Goureau, li-
« centié en loix audict bailliage d'Avalon demeurant audict
« lieu, et maistre Pierre Frémy, procureur au bailliage de
« l'Isle soubs Montréal, y demeurant, tesmoings requis (1). »

(1) Arch. de l'Yonne, H, 2239; Arch. du château de Domecy.

Faut-il discuter les termes de cet acte, et se demander d'où venait au commandeur de Pontaubert le droit de curé primitif de Domecy, droit qui ne pouvait s'exercer dans toute sa plénitude qu'au cas où le curé primitif ou patron aurait fondé et doté l'église, — ce qui n'est point le cas ici? Il est préférable de dire que, dans le cas présent, « *la condition pour le « curé de ne reconnaître d'autre supérieur que l'Ordre* », doit s'entendre dans le sens large indiqué par la décrétale de Clément V, *Quia contingit*, et qu'elle signifie que le Commandeur de Pontaubert avait le droit de désigner le curé de Domecy, sous la réserve que ce curé serait agréé par l'évêque.

Nous ne savons rien de plus sur messire Claude Bargeot, sinon que nous le croyons originaire de Saint-Père, et que durant son ministère à Domecy, il a érigé, à l'extrémité Est de la chaussée de l'ancien étang, une croix qui existe encore.

A partir de 1648, époque à laquelle remontent les plus anciens registres de l'état civil de Domecy, nous avons la suite presque ininterrompue des prêtres qui ont desservi la paroisse (1).

Le nom de messire Jean Henriot ou Henryot, curé de Domecy, paraît au commencement de ces registres; il resta à son poste jusque vers 1687, malgré les difficultés qu'il eut à traverser, mais qui, disons-le tout de suite, ne lui vinrent pas de ses paroissiens. Pendant qu'au mois de juin 1667 avait lieu l'échauffourée du Vault-de-Lugny devant le temple protestant construit dans ce village par la dame d'Ausson, descendante des Jaucourt, messire Henriot était tout entier à une œuvre qui fait grand honneur à lui et au clergé : quand les paroisses étaient trop petites et trop pauvres pour payer un recteur d'école, c'était le curé qui se chargeait de l'instruction des enfants; et Jean Henriot dirigea l'école de Domecy. Plusieurs de « ses escolliers », à son insu sans doute, ont laissé sur quelques feuillets des registres de baptêmes des souvenirs de leur écriture : on peut citer au moins Claude Guttin, Claude Jolliet, Alexis Bonjan. Et, quand, plus loin, il sera question des écoles d'autrefois, on constatera, d'après les signatures apposées au bas de certains actes, qu'on avait à Domecy l'habitude de tenir la plume et que l'instruction populaire n'était pas un vain mot dans le pays, au temps du curé Henriot.

(1.) Mairie de Domecy. Les renseignements sans références sont puisés à cette source.

En 1675, pendant que messire Henriot s'occupe de ses élèves, le nouveau commandeur de Pontaubert, frère Brulart, considérant toujours l'arrêt de 1620 comme lettre morte, veut garder et observer strictement son droit de patronage sur la paroisse de Domecy, et à ce poste qui n'est pas vacant, il nomme frère Berjod, un de ses religieux de Saint-Jean de Jérusalem. Messire Jean Henriot, prêtre séculier du diocèse d'Autun, envoyé à Domecy par l'évêque d'Autun, ne se rend pas à cet extraordinaire mise en demeure de méconnaître l'autorité de son évêque et d'abandonner sa paroisse. Frère Berjod n'insiste pas et remet sa démission au commandeur, qui désigne pour Domecy un autre religieux de son obédience, frère Jacques Petit. D'accord évidemment avec son évêque, maistre Jean Henriot consent à se sacrifier pour le bien de la paix et propose de résigner ses fonctions en faveur de messire Claude Noë, prêtre aussi du diocèse d'Autun et curé dans le Châlonnais. Le terrible Commandeur n'accepte pas cette transaction, et déclare qu'il ne peut agréer Claude Noë, parce que ce dernier n'est pas religieux de son Ordre et qu'il n'a été ni nommé ni présenté par lui (1). Et messire Jean Henriot ne s'en va pas et continue à donner aux enfants de Domecy des leçons de lecture et d'écriture.

Le 16 janvier 1678, le curé de Domecy accepta les conditions sous lesquelles dame Anne Petit, veuve de Sébastien Filzjean, conseiller du roi et correcteur en sa Chambre des Comptes, à Dijon, le chargeait de desservir une chapelle dédiée à sainte Anne, sa patronne, chapelle qu'elle avait fait construire dans son château de Valloux (2).

En juillet 1684, messire Jean Henriot voulut changer les usages établis dans sa paroisse et réglant les droits du curé dans les enterrements et les mariages : il était évident en effet que ces usages n'étaient plus en rapport avec la valeur de l'argent à la fin du XVIIe siècle. Les habitants n'eurent qu'à produire l'accord conclu le 11 novembre 1489 entre André Gillet et ses paroissiens, pour que messire Henriot se reconnût lié par ces engagements d'un de ses prédécesseurs (3).

(1) Arch. de Saône-et-Loire. — Incapax, quia nec religiosus est dicti Ordinis, nec a Commendatore nominatus nec præsentatus fuit, — quæ res sunt necessariæ ad ecclesias dicti Ordinis deserviendas. (Communiqué par M. Lex, archiviste.)

(2) Arch. de l'Yonne, G, 2533.

(3) Arch. de l'Yonne, G, 2539.

En quelle année mourut le bon curé qu'était messire Henriot? Une lacune dans les registres ne permet pas de donner une date précise. Cependant, d'après des documents constatant que le commandeur de Pontaubert n'avait pas déposé les armes et qu'au mois de janvier 1687, il désignait un curé pour Domecy, on peut conjecturer que messire Henriot mourut vers cette époque, après un ministère d'environ quarante ans.

Le Commandeur était donc reparti en guerre; et cette fois, il remporta une victoire, incomplète cependant, puisque la nécessité d'appartenir à l'Ordre de Saint-Jean pour être curé de Domecy, n'existait plus : messire Toussaint (1) Robeau, nommé à la paroisse le 23 janvier 1687, était prêtre séculier; et, quand dix-huit mois plus tard, le 16 juillet 1688, il résigna ses fonctions entre les mains du commandeur, M. de Fleurigny (2), celui-ci désigna comme curé de Domecy un autre prêtre séculier, Mre Raphaël Silvaranne (3), dont le ministère paroissial ne dut pas être, croyons-nous, de longue durée.

Car, d'après les registres qui recommencent en 1692, la paroisse de Domecy était alors dirigée par messire Champy. Pendant son administration, le 18 octobre 1693, l'existence de la chapelle de Valloux fut régularisée et assurée, par suite de la volonté exprimée par l'évêque d'Autun de voir une fondation affectée à toute chapelle dans laquelle on célébrait la messe. Cet acte est ainsi résumé :

« Grosse en papier de la fondation faitte par dame Anne
« Petit, veuve de maistre Sébastien Filzjean, conseiller du
« roy, correcteur en sa Chambre des Comptes à Dijon, de-
« meurant à Avalon,

« Laquelle avoit fait bastir dans la cour de son logis de
« Valloux une chapelle sous le vocable de Sainte Anne, où le
« curé de Dommecy y alloit dire une messe par semaine,

« Moyennant la rétribution dont il étoit convenu sans au-
« cune fondation;

« Mais que, depuis, monseigneur d'Autun ne voullant
« qu'aucune chapelle fût desservie, qu'il n'y eût une fonda-
« tion,

(1) La pièce écrit ce prénom, *Toussin*.
(2) Communication de M. Lex, archiviste de Saône-et-Loire.
(3) Arch. de l'Yonne, H, 2235 et 2239; Arch. du château de **Domecy.**

« Elle a délaissé à la cure de Dommecy un principal de
« rente de 300 livres pour la rétribution de laditte messe,
« portant intérests de quinze livres au 5ᵉ septembre, suivant
« le contract cré(é) à son proffit par George et Jean Montenat
« père et fils, et plusieurs autres principaux quelle luy a
« laissé, qui sont énoncés audit tiltre de fondation...
    « Plus, luy a légués deux sées de prey en une pièce seize
« au finage de Saulsoir d'Illan, appelé le prey de la ville,
    « Plus, une sée de prey scitué au même lieu et finage,
    « L'acte receu Charles Gourlet, notaire à Avallon, le 18ᵉ
« octobre 1693;
    « Est joint audit acte le procès-verbal de l'homologation
« d'iceluy par le Seigneur évesque d'Autun du 3 octobre
« 1678; et la permission d'y dire la messe, par acte du six
« juillet 1684 (1). »

Messire Champy signa les actes jusqu'en 1696. Puis la
paroisse resta vacante jusqu'en 1701; mais le service paroissial fut assuré par des prêtres du voisinage : à la fin de 1696,
par Mʳᵉ Cambon, « prestre déservant Domecy par ordre de
« M. le grand Vicaire »; puis, par Mʳᵉ Javelot; en 1697, par
Mʳᵉ Gabriel Gourlet, « licencié ès loix »; et par Mʳᵉ Delatoison.
M. Delatoison attesta dans une pièce officielle que le revenu
fixe de la paroisse de Domecy était de 300 livres, que le casuel
montait à 50 livres, et que la dite paroisse était à la présentation du Commandeur de Pontaubert (2); puis il partit de
Domecy au commencement de 1710; et la paroisse demeura
encore sans pasteur pendant trois ans, desservie par Mʳᵉ Dou-
denne et Mʳᵉ Lequain.

En septembre 1712, un nouveau curé, Mʳᵉ Masson, arriva à
Domecy, où il exerça le ministère jusqu'en 1730; une longue
maladie le cloua alors sur son lit; et pendant ce temps, le
service de la paroisse fut fait par le curé de Pontaubert. La
date de la mort de Mʳᵉ Masson ne se retrouve pas.

Il eut pour successeur Mᶜ Andoche Guiod, fils de Jean
Guiod, greffier de la maîtrise des Eaux et Forêts d'Avallon :
ce curé fut installé à Domecy vers le milieu de l'année 1738.
Il mourut le 22 décembre 1741, à l'âge de 44 ans, et le lendemain, il fut enterré dans le chœur de son église. Les actes

(1) Arch. de Saône-et-Loire, Spirituel, Fondations, 1ʳᵉ classe,
liasse IX, cote 40. Communiqué par M. Lex, archiviste.
(2) Communication de M. Lex, archiviste de Saône-et-Loire.

suivants sont signés, tantôt E. Gautillot, curé de Givry, tantôt Guéniot, curé d'Island.

Messire Jacques de la Grange, curé de Domecy, commença son ministère le 8 avril 1742 : sa paroisse lui était connue d'avance, car il avait été vicaire d'Island. Dans un procès-verbal de visite, de 1748, il déclara que sa paroisse comptait trois cents communiants, chiffre qui indique une population considérable. Jamais les inhumations dans la nef et dans le chœur de Domecy ne furent plus fréquentes que du temps de ce pasteur; on sait que, par mesure d'hygiène et de salubrité publique, l'autorité civile les interdit au commencement de l'année 1777. Par son testament, Mre Jacques de la Grange légua à son église un capital de 300 livres devant produire 15 livres de rente, pour fonder une messe à perpétuité, le 3 décembre. Et il mourut le 1er décembre 1786; son acte mortuaire fait de lui ce bel éloge auquel il faut conserver toute sa saveur, en le reproduisant intégralement et sans commentaires : « 1786, 2 décembre, enterrement au cimetière de « messire Jacques de La Grange, prêtre, curé de Domecy, âgé « d'environ 75 ans;il avait exercé avec zèle et charité les fonc-« tions de pasteur pendant 44 ans; pendant le cours de sa « maladie, il reçut les sacrements de l'Eglise que lui admi-« nistra, avec grande édification de toute la paroisse, son « ancien et respectable ami, M. Pétilier de Chaumail, curé de « Tharoiseau : c'était le plus vénérable et le plus grand « soutien des pauvres. »

La paroisse fut ensuite desservie par M. Moreau, curé de Sermizelles; Tardy, curé de Givry; Marchand, religieux minime, jusqu'à l'arrivée du nouveau curé, le 9 septembre 1787.

Ce curé était M. Charles Colard, qui vit les débuts de la Révolution. Surpris dans sa bonne foi, il fit le serment à la Constitution civile du clergé; quand il eut reconnu son erreur, il quitta Domecy après avoir été quelque temps secrétaire de la municipalité.

*

* *

Et la paroisse resta sans prêtre depuis le 1er mars 1796 jusqu'au 3 mai 1801; car, après le départ de M. Colard, 11 mars 1795, l'abbé Pierre Chalumeau, de Vézelay, avait rempli les fonctions de curé depuis le 6 septembre 1795, jusqu'à la date marquée, 1er mars 1796 : la persécution l'obligea alors à quitter le pays.

Au rétablissement du culte, Domecy eut pour curé l'abbé G. Petitier, qui resta à Domecy, du 3 mai 1801 jusqu'à l'époque de sa nomination à Saint-Père, en 1803.

Puis, malgré leur désir d'avoir un curé chez eux, les habitants de Domecy furent desservis en binage, jusqu'en 1819, par des prêtres du voisinage, entre autres par l'abbé Moreau, curé de Pontaubert.

Enfin, au mois de juin 1819, l'abbé Sonnois était installé à demeure en qualité de curé de Domecy. Le 22 mars 1822, il fit édifier au sommet du Montmartre une croix de pierre portant l'inscription suivante : CETTE CROIX A ÉTÉ ÉLEVÉE A L'HONNEUR ET GLOIRE DE JÉSUS-CHRIST NOTRE SEIGNEUR ET A LA DÉVOTION DE R. SONNOIS, PRÊTRE, LE 22 MARS 1822. AMEN. Et pour abriter cette croix, il planta quatre arbres, dont les survivants signalent de loin aux regards le sommet dénudé de la montagne.

L'abbé Sonnois eut pour successeur l'abbé Louis-François Denouh, d'Auxerre, en avril 1831. Celui-ci a laissé des souvenirs palpables de son passage à Domecy. En 1833, l'église fut agrandie d'une travée de 22 pieds de long : les frais, s'élevant à 1.950 francs sans compter la valeur des matériaux de l'ancien portique estimés 600 fr., furent couverts par un secours de 500 fr. fourni par le Gouvernement, et par une souscription à laquelle Mgr l'archevêque de Sens donna 200 fr.; cette nouvelle partie de l'église fut bénite solennellement le 10 novembre, fête de la Dédicace; l'abbé C. Collin, curé de Chitry, fit le sermon. En 1834, la sacristie fut reconstruite, sans qu'il en coutât à la population autre chose que le transport des matériaux; le Gouvernement accorda un nouveau secours de 416 fr., et le curé prit à sa charge le reste des dépenses. En 1839, l'abbé Denouh bénit un chemin de croix à l'église, et fit refaire et poser la porte de la Fontaine de Saint-Léger. En 1840, on refit la charpente et la couverture du chœur de l'église : le Gouvernement fournit 400 fr., la commune 400 fr., le curé paya le reste. En août 1848, le beffroi du clocher fut remis à neuf. Le 9 juin 1851, 20ᵉ anniversaire de son ordination, l'abbé Denouh bénit deux chambres qu'avec l'aide de M. de Domecy il avait fait faire au presbytère, sans aucuns frais pour le pays. La même année, le vénérable P. Muard prêcha le jubilé, et, pour la clôture de ces pieux exercices, le 23 novembre, le curé eut la joie de voir plus de 300 personnes de sa paroisse s'approcher de la sainte table:

et le soir, sur le chemin de Domecy à Avallon, au bout des chénevières, fut plantée une croix de fer commémorative, que les hommes du pays tinrent à honneur de porter depuis l'église jusqu'au lieu qu'elle occupe toujours. Le pieux et austère abbé Denouh mourut à Domecy, le 5 mai 1853; il fut enterré au pied de la croix du cimetière.

Pour le remplacer, M. l'abbé Joseph Morlet, de Tharoiseau, fut nommé à Domecy en 1853; il y mourut le 13 octobre 1906. Ses paroissiens savent bien tout ce que, durant son ministère de cinquante-trois ans, il a entrepris pour le bien spirituel de son peuple et pour l'ornementation de son église; il n'est donc pas nécessaire de leur mettre sous les yeux le tableau de sa vie édifiante et active.

La même année, M. l'abbé Paul Montigny, de Saint-Père, fut envoyé à Domecy comme curé de la paroisse. Que Dieu daigne lui accorder un long et fécond apostolat!

CHAPITRE V

LE CULTE LOCAL

Les habitants de Domecy ont toujours, surtout dans le passé, rendu fidèlement à Dieu et à son Christ le culte souverain qui n'est dû qu'à la Divinité; et ils n'ont jamais permis au protestantisme, qui fut longtemps répandu dans les environs, de porter atteinte à leurs sentiments de foi.

Mais après ce culte qui domine la vie de tout chrétien, la dévotion la plus populaire à Domecy était la dévotion à la Vierge Marie, honorée sous le titre de Notre-Dame de Pitié ou Notre-Dame des Sept Douleurs.

La douleur et le deuil sont dans le lot de tous les humains; mais dans la douleur et dans le deuil, le cœur se tourne instinctivement vers ceux qui ont souffert, parce qu'ils savent mieux nous comprendre et compatir à nos peines. C'est pour cela que les habitants de Domecy, qui ont passé par tant de rudes épreuves les atteignant tous, et qui ont supporté des peines individuelles souvent bien lourdes, ont demandé résignation, consolation et courage à la Mère de douleurs qui a subi tous les martyres au pied de la croix; et ils lui ont dédié une chapelle qui était autrefois à droite en entrant à l'église; c'était le sanctuaire où était vénérée, en 1671, la statue de Notre-Dame de Pitié (1).

Le patron de la paroisse, saint Léger, était aussi tout naturellement l'objet d'un culte spécial; et la présence, de temps immémorial, d'une partie de son crâne parmi les richesses de l'église de Domecy, entretenait chez les habitants cette légitime dévotion. Les parents racontaient à leurs enfants la vie du glorieux protecteur du pays; et sans doute ils y mettaient le charme que nous avons tous trouvé aux pieuses histoires que nous disaient nos grand'mères, et qui nous ont laissé de si doux et si profonds souvenirs.

Saint Léger, dit son biographe, naquit vers l'an 615, d'une famille illustre qui donna à l'Etat des conseillers intègres et au ciel de grands saints. Son père, Bodilon, mourut jeune encore, laissant à son épouse Sigrade la charge de ses deux enfants, Léger et Guérin. Mais Sigrade était une sainte qui, avec la tendresse d'une mère, avait au cœur la foi vive et forte d'une chrétienne des premiers âges. Aussi, avec quelle sollicitude se consacra-t-elle à la culture délicate de l'âme de ses enfants! avec quel soin et quelle tendresse elle les forma à la piété, éloignant d'eux tout ce qui aurait pu blesser leur innocence! Et un jour, certaine d'avoir trouvé une sauvegarde assurée pour l'adolescence de son fils aîné, Léger, elle le confia au roi Clotaire II pour être nourri à la table royale parmi les jeunes Francs élevés là, sous l'œil de Dieu et la tutelle de l'Eglise.

A cette école du palais dirigée par les clercs et les chapelains de la cour, maîtres aussi éminents dans la science que dans la vertu, Léger fit des progrès rapides qui développèrent à la fois son intelligence et sa piété. Appelé ensuite à Poitiers par son oncle Diddon, évêque de cette ville, il se fit bien vite remarquer par sa vie exemplaire et par son ardeur à étudier les Saintes Ecritures. Aussi, son oncle ne fut-il pas surpris d'entendre un jour le jeune homme lui confier que la voix de Dieu l'appelait à l'état ecclésiastique : nouveau Samuel, Léger était prêt, et les portes du sanctuaire s'ouvrirent devant lui. Il était prêtre depuis peu de temps, quand il fut élevé à la dignité d'archidiacre; et il remplit ses fonctions en parcourant le diocèse de Poitiers pour fortifier dans la foi les

____

(1) Communication de M. Lex, archiviste de Saône-et-Loire.

populations qui, ravies de sa science et de sa piété, s'écriaient:
« C'est Dieu qui nous a visités dans la personne de cet
apôtre! »

Mais alors, Dieu parlant secrètement à son cœur, lui demanda de renoncer à ses succès si brillants et si purs, pour
se retirer dans la solitude; et docilement, Léger alla s'ensevelir, en 650, dans un petit monastère pauvre et ignoré, qui
s'appelait alors la Celle de Saint-Maixent (1). L'année suivante, les religieux l'élurent pour abbé; mais il ne consentit
à prendre cette charge que sur l'ordre formel de son oncle,
l'évêque de Poitiers. Il venait à peine d'introduire dans son
monastère la règle de Saint-Benoît, quand d'illustres personnages viennent frapper à la porte de sa retraite : ce sont
des envoyés de la reine, sainte Bathilde, qui, restée veuve
avec trois enfants, lui fait demander le secours de ses lumières et de sa sagesse pour gouverner les trois royaumes
alors fort troublés, qu'avait réunis sous son sceptre son époux,
Clotaire II. Léger cède à leurs supplications et aux instances
de son oncle, et il quitte son cher monastère. Et, avec ses
collègues du conseil de la reine, il affermit l'autorité royale,
soulage le peuple en abolissant les exactions fiscales qui l'écrasaient, et favorise le règne de la religion, garant le plus sûr
et le plus vrai du bonheur des individus et des nations.

C'est au milieu de ces graves devoirs qu'en 660, les évêques,
conseillers de Bathilde, choisissent Léger pour gouverner
l'église d'Autun; et c'est dans cette ville même qu'il reçoit
la consécration épiscopale. Cette solennité est immédiatement suivie d'un concile qui va porter le dernier coup à l'hérésie des Manichéens, et promulguer solennellement pour la
première fois un monument devenu fameux depuis, sous le
nom de *Symbole de saint Athanase*. Profitant de la présence
des cinquante-quatre évêques du concile, Léger rédige son testament (2) et le leur fait signer.

Léger se donne alors tout entier aux devoirs de sa charge
épiscopale, avec l'ascendant de sa haute autorité, et surtout
avec sa charité qui lui concilie la vénération de tous ceux
qui l'approchent : il soulage les pauvres, rétablit la discipline,
instruit le peuple, décore les églises.

(1) *Saint-Maixent*, chef-lieu du canton des Deux-Sèvres, petite
ville qui, comme tant d'autres, doit son origine à un monastère.

(2) Ce testament, conservé dans un ancien cartulaire, a été publié en 1865 par M. A. de Charmasse, dans son Cartulaire de
l'Eglise d'Autun, page 80.

Pendant ce temps, la situation politique a changé dans la France. L'Austrasie, en donnant la couronne au jeune Chilpéric, a déchiré le plan d'unité monarchique inspiré jadis par Léger à la pieuse Bathilde; puis, en Neustrie, Ebroïn, maire du palais, a d'abord éloigné les conseillers de la reine, et celle-ci a quitté la régence. Libre désormais de tout frein, Ebroïn commença à régner réellement sous le nom d'un roi enfant, et il parut alors ce qu'il était, homme violent, ministre perfide, despote cruel, ravisseur insatiable, persécuteur de tous les gens de bien, effroi de son maître même. Mais la Bourgogne, où l'évêque d'Autun avait une immense influence, résista à la tyrannie d'Ebroïn, et proclama Childéric II, roi de toute la monarchie franque : c'était la chute d'Ebroïn, à qui l'évêque d'Autun sauva la vie en le cachant à l'abbaye de **Luxeuil**.

Léger était l'homme de mérite et d'autorité, capable de remédier aux maux causés par l'ancien maire du palais. Aussi, Childéric l'appela-t-il auprès de lui : les sages avis de l'évêque d'Autun furent écoutés; et son administration marquait une époque vraiment réparatrice, quand, au mépris des lois de l'Eglise, le roi épousa la fille de son oncle. Devant cet outrage public à la morale chrétienne, la conscience de l'évêque se récria hautement et lui fit quitter la cour, en 673. Ivre de colère, Childéric le poursuivit, s'empara de sa personne le samedi saint, le dépouilla de son évêché et le fit conduire à ce monastère de Luxeuil où Ebroïn se trouvait encore. Mais peu de temps après, Childéric périt sous les coups de ses leudes, lassés de son despotisme. Léger, à qui cet événement rendait la liberté, rentra à Autun au milieu des témoignages de la joie la plus vive.

. Cependant, la France entière avait les yeux fixés sur lui; elle l'appelait; elle attendait de lui son salut. Le grand évêque se dévoue de nouveau au service de son pays, et se hâte de mettre un terme à l'anarchie qui désolait le royaume, en faisant proclamer roi de Neustrie et de Bourgogne, Thierry, le dernier survivant des fils de sainte Bathilde; puis il revient au milieu de ses fidèles.

Mais Ebroïn, qui s'était enfui de Luxeuil et avait bien vite rallié autour de lui ses anciens partisans, enlève le roi à Crécy, présente à sa place, comme fils de Clotaire III, un enfant inconnu qu'il décore du nom de Clovis, persécute et fait périr les pasteurs légitimes des églises, et, les armes à la main, fait occuper leurs sièges par des hommes indignes. Attribuant à Léger son ancienne disgrâce et son internement à Luxeuil, il accourt avec des troupes pour mettre le siège devant Autun. Peut-être la vieille cité aurait-elle pu résister à ces nouveaux barbares; mais l'évêque, qui ne veut pas que son peuple souffre à cause de lui, distribue aux pauvres tout ce qu'il possède, et, sachant bien qu'il va au martyre, se livre lui-même à ses ennemis. Aussitôt, il est conduit à l'orient de la ville, sur une colline en face des remparts, au lieu où s'élève aujourd'hui l'église du Couarre, construite en son honneur; et là, il a les yeux arrachés et les orbites creusés avec des pointes de fer. Calme au milieu de ses tortures, il dit : « Je vous rends grâces, Seigneur Jésus, qui avez daigné « visiter votre serviteur par la souffrance : ces yeux dont « je suis privé, sont de chair et ne servent souvent qu'à « empêcher l'âme de voir le bien; mais il me reste les yeux « de la foi que je peux toujours élever vers vous et avec « lesquels je peux toujours vous contempler. »

Ce n'était point assez pour la vengeance d'Ebroïn : il chargea le farouche Waïmer d'emmener au loin le martyr et de lui faire endurer tous les tourments que sa rage pourra inventer. Mais la patience de Léger toucha et convertit son bourreau, qui déposa à ses pieds la part à lui échue des trésors pillés de l'église d'Autun; Léger les renvoya à Autun pour être distribués aux pauvres. Apprenant un jour que sa victime vivait encore, Ebroïn entreprit de la déshonorer, en la faisant dépouiller de la dignité épiscopale, par une assemblée de ces malheureux qu'il avait imposés de force aux diocèses privés par lui de leurs pasteurs. Comme Léger, amené en leur présence, ne répondait aux insultes de ses persécuteurs qu'en priant pour eux à haute voix, Ebroïn voulut lui ôter même la consolation de pouvoir articuler un mot de prière, et il lui fit couper la langue et les lèvres; puis il l'abandonna à un personnage qu'il croyait être des siens. Il s'était trompé : Waning reçut le saint martyr comme une bénédiction pour sa maison; il ne s'approchait qu'avec une vénération religieuse du glorieux mutilé pour lui donner des aliments et lui prodiguer ses soins.

Détaché de la terre, le saint y tenait pourtant encore par ce lien sacré que le Sauveur lui-même conserva dans son cœur jusque sur la croix : il avait sa mère, Sigrade, retirée depuis longtemps dans un cloître de Soissons. Dans sa longue

agonie, Léger pensait moins à ses propres douleurs qu'aux
chagrins de la vénérable octogénaire, et il priait Dieu de prendre jusqu'à la dernière goutte de son sang en échange d'une
seule larme épargnée à cette mère si infortunée. C'est de la
maison de Waning que, la parole lui ayant été miraculeuse-
ment rendue, il dicta pour « Madame sa très sainte mère »,
cette lettre admirable qui nous a été conservée (1), et dans
laquelle, à travers les consolations sublimes qu'il lui adresse,
percent l'éloquence et l'héroïsme avec lequel il recommande
le pardon des injures.

Entraîné par les exemples et les exhortations du saint évêque persécuté, Waning vendit tous ses biens et voulut s'asso-
cier à toutes les fondations pieuses; mais, avant de se consacrer à ce vaste apostolat des bonnes œuvres, il confia Léger
au monastère de Fécamp. Ebroïn, dont la haine n'avait pas
oublié Léger, voulut en finir avec lui : il l'arracha à son asile
et le confia à **quatre hommes**, les chargeant de le mettre à
mort. Le martyr fut conduit dans la forêt de Sarcing, en Artois; et là, recouvrant de nouveau la parole, il dit à ses com-
pagnons de route : « Mes enfants, pourquoi vous fatiguer davantage? Ce que vous avez à faire, faites-le vite, et accomplis-
sez ainsi le vœu de mon ennemi. » Et il les bénit, et il tendit
la gorge à celui qui tenait le glaive; et sa tête tomba sous
le tranchant de l'acier, pendant que son âme s'envolait au
ciel. C'était le 2 octobre 678 (2).

L'histoire de la vie et du martyre de saint Léger était connue dans toutes les contrées où le saint était passé, où il avait
souffert, dans le Poitou, dans l'Autunois, dans l'Artois, la
Champagne, la Bourgogne, la Bretagne, l'Alsace, la Belgique, la
Suisse même. Partout, on l'invoquait, mais on se pressait surtout là où se trouvaient quelque souvenir de sa vie ou quelque
reste de son corps. C'est pour cela que les populations voisines
venaient à Domecy en pèlerinage; elles y vénéraient la précieuse relique du patron de la paroisse, buvaient à la fontaine
qui porte son nom, puis regagnaient leurs demeures, confiantes
dans sa protection. Nous avons vu déjà qu'en 1489, le curé avait
le droit de fournir le luminaire pour les messes des pèlerins
qui venaient « à Monseigneur sainct Ligier (3). »

(1) LABBE, *Nova biblioth. manuscriptorum.*

(2) Pour plus de détails, voir la belle *Histoire de saint Léger,*
par le CARDINAL D. PITRA.

(3) **Arch.** du château de Domecy. Le document a été reproduit
plus haut.

Les laboureurs ont toujours été nombreux à Domecy; et ils formaient une sorte de corporation ou mieux de confrérie, placée sous le patronage de saint Blaise, évêque de Sébaste et martyr. Cette confrérie avait-elle son règlement? Célébrait-elle sa fête le 3 février, jour auquel l'Eglise fait la mémoire de ce saint?... Il n'est pas possible de donner qu'un seul renseignement à ce sujet : c'est qu'en 1679, cette confrérie était désignée comme fort ancienne (3).

A la même date était aussi mentionnée comme « estante « d'existence antique », la confrérie de saint Vincent (1), qui groupait tous les vignerons de Domecy, plus nombreux encore que les laboureurs. Et les anciens, comme leurs arrière-neveux d'aujourd'hui, solennisaient la Saint-Vincent le 22 janvier; leurs descendants feront de même.

Nous rappellerons brièvement que saint Vincent, le plus illustre des martyrs de l'Espagne, naquit à Saragosse au troisième siècle; élevé par Valère, évêque de cette ville, il fut ordonné diacre, et remplissait avec zèle ses fonctions, quand, sur la fin de l'an 303, il subit le martyre pendant la persécution de Dioclétien et de Maximin; son culte se répandit en France à partir de l'an 542; et les vignerons célèbrent sa fête le jour où l'Eglise le nomme dans son martyrologe. Disons donc quelques mots de cette fête qui est de tradition, au moins dans nos pays.

Autrefois, les pressoirs qui chôment aujourd'hui, s'étaient pendant l'automne rougis du jus de la treille; autrefois, le vin des vendanges remplissait les tonneaux; il les remplira encore bientôt, car Dieu récompense toujours le travail dans la foi, la confiance et la persévérance. Donc, nous sommes au 22 janvier; la terre est au repos; les vignerons ont déposé leurs outils. Et la fête est belle à l'église, belle le matin par sa grand'messe à laquelle assistent tous les hommes, belle encore le soir par l'office des vêpres qui termine le service religieux. Et la fête dans les familles est belle aussi; car elle se passe le plus souvent entre parents et amis, réunis autour de la table sur laquelle, ce jour-là, la ménagère a mis la nappe et servi un copieux repas. C'est la tradition qui veut qu'on festoie ainsi, en l'honneur du glorieux martyr saint Vin-

(1) Communication de M. Lex, archiviste de Saône-et-Loire.
(3) Communiqué par M. Lex, archiviste de Saône-et-Loire.

cent, protecteur de la vigne et patron des vignerons; elle veut aussi qu'à l'époque de la vendange, on mette, à l'église, à la statue de saint Vincent, une branche de vigne chargée de raisins; et non seulement cela fait un très bon effet, mais encore cela représente les prémices de la récolte et constitue un témoignage de reconnaissance : belle coutume à conserver.

Nous n'apprendrons rien aux vignerons en leur disant que le jour de la Saint-Vincent est rangé, dans les éphémérides météorologiques, au nombre des jours de l'année qui influent davantage sur la prévision du temps : ils savent cela mieux que personne. Aussi, tous les ans, le 22 janvier, font-ils des remarques comme celles-ci :

> A la Saint-Vincent,
> L'hiver s'en va ou reprend ;

ou encore :

> Saint-Vincent clair et beau
> Donne plus de vin que d'eau.

Cette remarque n'est peut-être pas absolument dans le sujet qui devait traiter du culte de saint Vincent; elle s'y rattache pourtant un peu, puisqu'il s'agit de la Saint-Vincent.

TROISIÈME PARTIE

La Communauté

—

La population d'un village considérée au point de vue religieux constituait la paroisse. Au point de vue civil et administratif, elle portait un nom exquis qui disait bien que les droits, les devoirs et les intérêts étaient les mêmes pour tous : c'était la communauté, vocable auquel on a enlevé, trouvons-nous, le plus beau de son sens en le traduisant par la commune.

Nous étudierons cette vie civile et sociale de Domecy en parlant successivement de la justice, de l'administration et des impôts, du service militaire, de l'école, de la situation matérielle et morale des habitants.

CHAPITRE PREMIER

LA JUSTICE

De tout temps, la justice a été l'apanage de la souveraineté: le roi était le grand justicier du royaume. Mais, à l'origine, il n'y avait pas de tribunaux royaux par toute la France; car les rois n'étendaient pas leur autorité sur tout le pays, dans lequel se trouvaient enclavés des duchés, des comtés, des provinces, formant des nationalités différentes. C'étaient les chefs de ces provinces, de ces comtés, de ces duchés qui exerçaient dans leur terre ce droit de justice : ce droit faisait partie du domaine, tellement que souvent les seigneuries étaient désignées par le nom de justices. Ainsi, dans l'acte d'aveu présenté en 1513 par messire Louis de Robée, seigneur de Domecy, nous avons vu que la justice de Domecy était limitée par celle du Vault-de-Lugny, par celle de Tharoiseau, par celle de Vézelay et par celle de Givry. Ce n'était donc pas un droit féodal, mais un droit inhérent à la terre elle-même : le seigneur l'exerçait, non comme venant d'un suzerain qui le lui aurait délégué, mais en qualité de propriétaire.

Quand le seigneur possédait tout, et les hommes et le sol, il ne pouvait y avoir ni difficulté réelle, ni difficulté personnelle à faire résoudre par la justice et ses tribunaux; si, un esclave en avait maltraité un autre, le châtiment en avait tout de suite raison; et si le seigneur avait des difficultés avec un seigneur voisin, les armes décidaient la question, à moins qu'un évêque ne réussît à la régler par son arbitrage. L'organisation de la justice a donc été la conséquence de l'affranchissement des serfs; les hommes ayant alors des droits réels et des droits personnels, une justice s'imposait : *Qui terre a, guerre a.* Aussi voit-on dans toutes les chartes de franchise qu'en énumérant les contraventions possibles, le seigneur fixait lui-même les amendes. Et ces amendes faisaient ainsi des tribunaux une véritable source de profit, puisqu'elles étaient toujours prononcées en faveur du seigneur.

Au commencement, c'était le seigneur en personne qui tenait les grands jours de sa justice; et l'on se souvient que saint Louis jugeait les causes de ses vassaux sous le chêne de Vincennes. Mais peu à peu, le haut justicier créa des juges qui rendirent la justice en son nom, comme aujourd'hui les juges la rendent au nom du peuple français. Les appointements des officiers du tribunal furent pris sur le produit des amendes. Le tribunal seigneurial de Domecy eut donc son juge, le lieutenant du juge, le procureur d'office ou procureur fiscal, le substitut du procureur et un greffier, sans compter les sergents.

Dans toutes les pièces relatives à Domecy qui ont pu être consultées, le nom d'un juge ne s'est jamais rencontré : comme ce magistrat, pour être à même de prononcer une vraie sentence, était ordinairement avocat ou avoué, il habitait sans doute Avallon. Mais son lieutenant siégeait à sa place. En 1620, Dubois, lieutenant du juge de Pontaubert, faisant les fonctions de juge à Domecy, condamna les fabriciens à rembourser à leur curé les cent sous qu'il leur avait avancés pour l'église; en 1664, le lieutenant du juge de Domecy était Jean Dangauthier; en 1676, c'était Guillaume Blondeau, qui emprunta deux cents livres produisant 12 livres 10 sous d'intérêt annuel à Jean Champion, marchand à Avallon, lequel céda ensuite sa créance à l'hôpital d'Avallon (1).

Le procureur d'office remplissait près de la justice de Domecy des fonctions analogues à celles du procureur de la République : il saisissait le juge des délits et des crimes; il requérait la peine; mais d'autre part, il était chargé de la police du village, faisait apposer les scellés après décès, protégeait les mineurs, etc., etc... Son substitut le remplaçait. Cette double charge a longtemps appartenu à la même famille dont les membres paraissent avoir eu tous le même prénom, Claude Degoix. En 1602, Claude Degoix, substitut du procureur d'office à Domecy, était déféré par Tribouillard devant le bailli d'Avallon; en 1650, un Claude Degoix écrivait sans hésitation son nom en deux mots, *de Goix*; de 1652 à 1668, on trouve d'autres Claude Degoix qui sont qualifiés tantôt procureur d'office, tantôt procureurs substituts. En vertu de son droit de police, le procureur devait constater les décès imprévus ou causés par un accident, et dicter au greffier de la justice une ordonnance autorisant l'inhumation : en pareil cas, il y a aujourd'hui ce qu'on appelle une descente

(1) Arch. de l'Yonne, H suppl., 2628.

de justice. Le 29 juin 1609, Edme Guay, vigneron, « se tua
« de la chute qu'il fit du haut du château dans la cour dud.
« château de Domecy » : inhumé d'après une ordonnance
de justice; en 1710, Léonard Blondeau « fut trouvé mort dans
« une fosse, travaillant dans une vigne des Pères de la Doc
« trine chrétienne d'Avalon (1) » : enterré d'après ordonnance de police; la même année, le 10 juillet, Jean Grossin,
« enfant âgé de 6 ou 7 ans, fut écrasé sous un chart de foin » :
enterré d'après ordonnance de police

Le greffier rédigeait les jugements, procès-verbaux de scellés, inventaires après décès, etc. : en 1748, le greffier de la
justice de Domecy s'appelait Pierre Prescheur; de 1754 à
1757, c'était « honorable homme » Claude Séguin, qui, dans
un acte du 2 mai 1754, était désigné par ce titre : « huissier
« général et greffier de ce lieu de Domecy ».

Quant aux sergents, c'étaient les agents de l'autorité, les
représentants de la force publique; parmi eux, on peut citer
Claude Bargeot en 1624, Claude Jolliet en 1708, qui était
pompeusement appelé en 1713 « officier de la justice de Domecy. »

En 1667, au tribunal de Domecy était même attaché un
praticien ou avocat défenseur; c'était Jacques Séguin, peut-
être un des ancêtres du Claude Séguin de 1754.

Lorsqu'un habitant se croyait en droit d'intenter une action
soit réelle, soit personnelle, il était tenu de présenter une
requête au juge ou à son lieutenant, dans laquelle il exposait ses griefs. Le juge rendait une ordonnance autorisant le
plaignant à citer ses témoins pour un jour déterminé; la
partie adverse était appelée à cette enquête à laquelle elle
avait le droit de répondre en exigeant une contre-enquête;
et sur le vu de ces pièces le juge rendait sa sentence. S'il
s'agissait de délits réputés crimes, la requête était présentée
par le procureur d'office et, l'enquête faite, le juge renvoyait
le dossier à Avallon, dans le cas où il se reconnaîtrait incom-
pétent. Et si le cas devait entraîner les galères, le bannisse-
ment ou la peine de mort, le juge se dessaisissait de la question et remettait le dossier au Parlement de Dijon, qui jugeait
au nom du roi.

Des jugements de la justice de Domecy, on appelait au

____

(1) Les Pères de la Doctrine chrétienne étaient les directeurs
du collège d'Avallon.

bailliage d'Avallon, du bailliage d'Avallon à celui de Semur, du bailliage de Semur au Parlement de Dijon qui se prononçait en dernier ressort

C'était le juge ou son lieutenant, et le procureur fiscal qui fasaient notifier à la population le ban de vendange. Au premier abord, il semblerait que cette question ne pouvait pas rentrer dans leurs attributions; mais, au fond, le ban de vendange était un véritable arrêt rendu par le juge, et en même temps une ordonnance de police qui dépendait du procureur fiscal. Dans son sens large, le *ban* était toute disposition émanant de l'autorité; c'était plus particulièrement un ordre se rapportant à la paix intérieure. Aussi, en ouvrant les séances de justice, le magistrat qui présidait, ordonnait le maintien de la paix par un *ban;* le possesseur d'un château garantissait la paix par un *ban;* il en était de même pour les villes et pour les communautés dans l'étendue de leur territoire et de leur juridiction, qui s'appelle toujours la *banlieue.* Dans un sens restreint à la vendange, le *ban* était le droit qu'avait le seigneur de fixer l'époque de la cueillette des raisins, de sorte que personne ne pouvait faire la récolte de ses vignes avant la date fixée; et c'est pour donner à cette mesure force de loi, que le juge et le procureur intervenaient. « Il « est défendu dans notre province de Bourgogne », dit le président Bouhier, « à toutes personnes de commencer la « récolte des raisins, que la permission n'en ait été donnée « par le seigneur haut-justicier ou par son juge. Cet usage « s'est introduit pour plusieurs bonnes raisons : 1° Afin que « personne ne vendange avant que la maturité du raisin ait « été reconnue; 2° afin que les forains soient avertis et puis- « sent préparer ce qui leur est nécessaire pour la vendange; « 3° afin que les vendangeurs travaillent ensemble dans un « même canton (*climat, lieu dit*), sans quoi ils causeraient « du dommage à ceux qui ne vendangeraient pas (1). »

L'arrêt et l'ordonnance fixant le jour assigné pour l'ouverture des vendanges étaient communiqués au curé de la paroisse qui l'annonçait au prône de la messe paroissiale, en même temps que la messe de vendange.

La Révolution, qui a anéanti toutes les vieilles traditions et principalement celles qui prenaient leur source dans le droit féodal, a cependant respecté celle-ci à cause de son utilité

---

(1) *Commentaires sur la coutume de Bourgogne,* t. II, p. 692.

manifeste; seulement, elle a transporté ce droit de ban de vendange dans les pouvoirs des municipalités, déclarant même, par la loi du 28 septembre 1791 (1), que les vignobles clos n'étaient pas soumis au ban de vendange. Cette coutume a aussi disparu.

Le juge de Domecy, assisté du procureur et du greffier, présidait les assemblées de la population : c'est ce qui fera l'objet du chapitre suivant.

CHAPITRE II

L'ADMINISTRATION ET LES IMPOTS

Tout comme la paroisse s'occupait des intérêts de son église, la communauté administrait les siens d'après une méthode qui est certes loin d'être imparfaite. Qu'on en juge :

Après convocation faite au prône de la messe paroissiale, ceux des habitants qui « formaient la plus grande et la plus saine partie de la population », se réunissaient, au jour et à l'heure dits, devant l'église ou dans l'auditoire (2), suivant le temps ou la saison, sous la présidence du juge ou de son lieutenant, du procureur d'office et du greffier, comme nous l'avons dit. Quand elles avaient lieu à l'époque habituelle, ces assises s'appelaient « *les grands jours de Domecy* (3). » Après avoir entendu, discuté et approuvé les comptes de l'exercice écoulé, l'assemblée continuait les pouvoirs des deux échevins de la communauté ou en nommait de nouveaux : la mission de ces hommes de confiance du pays était de défendre les libertés et les intérêts de la communauté et de faire exécuter les travaux d'utilité publique qui avaient été décidés par la population. Puis étaient nommés les asséeurs (4) des impôts généraux et locaux, chargés d'en faire la répartition sur les habitants du village et d'en établir le rôle. On désignait encore les collecteurs, qui devaient faire la perception de ces impôts. On nommait ensuite le garde-messier, garde-cham-

____

(1) Titre I, section V, art. 2.
(2) *Auditoire*, salle des audiences de justice.
(3) Etat civil.
(4) Les fonctions des asséeurs répondaient à celles des répartiteurs d'aujourd'hui.

pêtre de l'ancien temps. Sur toutes ces affaires de la communauté, étaient arrêtées, à la majorité des voix, des résolutions que rédigeait le greffier et que signait le juge, leur donnant ainsi l'autorité des sentences de justice. On voit que les membres composant le tribunal de Domecy n'étaient point là pour peser sur les décisions de la population, mais pour les régulariser. Quant au procureur, à la tenue des grands jours, il requérait l'autorisation du juge pour certaines mesures générales de police, comme celle qui fut prise en 1461, en vue d'obliger les habitants à réparer les chemins qui conduisaient à leurs champs, « chascun en droit soy ». C'est ainsi qu'avaient lieu les assemblées ordinaires.

Mais, quand se présentait une affaire locale urgente, qui n'avait pas été prévue à l'assemblée ordinaire, les échevins, auxquels il n'était pas permis de prendre d'eux-mêmes une décision, se faisaient autoriser par le juge, représentant de l'autorité, à convoquer une assemblée extraordinaire : celle-ci avait lieu avec le même appareil et le même cérémonial; la question y était débattue et recevait sa solution. Ainsi, la communauté s'administrait par le suffrage universel fréquemment et largement consulté, et appliqué uniquement aux intérêts du pays, sans s'aventurer sur le terrain toujours si dangereux de la politique.

A la fin de leur mandat qui durait une année, rarement plus, les échevins rendaient compte de leur gestion, comme nous l'avons indiqué; ils pouvaient être réélus.

Les assécurs ou répartiteurs, et les collecteurs ne pouvaient pas refuser les fonctions qui leur étaient imposées. Le travail des assécurs, exécuté souvent par les échevins, les exposait à des réclamations et à des rancunes de la part des intéressés, et pouvait les faire taxer de partialité. Le rôle des tailles de 1701 qui va être reproduit, la remarque faite en 1786 par messire de la Grange, curé de Domecy, et la note d'un membre du bureau des recettes d'Avallon en 1788, prouvent qu'on n'avait pas toujours tort, et même que cet abus fut de longue durée.

« *Roole et impost des tailles faict par Nicolas Degoix et Jean*
« *Dubois le jeune, manouvriers demeurans à Dommecy sur le*
« *Vault, eschevins pour l'année prochaine mil sept un, pour*
« *survenir au payement de la somme de quatre cens quatorze*
« *livres neuf sols portée par le billet de Messieurs les Eslus*
« *d: la province de Bourgogne, du unze aoust dernier :*

« Edme Guay, manouvrier, neuf livres.
« Jacques Bargeot, manouvrier, neuf livres dix sols,
« Lazare Degoix, manouvrier, neuf livres dix sols,
« La femme de Claude Quentin, absent, vingt sols,
« La veuve Quentin, son fils, et Jean Degoix, vingt-neuf livres,
« Claude Desbois et son fils, laboureurs, quarente livres,
« Nicolas Degoix, laboureur, dix huict livres dix sols,
« Jean Grossin, manouvrier, douze livres dix sols,
« Jean Dubois, manouvrier, huict livres,
« *Philibert Pignollet, mandiant, cinq livres dix sols,*
« Michel Carlot, masson, unze livres,
« Jeanne Rousseau, veuve, quatre livres cinq sols,
« *Jeanne Grossin, pauvre, quatre livres cinq sols,*
« *Edmée Millard, pauvre, trois livres dix sols,*
« François et Edme Guignot, manouvriers, unze livres,
« Philibert Guignot, manouvrier, unze livres cinq sols,
« Jean Degoix laisné et son fils, manouvriers, vingt-deux livres,
« Claude Joliet, laboureur, dix livres,
« Charles Milliard, laboureur, seize livres,
« Louis Thomas, savetier, unze livres cinq sols,
« Jean Dubois le jeune, manouvrier, dix livres,
» Jean Monjardet, laboureur, treize livres dix sols,
« *Edmée Degoix veuve Hubert Contant, pauvre, quatre livres*
« *dix sols,*
« Hubert Degoix, rentier, huict livres,
« Liger Gillet, laboureur, six livres,
« Jacques Massé, laboureur, unze livres cinq sols,
« Claude Boisseau, manouvrier, quarente sols,
« Louis Le Riche, manouvrier, quatre livres,
« *Claudine Pinard, mandiante, cinq sols,*
« Henry Blondeau, manouvrier, dix livres,
« Nicolas Dubois, manouvrier, dix livres,
« Philippe Degoix, manouvrier, six livres dix-sept sols,
« *Blaisette Gillet, pauvre, trois livres huict sols,*
« Simon Degoix, quinze livres dix sols,
« Edmée Sergent, veuve, cinq livres cinq sols,
« Pierre Guilloux, manouvrier, neuf livres cinq sols,
« Edme Contant, charon, treize livres dix sols,
« Pierre Bargeot, manouvrier, quatorze livres dix sols,

« Jean Degoix le jeune, manouvrier, treize livres dix sols,
« Liger Millard, laboureur, quinze livres dix sols,
« *Jean Gillet, pauvre, quatre livres* (1). »

La cote à payer par les pauvres et les mendiants, comparée à celle des autres contribuables, nous paraît bien exa·gérée; et cette situation a certainement duré. Dès lors, on comprend cette observation du curé de Domecy, qui écrivait à l'intendant en 1786 : « J'observerai à Monseigneur l'Inten- « dant, que les habitants de Domecy, quand ils vendent l'une « de leurs terres, n'en sont pas diminués pour cela à pro- « portion de ce qu'ils vendent; ils paient toujours le même « taux, et celui qui achète n'est point augmenté; et il y a « plusieurs veuves qui paient autant de tailles que si leurs « maris vivoient, et la plus part très pauvres : il faudroit « que le rôle des tailles fût fait de nouveau, afin d'imposer « un chascun selon son bien et ses facultés (2). » On s'explique aussi la note laconique, mais significative, d'un commis de la recette d'Avallon en 1788 : « Domecy, 68 taillables, 68 cotes; répartition mal faite (3). »

De leur côté, les collecteurs, responsables de la rentrée des taxes, devaient actionner les contribuables; car si leurs re- couvrements n'étaient pas complets à la date voulue, ils étaient passibles de poursuites et même d'emprisonnement. On comprend que ces charges n'étaient guère enviées, mais elles étaient obligatoires.

Les impôts à répartir et à percevoir se divisaient en trois classes : les impôts royaux, destinés à faire face aux be- soins et aux intérêts généraux de la nation; les impôts pro- vinciaux qui avaient pour but de couvrir les frais de l'admi- nistration de la province, routes, canaux, défense de la Bour- gogne; et les impôts locaux qui étaient pour assurer l'exé- cution des travaux nécessaires à l'école, à l'église (4), au presbytère, les gages du garde-messier, ceux du recteur d'école, et l'amortissement des dettes de la communauté de Domecy, qui, en 1666, s'élevaient à la somme de 828 livres (5).

(1) Arch. de la Côte-d'Or, C, 6465.
(2) Arch. de la Côte-d'Or, C, liasse n° 15.
(3) Arch. de l'Yonne, C, 182.
(4) Les habitants avaient à leur charge l'entretien de la nef et du clocher.
(5) Arch. de la Côte-d'Or, C, 2886.

Malgré tous les progrès qu'on dit avoir réalisés depuis ce temps-là, on n'a pas pu faire mieux : car, dans nos impôts, il y a, tout comme autrefois, la part de l'Etat, celle du département, et celle de la commune.

Le chiffre des impôts royaux était arrêté par le roi dans son conseil des finances; et, une fois que la répartition en était faite par provinces, les Etats de la Bourgogne recevaient, sons forme de mandement, notification de la taxe imposée à la Bourgogne. A leur tour, les Etats qui avaient à peu près les pouvoirs du Conseil général d'un de nos départements, après avoir voté les impôts de la province et ajouté cette somme à celle des impôts royaux, établissaient d'après les rôles des dix années précédentes la quote-part afférente à chacune des recettes des finances qui se partageaient la Bourgogne. Puis, se reportant à ces mêmes rôles détaillés, les commis des recettes fixaient la somme que chaque paroisse devait acquitter : Domecy avait ainsi son chiffre fixé par la recette d'Avallon de laquelle dépendait le pays. Enfin, les asséeurs de Domecy répartissaient sur les contribuables et proportionnellement à leur fortune, ces impôts d'intérêt général, auxquels s'ajoutaient ceux de la communauté, votés par l'assemblée des habitants.

Au nombre des impôts royaux, il faut citer : *la taille, la capitation* et le *vingtième*. La *taille seigneuriale* avait été abolie par les chartes d'affranchissement; mais le roi la rétablit ensuite pour son compte ou plutôt pour le compte de l'Etat : cet impôt, dont étaient exempts les nobles, les magistrats et les septuagénaires, fut toujours impopulaire, parce qu'il rappelait le servage (1). La *capitation*, qui se percevait par feu et par famille sans aucune exception, fut établie en 1695, à l'occasion de la guerre de la Ligue d'Augsbourg; elle fut supprimée en 1697, à la paix de Ryswick, et rétablie en 1701, pour un moment, disait-on; mais comme, en France, tout impôt, même nouveau, a la vie très dure, elle est devenue permanente. Le clergé était abonné à la capitation, et payait 4 millions par an. L'impôt du *vingtième* remplaça celui du *dixième*, puis celui du *cinquantième* : il s'entendait du vingtième du revenu, et atteignait même la noblesse; comme le précédent, il ne devait être que provisoire; mais on trouva toujours des raisons pour le faire durer.

____

(1) En 1666, les contribuables de Domecy payaient **827 livres de tailles**. (Arch. de la Côte-d'Or, 2886.)

Ce n'est pas tout. Avec les impôts directs dont il vient d'être parlé, il y avait encore, tout comme aujourd'hui, les impôts indirects sur le sel, sur le tabac, sur le papier timbré, sur les droits de succession; il y avait surtout les *aides*, que nous appelons les droits de régie.

L'impôt sur le sel ou *la gabelle* fut le plus détesté de tous. Les Etats de Bourgogne, au moment où Louis XI réunit cette province à la France, luttèrent pour ne pas être assujettis à la gabelle; mais à la fin, force fut de consentir à cette nouveauté. Seulement, les Etats en firent une administration indépendante et régie par eux, de sorte que la Bourgogne achetait le sel au gouvernement, puis le revendait à son gré. Dans certains centres, il y avait des magasins ou *greniers à sel* qui fournissaient les débitants de cette denrée ou *saulniers*, dans les localités de leur ressort : Domecy dépendait du grenier à sel d'Avallon, et avait pour saulnier, en 1699, Michel Carlot, maçon (1).

Les autres droits énumérés plus haut sont tous connus, puisqu'ils existent encore; ils étaient pourtant beaucoup moins élevés autrefois.

Quant aux *aides* ou droits de régie, ils n'existaient pas tout d'abord en Bourgogne; et tout habitant de Domecy pouvait vendre en gros ou en détail la récolte de ses vignes, sans avoir rien à payer au fisc. Mais, en 1680, Louis XIV, dont le trésor était épuisé, imposa ces droits, faisant payer à l'acheteur 28 sous par muid de vin : c'était le droit de circulation, évidemment très élevé pour l'époque.

La Révolution a changé tout le système financier de l'ancien régime. Elle a d'abord aboli, comme privilèges féodaux, le cens qui était l'indice de l'origine de la propriété, les rentes foncières et les tierces qui étaient la reconnaissance d'un fermage perpétuel; mais aussitôt elle a mis à leur place l'impôt foncier, autrement lourd que ces redevances du passé. Elle a fait disparaître la corvée; mais elle a bien vite établi les prestations. Elle a supprimé la taille royale et les autres impôts directs; mais sans retard elle leur a substitué les quatre contributions auxquelles vient encore de s'ajouter l'impôt sur le revenu.

Le percepteur a succédé aux collecteurs, comme le gouvernement du peuple a succédé au gouvernement des rois; mais

(1) **Etat civil.**

il faut toujours payer. Et le fisc perçoit des impôts sur nos personnes, sur nos meubles, sur les portes et les fenêtres qui laissent pénétrer l'air et le soleil dans nos maisons, sur le vin que nous récoltons, sur le sucre, sur le café, sur le tabac, sur les droits de succession et d'enregistrement, sur les chiens, sur les voitures, sur les vélocipèdes, sur les automobiles, sur les chevaux, sur les billards, sur les cartes à jouer, sur le sel, sur les allumettes, sur le pétrole, sur les bougies, sur les raisins secs, sur les prestations, sur les quittances, sur les frais de justice, sur le timbre, etc., etc., etc. Grand Dieu! que fait-il donc de cet argent?

Sans doute, aujourd'hui il lui en faut beaucoup plus qu'autrefois pour faire face à toutes les charges publiques. Mais..., le 19 janvier 1764, au nom du Parlement de Bourgogne, le président de Brosses disait à Louis XV : « Tôt ou « tard, Sire, le peuple apprendra que les débris de nos finan- « ces continuent d'être prodigués en dons trop souvent peu « mérités, en pensions excessives et multipliées sur les mêmes « têtes, en places, en appointements inutiles. Tôt ou tard, il « repoussera ces mains avides qui toujours s'ouvrent et ne « se croient jamais pleines, ces gens insatiables, qui ne sem- « blent nés que pour tout prendre et ne rien avoir, gens sans « pitié comme sans pudeur. »

CHAPITRE III

LE SERVICE MILITAIRE

En passant en revue les impôts qui pesaient autrefois sur le peuple, peut-être quelqu'un s'est-il dit : pourquoi la noblesse n'était-elle pas soumise aux mêmes charges? Pourquoi n'a-t-elle supporté qu'au XVIIIe siècle la capitation et le vingtième? C'est qu'elle payait, elle, toute seule, un impôt extraordinairement lourd, l'impôt du sang. Le service militaire était l'apanage de la noblesse; les serfs, les villageois en étaient exempts; quelques-uns seulement suivaient leurs maîtres à la guerre, en qualité de *varlets,* mais ils ne pouvaient porter l'épée.

Et la noblesse se préparait de bonne heure à remplir généreusement sa tâche.

Dès l'âge de sept ou huit ans, le jeune fils du seigneur, le futur chevalier, voyait commencer pour lui une éducation sévère et rude : les jeux de paume, de balle et autres, assouplissaient ses membres; à dix ans, il montait à cheval, et, s'il ne suivait pas encore son père à la guerre, il l'accompagnait à la chasse, poursuivant avec lui les biches et les sangliers. Il n'oubliait pas ses devoirs religieux, car sa mère était là pour les lui rappeler : chaque matin il entendait la messe et chaque soir il faisait sa prière avec tous les siens. Et, à la veillée, pendant les longues soirées d'hiver, sa mère l'initiait aux belles manières; et son père lui parlait de ses ancêtres et lui racontait leurs hauts faits d'armes; ou encore le chapelain du château lui apprenait à lire et à écrire. Vers douze ans, une fois sa première communion faite, il était tout aux exercices du corps : on lui apprenait à dompter un cheval, à dresser un faucon.

Avant d'être fait chevalier, il quittait la maison paternelle et allait suivre des cours de chevalerie chez des maîtres plus sévères que son père; et là, il apprenait à manier les armes, l'épée, la lance, l'épieu. Il devenait d'abord écuyer, jusqu'à ce qu'enfin, après de longues épreuves et une préparation austère et religieuse, il était, le lendemain de la veillée d'armes, armé chevalier. Telle fut l'enfance, telle fut la formation militaire des Renaud d'Ostun, des Gui d'Ostun, des Jean de Domecy, chevaliers, sires de Domecy, qui s'en allaient là où les appelaient le duc de Bourgogne ou la cause de Dieu, le heaume en tête, la cuirasse sur la poitrine, l'écu d'une main, l'épée de l'autre, chevauchant de longs jours sous les ardeurs du soleil d'été comme sous les frimas de l'hiver; et l'on n'a pas oublié non plus l'ardeur avec laquelle ils se mettaient au service du pays, quand les cinq fils du même seigneur de Domecy portaient à la fois les armes, quand le fils d'un autre se présentait pour marcher contre l'ennemi, sans même avoir son équipement complet.

Il était profondément croyant, ce chevalier du Moyen Age : comme Renaud d'Ostun, sire de Domecy, il allait combattre les infidèles pour gagner la *Cour de paradis*, et il y allait de tout son cœur; de même, il mourait plein de foi. Dans son *Histoire de la Chevalerie*, Gautier nous a tracé un superbe tableau de cette fin si chrétienne : « Aucune terreur ne vient « troubler ses derniers moments : il a vu si souvent la mort « de près! Par instants, il semble gai, fait venir sa femme; « son cœur si solide éclate : *Embrassez-moi*, lui dit-il, *car*

« *plus jamais ne m'embrasserez.* Puis il fait venir ses filles :
« *Chantez, Mahaut; chantez, Jeanne...* Rien n'égale la séré-
« nité de ce mourant; il a des visions : des légions d'anges
« s'abattent sur les tours du château et viennent le chercher;
« ses lèvres pâles s'entr'ouvrent, le prêtre approche, le cheva-
« lier communie, et il s'endort d'un sommeil paisible, les
« mains sur les têtes de ses enfants. »

C'est ainsi que, durant le XIIIe et le XIVe siècle, les sires de
Domecy ont eu leur part dans la gloire de cette noblesse qui
a versé son sang sur tous les champs de bataille et immorta-
lisé la valeur française. Mais l'invention des armes à feu
obligea à changer la tactique de guerre et à entretenir des
armées plus nombreuses que celles qui se recrutaient dans la
noblesse seule; et, sous Charles VII, on commença l'organisation des armées permanentes en enrôlant les milices des
paroisses. Cette infanterie, cette *piétaille* comme on disait
alors, ne comptait pas dans le dénombrement de la compagnie : c'est indiquer le peu de cas qu'on en faisait; et d'ailleurs, si l'on s'en rapporte à une boutade attribuée à Charles
le Téméraire, *ces soldats étaient aussi mal armés qu'indisci-
plinés.* L'essai ne fut donc pas généralisé; et les gouverne-
ments préférèrent lever des subsides en argent qui leur permettaient de soudoyer de véritables hommes de guerre, Ecos-
sais, Suisses ou autres. Sous François Ier et ses successeurs,
même sous Louis XIII et sous Louis XIV encore, on convoquait
le ban et l'arrière-ban de la noblesse toutes les fois que cela
était nécessaire, et on lui adjoignait de ces étrangers ou des
enrôlés.

On finit par abandonner cette manière de faire, et, en 1668,
on revint sérieusement aux milices : il fut décidé que toute
paroisse importante fournirait un milicien tout équipé, sauf
le mousquet qui était à la charge de l'Etat; et tandis que
celle-ci était tenue à ce contingent tous les ans, les petites
paroisses ne donneraient qu'un homme de temps en temps; la
solde était de deux sous tant que le milicien restait dans sa province, et quand il en sortait pour aller à une expédition, il touchait trois sous par jour et le pain de munition. On prenait cet
homme depuis l'âge de vingt ans jusqu'à quarante; et c'était
la paroisse qui le nommait dans une assemblée générale des
habitants : le choix était par conséquent très délicat, et ris-
quait de susciter des haines terribles; mais, par bonheur, il
se trouvait souvent un homme de bonne volonté, ami d'aven-

tures et de dangers, qui, en se présentant, mettait fin aux hé-
sitations des votants. Ce mode de recrutement ne dura pas
non plus; et l'édit du 10 décembre 1691 ordonna que l'on
procéderait au tirage au sort du milicien; seulement, l'homme
désigné par le sort pouvait se racheter moyennant 75 livres
versées au Trésor, ou encore il avait la ressource de se faire
remplacer. C'est en vertu de cet édit que Claude Boilleau, de
Domecy, était « soldat de la milice » en 1697.

Nous n'avons pas trouvé de remplacement pour Domecy,
mais ce cas s'est présenté pour Tharoiseau; et nous le rete-
nons, parce que le milicien volontaire était de Domecy. En
1743, venait d'éclater la guerre de la Succession d'Autriche :
Léonard Nardot, fils de Germain Nardot, de Tharoiseau, a été
désigné par le sort pour servir dans la milice; mais, comme
le service des armes l'épouvante, il accepte la proposition de
le remplacer que lui fait Jean Gay, dit *Prêt-à-Boire*, de Domecy. Mais, laissons parler le contrat en règle qui intervint,
et dans lequel on remarquera que ne parut pas Léonard Nardot, le principal intéressé :

« Le quatorze mars mil sept cent quarante trois, par devant
« Joseph Arthault, avocat à la Cour, juge ordinaire de Tharoiseau,
« et Charles Gourlet, procureur d'office en ladite justice, les jeunes
« gens de Tharoiseau capables de servir le roi se réunissent pour
« tirer au sort qui désignera un milicien. Léonard Nardot, fils
« de Germain Nardot, est désigné par le sort pour l'emploi de
« milicien. Se présente Jean Gay, dit *Prest à boire,* de Dommecy,
« pour être substitué audit Léonard Nardot. Mais il est convenu
« que la communauté de Tharoiseau remettra à l'avance audit
« Jean Gay la somme de 150 livres ainsi répartie, 72 livres 8 sols
« par les habitans, le reste donné par les parens des garçons ap-
« pelés audit tirage au sort. Le rôlle est établi le 11 janvier 1744,
« ainsi qu'il suit :

« Nicolas Deffert, pour son fils, 30 livres;
« Claude Dangauthier, pour son fils, 19 livres;
« Edme Regnaut, pour son fils, 17 livres;
« Philippe Bigot, pour son fils, 14 livres;
« Anselme Bigot, pour son fils Philippe, 15 livres;
« Léonard Morlet, pour son fils, 5 livres;
« Joseph Robot, garçon, 8 livres;
« Joseph Pannas, pour son fils, 5 livres;
« François Lairot, fils de Louis, 7 livres;
« Jean Deffert, valet de Jean Dubois, 4 livres;
« Le fils de Claude Gourlet, 6 livres;
« Le fils de la vefve Choudey, 6 livres;

« Le fils d'Anselme Rousseau, 6 livres;
« Le fils de Léonard Rousseau, 40 sols;
« Le fils de Claude Chappelier, 40 sols;
« Le fils de Lazare Regnaut, 40 sols;
« Le fils de Lazare Regnaut le jeune, 40 sols;
« Le rolle des habitans est à part;

« Au paiement de laquelle somme nous ordonnons que tous
« ceux compris au présent rolle pourront estre contrainctz, no-
« nobstant opposition, apellations quelles conques et sans y pré-
« judicier, comme pour affaire de Sa Majesté, dont acte.

« En foy de quoy nous nous sommes soubssigné avec ledit Gour-
« let, l'un desd. échevins et procureur d'office et greffier, Ger-
« main Rollot, autre échevin ayant déclaré ne scavoir signer, de
« ce enquis. » (1). — Comme la somme prévue par ce rôle atteignait 150 livres et que d'autre part la communauté de Tharoiseau
devait fournir 72 livres 8 sous, c'était donc pour Jean Guy une
gratification de 72 livres 8 sous qui lui était généreusement accordée.

Et il partit faire son service militaire. Et il prit part à la
Guerre de la Succession d'Autriche, et mourut à Dandermonde,
dans la Flandre autrichienne, le 7 mai 1748, comme en fait foi
son bulletin de décès qui ne parvint à Domecy qu'en 1752 :
« Jean Gay, dit Prest-à-Boire, natif de Domecy-sur-le-Vault, mi-
« licien de la paroisse de Tharoiseau, servant au bataillon des
« milices du duché de Bourgogne, soldat de la Compagnie d'Or-
« thebise, est mort le 7 mai 1748, à l'hôpital militaire de Dander-
« monde. »

En 1765, Simon Dubois, millicien de Domecy, était soldat
au régiment de Beaujolois. En 1780, Etienne Gilet, aussi de
Domecy, milicien, soldat au même régiment, mourut à l'hôpital de Neufbrissack.

On peut dire que, sous l'ancien régime, les charges mili-
taires n'écrasaient point les paroisses; car, en 1789, l'effectif
total de l'armée à laquelle Domecy donnait de temps à autre
l'un de ses enfants, ne dépassait pas 200.000 hommes sur le
pied de guerre; et ces petites armées décidaient aussi bien
du sort d'une nation que ces masses énormes que l'Europe
entretient à grands frais pour la ruine de toutes les puis-
sances. Leur effectif, nous ne le savons que trop, se monte à
seize millions de combattants, qui présentement, en 1914, se
ruent avec furie les uns sur les autres, dans une mêlée ef-
froyable. Est-ce là réellement un progrès sur le passé?...

(1) Document trouvé dans la cour du château de Tharoiseau
après la vente de 1910.

CHAPITRE IV

L'ÉCOLE ET L'INSTRUCTION POPULAIRE

L'histoire prouve sans réplique que les trésors de la littérature et des sciences de l'antiquité ont été sauvés par l'Eglise et ses monastères lors de l'invasion des barbares. Elle démontre aussi que de tout temps l'Eglise a eu à cœur de faire bénéficier tous ses enfants de ces richesses intellectuelles. Nous ne rappellerons donc pas les prescriptions des papes et des évêques à ce sujet, ni les recommandations des rois au clergé pour l'établissement, auprès des églises, d'écoles pour enseigner la lecture, le chant, le calcul et la grammaire.

Malgré ces conseils et ces ordres, l'instruction fut pendant longtemps forcément restreinte, car les manuscrits, seuls livres d'alors, étaient fort rares et toujours très coûteux. Mais, quand la découverte de l'imprimerie eut permis de mettre les livres à la portée de tous, l'Eglise applaudit; et le Concile de Latran, tenu en 1515, loua hautement « cet art si heureuse-« ment inventé pour la gloire de Dieu, pour l'exaltation et la « propagation de la foi », déclarant que c'était là « un moyen « très opportun d'exercer les intelligences et de former des « érudits que l'Eglise se réjouit de voir se multiplier dans son « sein (1). » Et les écoles devinrent plus nombreuses.

A quelle date l'instruction populaire fut-elle organisée à Domecy? Aucun document ne nous l'apprend; mais les actes de l'état civil mentionnent, en 1666, la présence à Domecy de « Jacques Chodey, recteur d'escolle ». Il ne dut pas être le premier; car nous avons constaté, non sans plaisir, qu'un grand nombre des habitants de Domecy ont signé les déclarations enregistrées dans le terrier de la seigneurie, de 1530 : ils savaient donc lire et écrire. Quoi qu'il en soit, l'année même où nous trouvons cité le nom de Jacques Chodey, doit être celle de son départ de Domecy; car l'année suivante, en 1667, comme nous l'avons dit précédemment, c'est le curé, messire Jean Henriot, qui donne l'instruction aux enfants de la paroisse; pendant qu'il remplit cette mission tout en s'acquittant des devoirs de sa charge, l'évêque d'Autun publie, en

____

(1) LABBE, *Concilia*, t. 14, p. 257.

1672, une ordonnance aux termes de laquelle les curés devaient se concerter avec leurs paroissiens pour que les petites écoles fussent dirigées, celles des garçons par un homme, celles des filles par une femme ou une *fille de piété* (1). Ce point, évidemment difficile à observer à cause du peu de ressources dont les paroisses disposaient pour payer à la fois un maître et une maîtresse d'école, fut souvent dans la suite, mais en vain, l'objet des recommandations des évêques.

Il est incertain si messire Henriot avait toujours ses écoliers en 1685, lorsque l'évêque d'Autun donna un règlement qui nous fait pénétrer dans le régime intérieur de nos anciennes écoles du village ; en voici l'analyse :

I. — *Ce qui regarde les maîtres*

« 1° Conditions à remplir pour être maîtres : fournir à l'évêque
« un certificat de bonne vie et mœurs, leur acte de baptême, et
« leur acte de mariage s'ils sont mariés; subir un examen de-
« vant l'évêque, et plus tard, devant l'archiprêtre, pour éviter
« la dépense d'un voyage à Autun;
« 2° Défense d'admettre ensemble les garçons et les filles (2);
« 3° Rétribution : les commençants, 4 sols par mois; ceux
« qui sauront déjà un peu lire et écrire, 5 sols; ceux qui liront
« dans les écritures à la main, écriront et chiffreront, 6 sols,
« sans pouvoir exiger une plus forte rétribution; et encore, en-
« tière liberté sera laissée de payer autrement, « eu égard à la
« coutume et à la pauvreté des lieux;
« ° Les livres de lecture seront : *le Pédagogue chrétien, le Pé-*
« *dagogue des familles, le bon Laboureur, l'Ecole paroissiale:*
« 5° Les maîtres seront modestes dans leurs habits, retenus
« dans leurs discours, fuyant les cabarets, les jeux de hasard, les
« mauvaises compagnies.

II. — *Ce qui regarde les élèves*

« 1° Les élèves pauvres seront reçus avec autant d'affection
« que les riches, et instruits de même;
« 2° La classe commencera exactement : depuis Pâques jusqu'à
« la Toussaint, à 7 heures et demie pour finir à 10 heures et de-

(1) *Mém. de la Soc. Eduenne*, n. série, tome I, page 18.
(2) Malgré cette défense, il fallut bien tolérer cet état de choses dans les paroisses petites et pauvres.

« mie; de la Toussaint à Pâques, à 8 heures pour finir à 11 heu-
« res; le soir, en tout temps, à 1 heure et demie pour finir à
« 4 heures;

« 3° On commencera et on finira par la prière en commun et
« à genoux;

« 4° Le maître fera le catéchisme le mardi et le samedi,
« apprenant aux enfants la manière de prier Dieu, les mystères
« de la religion, les commandements de Dieu et de l'Eglise et les
« Sacrements;

« 5° Le maître tiendra la main à ce que les écoliers soient
« modestes et qu'ils étudient leurs leçons, il tâchera surtout de
« leur inspirer la crainte de Dieu et l'*honneur* qu'ils doivent à
« leurs parents;

« 6° Il fera réciter les leçons sans presser les enfants, les fai-
« sant toujours commencer par le signe de la croix; s'ils font
« des fautes, il les reprendra avec douceur, sans injures ni coups;

« 7° Il n'y aura de la part du maître ni aversion ni préfé-
« rence; et ensuite, il les détournera des jeux défendus, caba-
« rets, danses, comédies, etc.; au dehors, il s'occupera encore des
« enfants pour remédier aux vices qu'ils pourraient avoir con-
« tractés (1). »

Il est évident que ce règlement, qui assurait jadis aux enfants de nos écoles non seulement l'instruction, mais aussi
l'éducation chrétienne, devait former (et il forma en effet)
des générations vertueuses et fortes.

En compulsant les actes de l'état civil, on s'aperçoit bien
que Domecy avait un recteur d'école : en 1671, on trouve
7 signatures à un acte de mariage; en 1763, 13 signatures
au bas d'un acte, et 17 à la suite d'un autre; en 1772, 12
signatures une fois, 18 une autre, 5 une troisième, 3 à deux
autres actes; en 1792, 16 signatures au même acte.

Malgré l'intérêt qu'il y aurait à donner la liste complète de
ces hommes dévoués qui se sont consacrés à la formation de
l'enfance à Domecy, nous ne sommes en état de citer que,
André Gay, recteur d'escole en 1699; Jean Viteau, maistre
en 1756; et Gabriel Tavoillot, recteur des petites écoles et
chantre depuis 1763 jusqu'à la Révolution.

Quand Gabriel Tavoillot entra en charge, la paroisse avait
pour curé messire Jacques de la Grange; témoin du zèle avec
lequel ce maître s'occupait de ses élèves, et désireux de voir
tous les villages du voisinage et d'ailleurs jouir d'un semblable
bienfait, le curé signa en 1769 une lettre admirable adressée

____

(1) *Mém. de la Soc. Eduenne*, n. série t, 1, p. 21.

par les curés de son archiprêtré à Mgr Marbeuf, évêque d'Autun, le suppliant d'user de toute son influence auprès des
prélats, membres de l'Assemblée du clergé, afin d'arriver
à multiplier les écoles dans toutes les paroisses rurales. Malgré sa longueur, nous n'hésitons pas à la citer ici, parce
qu'elle fait grand honneur au curé de Domecy qui y a apposé
son nom.

« Il n'est pas possible de former de vrais adorateurs de Dieu,
« de fidèles sujets du Roy, de bons citoyens, sans le secours de
« l'instruction, ny pour le curé d'instruire solidement et suffi
« samment les habitants de la campagne qui ne sçavent pas lire.
« Un curé a beau multiplier les catéchismes, les prônes, les lec
« tures : ou ses paroissiens n'y assistent pas; ou, s'ils y assistent,
« ils n'écoutent pas; ou, s'ils écoutent, ils ne comprennent pas;
« ou s'ils comprennent, ils ne retiennent presque rien de ce qu'on
« leur dit; et la paroisse la mieux preschée, s'il n'y a pas d'école
« publique, ne sera pas toujours la mieux éclairée et la mieux
« réglée. C'est que l'instruction la plus solide, la plus propor
« tionnée à l'esprit des auditeurs, la plus attentivement reçue, ne
« fait qu'une impression d'un moment et ne frappe qu'en passant
« et comme un éclair : elle est oubliée dès qu'elle est prononcée,
« surtout par des gens distraits, occupés, accablés par les em
« barras et les soins de la vie matérielle; et les pasteurs ont la
« douleur de voir que les jeunes gens qui ne sçavent pas lire,
« oublient, bientôt après leur première communion, jusqu'aux
« premiers élémens de la religion qu'ils avoient appris dans leur
« enfance. D'ailleurs, quelle honte et quelle indécence pour cette
« sainte religion, de ne pas trouver dans un village un clerc pour
« servir à l'auguste sacrifice, assister à l'administration des sa
« cremens, chanter l'office, aider à acquitter les fondations, ac
« compagner le saint viatique lorsqu'on le porte aux malades
« souvent dans des hameaux très éloignés !

« Les prétextes que l'on apporte pour éluder un établissement
« si convenable et si nécessaire sont trop frivoles pour mériter
« qu'on s'arrête à les réfuter. On se contentera d'opposer à l'indif
« férence des catholiques le zèle des hérétiques et même des
« payens pour l'éducation de leurs enfans: on trouve des écoles
« dans tous les pays protestans; tous les jeunes gens, ou peu s'en
« faut, sçavent lire et écrire et sont tellement instruits que beau
« coup d'entre eux sont en état de disputer et de défendre les faux
« dogmes et les erreurs dont ils sont imbus. Les payens ont
« connu la nécessité des écoles publiques : tant de gymnases éta
« blis chez les Egyptiens, les Grecs, les Romains, en sont la
« preuve.

« Et pourquoy ne pourroit-on pas faire en France ce qu'on fait

« bien partout ailleurs? Cent livres de fixe, avec les mois des
« enfans, suffiroient pour nourrir à la campagne un maistre
« d'école : il n'y auroit point de paroisse, si petite et si pauvre,
« qui ne pût fournir ces modestes apointemens; et les avan-
« tages spirituels et même temporels qu'on en retireroit, dédom-
« mageroient au centuple de ce qu'il pourroit en couster.

« A quoy l'ignorance peut-elle être bonne? N'est-elle pas une
« source de désordres d'autant plus funestes que ceux qui s'en
« rendent coupables ne s'en corrigent jamais, parce qu'ils ne les
« connoissent pas ou n'en ont qu'un très foible sentiment (1) ?
« On ne peut donc assés se hâter d'extirper cette pépinière de
« maux; et loin d'en rejeter le remède, il faut se réjouir de l'avoir
« trouvé et se le procurer à quelque prix que ce soit.

« Le talent de la lecture et de l'écriture procureroit même
« beaucoup d'avantages temporels, tant par rapport aux diffé-
« rents emplois de sindic, collecteur, tuteur, procureur fabricien,
« etc., dans lesquels passent alternativement les habitans de la
« campagne, et qu'ils ne peuvent bien remplir sans un secours
« étranger et qui leur est dispendieux dès qu'ils ne sçavent pas
« lire ny écrire, que par rapport à leurs affaires domestiques et
« personnelles qu'ils ne conduisent ny si facilement ny si heu-
« reusement.

« Nous nous arrestons trop sans doute à la démonstration d'une
« vérité si claire; mais c'est que nous en comprenons l'utilité et
« la nécessité, et qu'en même temps nous sentons la difficulté
« de la faire adopter par quelques-uns de Messieurs nos Inten-
« dans qui refusent d'homologuer les actes des paroisses pour
« les apointemens des maistres d'école, qui est cause que la
« plus part des paroisses en manquent.

« Hélas! Monseigneur, si quelque maladie épidémique se fai-
« soit sentir parmi le peuple, le gouvernement avec raison pren-
« droit toutes sortes de mesures soit pour faire cesser le mal, soit
« pour empescher qu'il ne se communiquât. L'ignorance est une
« playe de l'âme aussi bien que la concupiscence; c'est une ma-
« ladie épidémique et universelle, puisque nous l'apportons tous
« en naissant, et elle fait partout des ravages effroyables. Il n'y
« a donc pas de moyens qu'on ne doive employer pour détruire
« un si grand mal et en arrester les suites. Toutes ces différentes
« considérations nous font espérer, Monseigneur, que vous ne ju-
« gerez pas cet objet indigne de votre sollicitude épiscopale;
« que la première assemblée du clergé voudra bien, à votre re-

---

(1) On ne saurait admettre sans réserve une opinion formulée
d'une façon si absolue; car on rencontre des gens fort instruits
qui n'ont point de conscience, comme on trouve des illettrés dont
la conscience est très droite et très délicate.

« commandation, s'en occuper, l'insérer dans ses remontrances
« au Roy et le supplier de donner ses ordres à ses Intendans
« pour l'établissement fixe d'un maistre d'école en chaque pa-
« roisse, auquel ils assigneront des émolumens convenables, soit
« sur les revenus patrimoniaux s'il y en a, soit par imposition
« sur chaque habitant taillable, lesquels émolumens seront pré-
« levés par les collecteurs et payés par quartier.

« Quelles obligations n'aurons-nous pas à Votre Grandeur pour
« un établissement si glorieux à Dieu, si utile à nos paroissiens,
« et d'un si grand secours pour nous-mêmes. » (1).

Les émoluments qu'il s'agissait de trouver pour le traitement du recteur d'école et que les Intendants refusaient parfois d'approuver, étaient assurés depuis longtemps à Domecy
et s'appelaient « la dottale du maistre ». En 1701, en effet, les
échevins de Domecy, Nicolas Degoix et Jean Dubois, établissaient le rôle de cette « dotale », constitué par une contribution de 3 livres payée par tous les taillables indistincte-
ment, qu'ils aient ou n'aient pas d'enfants en âge de fréquen-
ter l'école. Nous ne reproduirons pas ce rôle, parce qu'il est
identique à celui des tailles de la même année, donné plus
haut à la page 127; il faut toutefois en supprimer les pauvres
et les mendiants dont les noms ont été soulignés et y ajouter
le nom du curé, messire Delatoison (2).

Or, d'après ce rôle, le recteur de Domecy avait alors pour
vivre la taxe de 3 livres payée par trente-cinq contribuables,
les mois de ses écoliers qui pouvaient s'élever à la somme de
60 ou 70 livres par an, et le produit de sa quête de vin. Malgré l'exemption en sa faveur des tailles, de la capitation et
des impositions de la communauté, malgré ses honoraires et
son petit casuel de chantre, et en tenant compte que la livre
de cette époque .valait environ 4 francs d'aujourd'hui, son
traitement était fort modeste; et cependant, sa situation ne
devait pas être précaire, puisque nous voyons Gabriel Tavoillot rester à la tête de son école de Domecy pendant plus
de vingt-sept ans.

Mais un point sur lequel sont muets et la lettre de 1769 et
le règlement de 1685, c'est la nomination du recteur d'école.
Il n'en est pas question, parce que la coutume universelle avait
fait la loi suivante : le recteur était nommé par les habitants

----

(1) *L'instruction avant* 1789, par A. DE CHARMASSE, d'après les
Arch. de l'év. d'Autun.

(2) Arch. de la Côte-d'Or, C, 6465.

en assemblée générale; là, le traité à intervenir, valable ordinairement pour cinq ans et renouvelable du consentement des deux parties, était discuté : on débattait la question du traitement, celle du logement, celle des congés fixés d'habitude au jeudi de chaque semaine, et à l'époque des vendanges pour les vacances; puis, quand tout était convenu, quand le recteur ainsi désigné avait été reconnu par l'évêque comme capable de bien remplir sa mission, il entrait en fonctions.

Ici encore, la Révolution a tout changé en s'emparant de l'instruction populaire pour mettre à sa place l'enseignement de doctrines philosophiques et politiques qui n'avaient rien de commun avec l'étude de l'alphabet, des quatre règles et du catéchisme : elle dépassa le but, devint intolérante et antichrétienne sans profit pour personne; et l'Etat se substitua complètement au père de famille.

Et actuellement, nous en sommes là, au nom de la liberté : les habitants d'un village, d'un gros bourg, d'une ville, ne sont pas même consultés dans le choix de l'homme qui doit s'emparer des premières impressions de leurs enfants!

En 1754, une paroisse (qui n'est pas Domecy, hâtons-nous de le dire) ne voulait pas d'un recteur d'école que prétendait lui imposer le seigneur du lieu. L'Intendant, Joly de Fleury, mis au courant de la difficulté, fit par écrit cette déclaration : « *On ne peut forcer une communauté sur le choix* « *d'un maître d'école qu'elle paie.* »

Elle paie encore aujourd'hui, la commune, par ses impositions; et le pouvoir estime que c'est assez pour elle. Et ainsi, sous un régime basé sur la triple prépondérance de l'autorité absolue du roi, de l'autorité du clergé, de l'autorité du seigneur, les habitants d'un village avaient plus de liberté pour le choix des maîtres de leurs enfants, qu'ils n'en possèdent dans une démocratie basée sur l'égalité des citoyens, le suffrage universel et le système représentatif.

CHAPITRE V

SITUATION MATÉRIELLE ET MORALE DES HABITANTS

La population de Domecy a eu des variations considérables, en raison de la tranquillité ou des guerres. Pour bien évaluer les chiffres qui vont être donnés, il faut se souvenir qu'autrefois on comptait par feux, et que chaque feu représentait une moyenne de cinq personnes.

Au sortir de la Guerre de Cent Ans et des ravages des Ecorcheurs, Domecy ne comptait plus que dix feux, environ cinquante personnes (1).

Un siècle plus tard, en 1543, Domecy avait 89 feux, environ 445 habitants.

En 1596, on y trouvait 77 feux, environ 385 habitants.
En 1605, on y trouvait 40 feux, environ 200 habitants.
En 1653, on y trouvait 53 feux, environ 265 habitants.
En 1679, on y trouvait 55 feux, environ 275 habitants.
En 1806, il y avait 350 habitants.
En 1826, il y avait 391 habitants (2).
En 1846, il y avait 386 habitants (3).

En 1913, il n'y a plus que 214 habitants (4) : jamais, excepté en 1440 et en 1605, après des guerres terribles dont le théâtre fut notre pays, la population n'était tombée à un chiffre aussi bas.

Il n'y a jamais eu d'industrie locale que l'on puisse signaler dans le passé de Domecy. Tout au plus peut-on citer les noms de quelques ouvriers ayant un métier manuel : Louis Carlot, *masson*, en 1701; Louis Thomas, *savetier* (ou cordonnier), la même année; Jean-Jacques Delume, *tixier en toille* (tisserand), en 1710; Edme Guignot, *tissier en toile*, en 1754, et qui poussait toujours sa navette en 1777; Louis Contant, *tissier en toille*, en 1779. Notons aussi, en 1701, Edme Contau, *charon* : il est fort probable que la boutique de ce charron n'était guère achalandée; car, alors, les habitants, comme tous ceux de l'Avallonnais, consacraient les mauvais jours de l'hiver à mettre en état, d'une façon rudimentaire, mais solide, chariots, voitures, charrues et herses, et à creuser pour l'année entière les sabots de toute la maisonnée : argent économisé, premier argent gagné.

Le travail de Domecy était donc l'agriculture et la culture de la vigne, « dont le vin n'était pas mauvais (5) », selon la remarque d'un commis des Finances d'Avallon.

(1) Arch. du château de Domecy.
(2) Tous ces chiffres sont donnés par *Villes et campagnes de l'Yonne*, page 63.
(3) *Annuaire de l'Yonne*, année citée.
(4) *Ordo* diocésain.
(5) Arch. de l'Yonne, C, 182.

Le territoire que mettaient en valeur les habitants, comprenait un grand nombre de climats ou lieux dits, dont les noms se sont peut-être modifiés, mais dont on peut retrouver le souvenir et la trace dans les dénominations actuelles. D'après le terrier de 1461, en voici la liste dans laquelle l'orthographe ancienne a été respectée :

Le champ d'Arnou,
La Corvée de la Chassaigne (1),
La Corvée du Beugnon dessoubz,
Dessus Beugnon,
Le champ des Granges,
Le grant Champ dessus Galibert,
Le champ du Saulçoy,
Le pré de la Rue,
Du Ru,
La Poussereye,
Le pré de la Coubre,
Le pré à la Musnière,
La Chioère (2),
Le bois de Chastillon,
Les Chaulmes du Champ Friant,
L'estang vielz du mélieu,
L'estang dessoubz,
Estre les Deux Estangs,
La vigne au Long,
Le pré Perrot,
Es Aubues la Belle,
Le champ Charreton,
En l'Aubue,
Les Hâtes,
La Nohe (peut-être la Noue),
La Cosme de Galibert,
Le pré du Rumpis (3),

En Rumpis,
En Romont,
Le pré du Ru,
En Beaulvoir (4),
En l'Espine,
Es prés Lavaul,
Es vignes Lavaul,
Le champ de Martenay,
Le champ Mouflot,
L'Haste à la Boîteuse,
En Margereaulx (5),
Dessoubz la Cosme de l'Isle,
Dessoubz la Fontaine de Latreye,
Aux Chaulmettes,
Soubz la Boucasse,
Dessoubz le Cloux (6),
Es Chaulmes dessoubz le Cloux,
Les Chaulmes,
En Préaulx,
En Septemboiche,
En champ Gaichot,
Le pré de la Roussère,
La Malsauce au Blanc,
La chaulme Thévenot,
Le Vignault (où étaient la terre et la vigne du curé),
En Galibert,
Sous le Grant Champ,
La Perrière à l'Asne (7),

(1) *Chassaigne, Cassania* au IXe siècle, petite maison entourée d'un peu de terrain.

(2) *Chio*, un manse, *era*, emplacement, = emplacement d'un manse, d'une petite ferme.

(3) *Rumpis, rompis,* champ défriché.

(4) *Beaulvoir,* belle vue.

(5) *Margereaulx,* amas de cailloux, murgers.

(6) *Le Cloux, le Clos,* l'enclos.

(7) *Perrière,* carrière d'où l'on tirait de la pierre.

Dessus Margueroulx,
En Charrière,
Dessoubz les Hastes,
La Cosme Cabry,
Les Corvées,
Le pré de Malessigne,
Repault,
Dessoubz le Champ Désert,
Les Perrières,
En Champeaulx,
Le champ de l'Ombraul,
Le Grant Chemin,
Les Gros Murgiers,
L'Hastière,
Au Vignot (peut-être le Vignault, ci-dessus),
Les Hosthastes (les Hautes-Hâtes),
La vigne au Friant,
Es Cloistres,
En la Cosme de Vaulrimbault,
La Loge au Rousselot (où était le pré du Curé),
Le champ de la Croix,
Le champ dessus la Croix,
Le Vignaul (peut-être comme ci-dessus),
Le champ des Chaulmes,
Le champ de Monbard,
La Loesse,
Le pré du Chaigne (1),
Dessoubz les Noues,
L'Haste Coquard,

La Vignote, dessoubz la Vignote,
La vigne des Ordons,
En Champfort,
La Justice,
Champbelin,
L'Haste du Fourneau,
Le champ Bréchiotte,
L'Aubespin (aujourd'hui Locquepain),
Le pré Gibelot,
Le pré Roelle,
Le champ de la Vigne,
Le champ au Putot,
La Cosme de Chastillon,
Dessus les Vignes,
Les Vignots (peut-être le Vignot. le Vignault),
L'Haste Regnard,
Le Vergier,
Le Pré Long,
Dessus l'estang Vielz,
Le champ du Four,
La Brosse Préaulx (3),
La vigne Culnoir,
Le champ du Désert,
La couste de Nyeste (la côte de Nlètre),
Le champ et la vigne des Bonshommes (appartenant aux religieux de Grandmont établis au prieuré de Saint-Jean, sur Sauvigny).

Dans ce territoire, le seigneur de Domecy faisait exploiter à la même date, partie par ses fermiers ou métayers, partie par les hommes de corvée, 13 journaux de terre et 5 soitures de pré entourant le château, 20 journaux de terre au Champ d'Arnou, 20 journaux de terre dans la Corvée de la Chassaigne, 9 journaux de terre dans la Corvée de Beugnon, 10 journaux de terre sur Beugnon, 2 journaux de terre au Champ des Granges, 30 journaux de terre en Galibert, 7 journaux de terre au Saulçoy, 6 soitures de pré dans le Pré de la Rue, un ar-

(1) *Le chaigne,* le chêne.
(2) *Brosse,* terrain couvert de broussailles, brousse.

pent de pré en la Poussereye, 5 soitures au même lieu, un arpent de pré dans le Pré de la Coudre, le pré entre les Deux Etangs contenant 3 soitures, le pré à la Musnière de 2 soitures, 12 ouvrées de vigne en Romont, 4 ouvrées de vigne à la Chioère, 25 arpents de bois en Chastillon, et 30 arpents de bois dits le Bois de la Boucasse.

C'est dans le reste du territoire de Domecy que les habitants cultivaient pour leur propre compte les terres qu'ils tenaient du seigneur moyennant les revedances consenties et déjà expliquées. Quelques parcelles pourtant étaient la propriété de quelques étrangers : au xvi siècle par exemple, l'hôpital d'Avallon possédait des vignes au lieu dit les Vignots. Un marché de 1510 nous apprend que des vignerons de Domecy les cultivaient et devaient leur donner les façons suivantes : *tailler, sermenter, deschausser* (1), *dresser, plier, faire accole, effacer, byner, rebrosser, jusques au couteaul*. Et un autre marché de 1535 nous fait savoir que la journée d'un vigneron était payée 20 deniers, et une journée de femme pour « sermanter », 1 sou (2).

En lisant ce salaire des journées de travail, il ne faut pas pousser les hauts cris; car alors, l'argent avait plus de valeur qu'aujourd'hui; et une journée d'homme à 20 deniers ou 1 sou et 8 deniers, ferait bien une journée actuelle, le prix des denrées alimentaires ayant une valeur proportionnelle. Et c'est pour permettre de calculer le taux des journées et des marchandises, et celui des redevances à payer au seigneur, que nous mettrons ici, avec le système monétaire du passé, le prix des choses dans la région, tel que les donnent les documents d'archives.

D'abord, *la livre tournois*, unité des monnaies, représentait 20 *sous tournois*, tandis que la *livre parisis* était de 20 *sous parisis* ou 25 *sous tournois* : dans ce travail, il s'agit toujours de la livre tournois, quand le texte ne parle pas de livre parisis ou autre.

Le *sou* valait 12 *deniers;* le *denier*, 2 *oboles* ou 2 *mailles;* l'*obole* ou la *maille*, 2 *pites;* la *pite*, 2 *semi-pites*.

En monnaie de Bourgogne, le *gros* valait 20 *deniers; le blanc*, 5 *deniers;* le *niquet*, le *tiers d'un blanc.*

(1) Ce déchaussement de la vigne au printemps indique évidemment qu'elle avait été buttée avant l'hiver.

(2) Arch. de l'Yonne, H, suppl., 2639, 2702, 2731.

Au xvᵉ siècle, *le salut d'or* valait 14 *sous* 6 *deniers*; et *l'écu d'or*, 35 sous; au xviᵉ siècle, le *teston* valait 14 *sous* 6 *deniers*; et *l'écu*, 3 *livres* 12 *sous* 6 *deniers*, c'est-à-dire cinq fois plus.

Et maintenant, parlons du prix des choses utiles et de consommation courante (1) :

En 1267, un cheval de selle coûtait 10 livres (2);

En 1364, une poule vaut 12 deniers ou un sou; en 1366, un mouton se vend 25 sous; en 1372, la pinte d'huile de noix est à 2 sous et demi; en 1373, un agneau coûte 5 sous; en 1375, une maison avec son ouche (ou enclos) se vend 75 sous; en 1386, la journée d'un vendangeur se paie 12 deniers et un pain de 4 deniers; en 1397, un cheval (qui ne doit pas être une bête de luxe) est vendu 75 sous.

En 1406 (3), 2 pintes de vin coûtent 2 sous; la même année, les gages d'un charretier à l'année sont de 10 écus d'or et 4 journées qui lui sont laissées; en 1409, une paire de souliers de femme se vend 3 sous 4 deniers; en 1411, un cheval vaut 15 livres; en 1435, un muid de vin coûte 7 livres, et 4 livres en 1443; en 1450, une journée de couturière se paie 10 deniers; en 1451, 20 ouvrées de vigne sont vendues 50 livres; en 1454, un veau gras coûte 8 gros; en 1458, un mouton gras vaut 25 sous, et un muid de vin vermeil, 6 livres parisis; en 1474, un muid de vin rouge coûte 60 sous; en 1485, 17 aunes de toile valent 35 sous; en 1494, une journée de terrassier se paie 2 sous; en 1495, une paire de forts souliers, 12 sous.

En 1507 (4), un muid de vin vermeil de l'an passé coûte 6 livres; en 1522, une oie de l'année se paie 2 sous; un chevreau ou cabri, 4 sous 4 deniers; un jeune poulet, 6 deniers; un cent d'œufs, 5 sous; une vache, 3 livres 5 sous; en 1539, la journée d'un vendangeur est de 8 deniers et sa nourriture; en 1543, une maison, l'ouche et le jardin qui en dépendent sont vendus 20 livres et 20 sous pour les vins du marché; la

____

(1) Le prix du blé et celui du vin qui seront marqués à l'occasion, ne peuvent servir de base exacte aux calculs de ce genre, parce que le manque de récolte a pu leur donner parfois une valeur extraordinairement élevée.

(2) La livre valait alors environ 70 francs de notre monnaie. La valeur de l'argent diminuant d'un siècle à l'autre, chacun devra en calculer la dépréciation de dix en dix ans.

(3) La livre de 1400 vaudrait quarante francs aujourd'hui.

(4) Vers 1500 la livre valait vingt francs de nos jours.

même année, une pioche vaut 6 blancs; en 1544, une aune de toile à faire des draps coûte 2 sous; une paire de souliers ordinaires, 8 sous; en 1553, une ouvrée de vigne et un demi-journal de terre sont payés 4 livres parisis; en 1558, le mille de perches à treiller la vigne vaut 3 livres; le cent de pais-seaux vaut 3 sous et coûtera le double en 1593; en 1572, un journal de terre est vendu 40 sous et 2 sous pour les vins du marché; en 1578, une livre de cire coûte 10 sous; en 1580, le blé vaut 28 sous le bichet et l'avoine 15; en 1595, le blé vaudra 52 sous le bichet et l'avoine, 17 sous.

En 1600 (1), on paie 11 sous la pinte de sel, 3 sous une journée de manœuvre; en 1607, le sucre, denrée de grand luxe, coûte 20 sous la livre; et il se paiera 30 sous en 1640; en 1613, on a une douzaine d'œufs pour 2 sous, et un quarteron de harengs pour 12 sous; en 1625, une journée d'homme pour ébourgeonner la vigne se paie 10 sous, et une journée de femme, 5 sous; en 1632, un van vaut 4 livres 10 sous, ce qui doit être très cher; en 1643, une paire de poulets coûte 12 sous; en 1648, une journée de vigneron est de 12 sous également; en 1659, les gages d'un charretier à l'année sont de 78 livres et une paire de souliers; en 1661, une paire de sabots d'enfant vaut 1 sou 6 deniers; une paire de draps neufs pour lit, 100 sous; une livre de beurre, 6 sous; un fromage, 6 deniers, une livre de pain, 1 sou; un boisseau de pois, 15 sous; en 1682, le bichet de froment vaut 48 sous.

En 1702 (2), la viande se vend 2 sous 8 deniers la livre de bœuf; 2 sous 2 deniers la livre de vache; 3 sous 6 deniers la livre de mouton ou de veau; en 1720, la viande a augmenté de 5 ou 6 deniers la livre; en 1709, année de famine qui suivit un terrible hiver, le blé, quand on en trouvait à acheter, se payait 13 livres le bichet : la misère fut si grande cette année-là, que l'on trouva le berger (paistre) de la paroisse, mort d'inanition dans le pré des Noys, le 16 juillet, et qu'il y eut dix-neuf décès à Domecy. En 1756, le prix d'une vache est de 21 livres; celui d'un veau, 9 livres; d'un petit cochon, 4 livres; en 1775, la journée d'un vigneron se paie 20 sous; en 1780, la feuillette de vin vaut 23 livres 12 sous; en 1789, le blé atteint le prix de 54 sous le boisseau.

(1) En 1600, la livre valait environ douze francs de nos jours.
(2) En 1700, la livre valait de quatre à cinq francs de notre monnaie.

Cet exposé sommaire suffit pour nous démontrer que la vie n'était pas plus coûteuse autrefois qu'aujourd'hui, et que les journées d'ouvriers correspondaient au prix des denrées de consommation journalière, sauf pourtant quand les récoltes manquaient : c'était alors la misère noire. Car, à cette époque, on n'avait pas ces moyens de transport qui nous amènent rapidement d'autres pays les produits alimentaires qui nous font défaut. Plaise à Dieu que, même avec nos communications accélérées, nous n'ayons jamais plus à traverser des années de disette !

En 1481 venait d'être terminée la construction de la Tour de l'Horloge d'Avallon; mais le beffroi n'avait pas encore sa cloche. Pour la fondre, les Avallonnais décidèrent d'abord d'utiliser les débris de l'ancienne, puis d'aller à Domecy, Saint-Père et autres villages voisins, ramasser dans des tonneaux *la métalle* qu'on voudrait bien leur donner; et partout on donna de vieilles monnaies devenues frustes ou n'ayant plus cours. La cloche ainsi fabriquée (et elle existe toujours) pèse trois milliers; elle porte l'inscription suivante :

✝ JESVS MARIA

Louange à Dieu chacun doit rendre
Pour ce qu'il est le Souverain :
Ainsi fairet soir et matin
Tant que mon son se peut entendre.

M. J. Rabier, lieutenant d'Avallon, mil quatre cent quatre-vingt-un (1).

Et quand les habitants de Domecy voient cette cloche et l'entendent sonner, ils peuvent se dire qu'ils sont bien pour quelque chose dans sa présence, là-haut, au-dessus de la ville d'Avallon. On ne peut évidemment s'autoriser de leur offrande pour conclure à la prospérité de Domecy à la fin du xv⁰ siècle. Cependant, si les habitants n'ont ni échangé ni vendu *cette métalle* qui devait avoir quelque valeur, n'est-ce point parce qu'ils n'avaient nul besoin de ce qu'ils auraient pu en retirer?

Une preuve plus certaine de l'aisance d'un village se tire des contrats de mariage que l'on trouve dans les anciennes minutes des notaires. Dans les minutes d'Edme Soliveau, notaire à Avallon (2), nous n'avons malheureusement rencontré

---

(1) E. PETIT, *Avallon et l'Avallonnais*, page 399.
(2) Arch. de l'Yonne, E, 439.

qu'un seul document de ce genre, daté de 1530 : c'est le contrat de mariage entre Pierre Forest et Claudyne Ravereau!, tous deux de Domecy. Le futur apporte à la communauté : « deux journeaux et demy de terre, trois scées de prey à « croistre trois charretées de foin, et une vigne de l'œuvre « de deux hommes, en désert » ; dot de la future : « trente « livres tournois (1), deux mères berbis avecques leurs ai- « gneaulx, deux robes dont l'une rouge et l'aultre noire dou- « blées de frise (2), son chapeau nuptial, et son lit garny « comme à fille de bonne maison appartient. » — Mais à défaut d'autres pièces, nous pouvons affirmer que les familles de ces deux jeunes gens qui paraissent dans les terriers de 1461 et de 1530 comme simples villageois, et qui avaient probablement d'autres enfants à doter, n'étaient pas dans l'indigence, loin de là; et ce cas n'était sans doute pas rare.

A cette assertion, la note que l'intendant Bouchu consacre, en 1666, au village de Domecy dans la Description de la Bourgogne, semble donner un démenti formel : actuellement « il y a, dit-il, 60 habitans (feux) pauvres ». Mais, voyons de près cette pièce, officielle pourtant. Quand le prince de Condé reçut le gouvernement de la Bourgogne, en 1665, Bouchu désigna trois élus de la Chambre des Comptes de Dijon, pour vérifier les charges et les dettes des communautés; à leur tour, ces trois commissaires subdéléguèrent messire Jacques de Clugny, lieutenant d'Avallon, pour faire l'enquête réclamée, dans tous les bourgs et villages de son ressort (3). Or, nous l'affirmons, Jacques de Clugny ne vint jamais à Domecy; et c'est aux échevins de Domecy qu'il demanda les renseignements dont il avait besoin : comme il s'agissait des impôts, cette demande était une véritable invitation à crier misère, et naturellement les échevins de Domecy répondirent en criant misère; et ils le firent en prenant souci des intérêts de leur paroisse, des leurs et de ceux de leurs mandants, d'une façon qui aurait pu devenir très grave dans ses conséquences, si une contre-enquête sérieuse avait été faite. Laissons parler le document lui-même :

(1) Environ 620 francs de notre monnaie.

(2) Sorte de doublure en laine, légère, souple et chaude, appelée aussi *frileuse*.

(3) Arch. du château des Bordes en Nivernais; *Bulletin de la Société des Sciences de l'Yonne*, année 1898, page 229.

Questionnaire	*Réponses*
. . . .	. . . . *. . . . .
Quelle est la situation de la paroisse?	Situé sur une montagne (1).
L'étendue du finage?	Le finage est très petit.
Le commerce qui s'y fait ou peut faire?	Il ne s'y fait aucun commerce.
S'il y a une rivière, son nom; un pont, un passage?	Il n'y a rivière, pont ny passage.
Si c'est un pays de forest? De plaine?	Ce n'est pas un pays de forest.
De froment, de seigle, d'avoine?	Il y croist un peu de froment (2).
De vigne?	Il y a quelque peu de vigne (3).
De prez?	Il y a peu de prez (4).
Que vaut l'arpent de terre?	Le journal de terre ne vaut pas XII à XV livres.
L'arpent de vigne?	L'ouvrée de vigne XX à XXXX livres.
L'arpent de bois? La soiture de prez?	La soiture de prez XX à XXX livres.
Le nombre des habitans de la paroisse?	Il y a soixante habitans estimés pauvres.
S'ils sont estimés riches ou pauvres?	
À quelle somme la paroisse et hameaux qui en dépendent sont imposés? Si c'est par des commissions séparées? S'il ne se fait pas d'impositions que pour le Roy?	Ils sont imposés à VIIIᵉ XXVII livres l'année présente 1666. Ils imposent tous les ans les arrérages de leurs rentes et frais extraordinaires par des rolles séparés dont ils comptent devant le juge du lieu.
S'il y a des péages? octroys? charges ordinaires?	Ils n'ont ny péages, ny octroys, ni charges ordinaires (5).

(1) Preuve évidente que jamais le lieutenant n'a vu Domecy.
(2) La réponse n'est pas complète.
(3) Il y avait même beaucoup de vigne.
(4) Et beaucoup de prairies.
(5) Ce qui veut dire qu'*ils n'avaient que des charges extraordinaires.*

S'il y a des debtes et la quantité d'icelles? — Ils doivent VIIIᶜ XXVIII livres en principaux de rentes et obligations.

S'il y a des communaux? La quantité, la qualité, etc? — Ils n'ont aucuns communaux ny aucuns d'usurpéz ny aliénéz.

De quel revenu est la cure? — Le revenu de la cure est de 300 livres.

Qui en est le collateur? — L'évesque d'Autun en est le collateur.

Si le curé s'acquitte de son devoir? — Le curé s'acquitte bien de son devoir.

A qui la dixme de la paroisse appartient? — La dixme appartient pour la moitié au curé du lieu, et l'autre moitié au chapitre d'A-valon et au sieur abbé de Marcilly.

Sur quoy elle se lève? — Se lève de 20 gerbes une (1).

Ce qu'elle est affermée ou estimée ? — Elle vaut en tout par commune année 120 bichets par moitié. La dixme de vin appartient entièrement au curé et se lève au 20ᵉ. La dixme de grains peut valoir 200 livres; celle de vin XL ou L livres.

S'il y a quelques bénéfices dans l'estendue de la paroisse ou proche d'icelle? — Il n'y a aucuns bénéfices dans l'estendue de la paroisse (2).

Telle est dans son texte la pièce qui fut remise à l'intendant Bouchu et dont il fit état. Nous avons pu constater les réticences, les demi-vérités, les inexactitudes qu'elle renferme: dès lors, peut-on en tirer une démonstration formelle contre la prospérité du pays? et n'est-on pas en droit de l'écarter de tout débat, comme partiale, parce que intéressée?

Il faut reconnaître cependant que cet état d'aisance ne dura pas indéfiniment, que quelques années plus tard il commença à changer. A la fin du XVIIᵉ siècle et pendant le XVIIIᵉ, les impôts nécessités par les guerres dans lesquelles la France se trouva engagée, furent écrasants; la famine de 1709 à 1710 aggrava la situation; l'année 1714 qui vit périr les bêtes à

____

(1) A moins d'une erreur encore, le taux de cette dîme avait été modifié, nous ne savons quand.

(2) Original, Arch. de la Côte-d'Or, C, 2886.

cornes dans toute l'Europe, les mauvaises récoltes qui se suc-
cédèrent presque coup sur coup en 1716, 1718, 1719, complé-
tèrent la misère; et les impôts ne diminuaient pas; et « les
« habitans sont si chargés, disait un curé de Domecy, que
« quelques-uns vendent quelque morceau du peu de bien
qu'ils ont pour payer leurs tailles (1). »

Ce fut ainsi que beaucoup de terres de Domecy, et des
meilleures, passèrent aux mains d'étrangers au pays, de *forains* comme on disait alors; et en 1787, elles formaient plusieurs fermes ou métairies appartenant aux forains dont les
noms suivent : « le sieur Hollier, marchand de bois à Cla-
« mecy, qui tirait de ses terres de Domecy un revenu de
« 400 livres; la dame Laureau, d'Avalon, dont la métairie
« rapportait 20 bichets de blé et autant d'avoine; le sieur Chin,
« d'Avalon, dont le revenu était 30 bichets de blé et autant
« d'avoine; la dame Minard, d'Avalon, qui touchait par an
« 12 bichets de blé et autant d'avoine; le sieur Vassal, de
« Vézelay, qui retirait 3 bichets de blé et autant d'avoine; et
« plusieurs autres de cette dernière qualité (2). »

Bien plus, nous trouvons que les habitants de Domecy aug-
mentaient encore leur détresse en diminuant comme à plaisir le rendement des terres qui leur restaient. C'est ce qui
ressort d'une enquête faite en 1785, après une grande disette
de fourrages : les questions furent posées par l'Intendant, et
les réponses, formulées par M. de la Grange, curé de la paroisse.

Questionnaire	*Réponses*
Quel a été l'effet de la permission donnée par l'arrêt du Conseil, du 17 mai 1785, de faire champoyer les bestiaux dans les bois du Roy et des Communautés?	La paroisse de Domecy-sur-le-Veau est trop éloignée du bois du Roy, et il n'y a presque point de prairie (?!)
Quels autres moyens ont été employés pour suppléer à la disette de fourrages?	On n'a employé aucun.
S'il a été semé des turneps ou grosses raves, quel a été le résultat de cet essai?	On n'a point semé.

(1) Arch. de la Côte-d'Or, C, I. 15.
(2) Arch. de l'Yonne, C, 182.

Quelle a été la ressource des cultivateurs pour se procurer des engrais?	Ils vendent leurs fumiers pour mettre dans les vignes des bourgeois au lieu de les mettre dans leurs terres.
Quel a été le produit de la récolte en avoine dans la paroisse?	On cultive peu d'avoine, le terrein n'étant propre qu'au froment et à l'orge.
Quelles sont les ressources des cultivateurs pour la nourriture de leurs bestiaux pendant l'hiver?	Les bestiaux n'ont mangé que de mauvaises pailles pendant l'hiver.
Les cultivateurs ont-ils suivi ou sont-ils disposés à suivre les instructions publiées par ordre du roy sur les moyens à employer pour rendre le blé moucheté (1) propre à la semence, et sur le pacage des bêtes à laine?	Aucunement.

Observations générales

« J'observerai donc, puisque monseigneur l'Intendant me le permet, que si les habitans de Domecy ne vendoient pas leurs fumiers aux bourgeois pour leurs vignes et le missent dans leurs terres, le pays quoique mauvais en seroit meilleur d'un tiers. Il y a quarante ans que je le dit à mes paroissiens, mais ils ne veulent pas me croire; il n'y a qu'un ordre supérieur qui pourroit les obliger à faire ce que je leurs dit depuis si longtemps.

« A Domecy, ce quattre février mil sept cent quatre vingt six.

« DE LA GRANGE, curé de Domecy (2). »

Il est hors de doute que si les terres de Domecy avaient reçu le fumier produit par les 40 bœufs, 20 vaches, 12 élèves, « 100 bêtes à laine » que possédaient les habitants, elles auraient été plus productives. Mais il est hors de doute également que le pays a changé très vite d'aspect et de production, à moins cependant que M. de la Grange ne se soit trompé dans les réponses que nous venons de lire. Car, en 1786, le curé

(1) Maladie du blé, peut-être l'*ergot* ou le *piétin?*
(2) Original, Arch. de la Côte-d'Or, C, l. 15.

affirme *qu'il n'y a presque point de prairie* à Domecy, et
qu'on n'y cultive que *peut d'avoine, le terrein n'étant propre
qu'au froment et à l'orge;* et l'année suivante, en 1787, les
commis de la Recette des finances d'Avallon disent du territoire de Domecy : « Domecy, situé dans un « fond, entouré
« de montagnes plantées en vignes, le fond et les mi-côtes
« en terres labourables et *en prés;* le tiers des terres produi-
« sent du bled; le reste, du seigle, de l'orge et de l'*avoine* (1). »

Après deux périodes de réelle prospérité, l'une au XVIᵉ siècle, de 1495 à 1560, l'autre au XVIIᵉ siècle, de 1598 à 1680,
Domecy était tombé dans une situation très voisine de la
pauvreté au XVIIIᵉ. Mais alors, il restait à ses habitants une
richesse d'un prix inestimable. Un jour, lisons-nous dans
l'Histoire romaine, des visiteurs demandèrent à une grande
dame la faveur d'admirer ses joyaux : « Voici mes plus beaux
« joyaux! » répondit-elle en montrant ses enfants. A Domecy, toutes les familles auraient pu donner cette réponse,
comme toutes auraient traduit en toute vérité et à leur façon
ces sentiments qu'ont rendus ces beaux vers du poète :

> Seigneur! préservez-moi, préservez ceux que j'aime,
> Frères, parents, amis et mes ennemis même
>   Dans le mal triomphants,
> De voir jamais, Seigneur, l'été sans fleurs vermeilles,
> La cage sans oiseaux, la ruche sans abeilles,
>   La maison sans enfants!

Ici, les difficultés de la vie n'étaient pas capables de faire
tristement déserter le devoir familial, social et chrétien. Tous
savaient que les familles nombreuses assurent plus d'affection
au cœur des parents, plus d'intérêt et de force dans le travail commun, plus de secours et de soutien pour la vieillesse; et ils n'avaient pas à redouter égoïsme et indifférence
pour le présent, froideur et souvent aversion pour l'avenir, de
la part d'un héritier unique par calcul. Tous savaient que
la terre est assez généreuse pour subvenir généralement aux
besoins de tous ceux qui lui donnent leurs fatigues et leurs
sueurs, et que les bras s'occupent toujours fructueusement
soit dans le champ de la famille, soit dans celui qu'ils ont
entrepris de cultiver; et ils n'ont jamais vu ce dont nous
avons été témoins jusqu'au milieu de l'année 1914 : les vides
laissés dans le travail national par la dépopulation voulue

_____
(1) Arch. de l'Yonne, C, 182.

des foyers français, remplis par un million d'étrangers qui nous espionnaient, et qui, sur un signe de leur chef, sont partis en juillet pour revenir en août avec l'intention bien arrêtée de nous anéantir. Tous les habitants de Domecy savaient (car ils étaient profondément chrétiens) que Dieu a des bénédictions spéciales pour les justes, qu'il ne permet jamais que leurs enfants mendient leur pain, et que toujours il récompense largement, même en ce monde, ceux qui sont fidèles au devoir et à sa volonté.

Au XVIIe siècle, Domecy eut sous les yeux un exemple frappant de cette vérité, dans la famille Gueutin ou Guttin, dont les enfants sont fréquemment nommés dans les registres de l'état civil. L'un des fils de cette famille du peuple, Nicolas, suivit, jeune encore, comme simple *varlet*, messire Hardy de Longueville, seigneur du pays; mais, son intelligence le fit sortir de cette modeste condition, et lui ouvrit une belle carrière, car il devint « huissier de la Chambre des deniers de la reine Marie de Médicis », épouse d'Henri IV et mère de Louis XIII. Nicolas Gueutin suivit-il cette princesse dans son exil? Nous l'ignorons; mais nous savons qu'en 1649 il était revenu se fixer à Domecy, son pays natal; ses compatriotes, fiers de lui, le choisissaient souvent pour présenter leurs enfants au baptême; et le curé le désignait par ces mots « honorable homme Nicolas Gueutin, ancien officier « de la Reine ». Vers 1658, il maria l'une de ses filles, Henriette, à Jacques Raudot, docteur en médecine à Avallon; et quand, le 3 avril 1660, il tint sur les fonts de baptême son petit-fils, Nicolas Raudot, il fut qualifié dans l'acte, « *noble* « Nicolas Gueutin, aïeul, demeurant à Domecy-sur-le- « Vault (1) ». Il mourut dans un âge avancé, laissant à l'église de sa paroisse une rente de 30 livres, qui vaudrait aujourd'hui plus de 150 fr.

Cependant, malgré le peu d'aisance générale, il était des circonstances qui achevaient de faire voir le fond de la pauvre bourse pour faire bien, par exemple quand il s'agissait de célébrer un mariage. A l'appui de ce fait, nous transcrivons avec son orthographe d'ailleurs facile à rectifier un fragment du compte des dépenses faites en 1749 à l'occasion du mariage de Philippe Guay, dit *Bonne-Homme,* avec Nicole Degoix, tous deux de la paroisse de Domecy :

(1) Arch. d'Avallon, GG, 18.

« En premier lieu pour la première fois 50 sols tant pour la
« drégie qu'autre petite affaire;

« Plus, pour les abbis, pour quatre livres de coton;

« Plus, pour les drégis et la boëte pour Mme de Domecy, 2 livres
« 2 sois;

« Pour avoir de la sarge pour faire un matelotte (1), 1 livre
« 9 sols;

« Plus pour avoir un mouchoir blanc de noze, 32 sols;

« Plus, 2 livres 6 sols pour avoir un tablier à Chaterine (2);

« Plus, je lui ai donné 12 sols pour aider à avoir un mouchoir;

« Plus pour la dépense que nous fist à Avalon chez Taguit,
« 1 livre 4 sols;

« Plus, j'ai acheté pour la foire de Vézelay un porc, de 12 li-
« vres 10 sols, sur quoi j'ai tout payer, et le dist Degoix doit
« remeitre la moitié;

« Plus, nous fismes une dépense de 3 livres 5 sols;

« Plus, nous avons eut pour faire une cullote de ratine (3) pour
« 3 livres 3 sols;

« Plus, nous avons eust des drégist pour 28 sols, sur quoi que
« Nicolle les a payet;

« Plus, pour allouer le ménitrié j'ai dépensé 17 sols, il nous
« vaust 3 livres;

« Plus, pour la foire d'Avalon j'ai acheté un porc, 18 livres;
« j'ai donné 7 livres, et Degoix onze livres, le tout fait dix huict
« livres;

« Plus, pour avoir un tablier à Nicolle, 3 livres 15 sols;

« Plus, pour 48 sols de petite marchandise;

« Plus, un chapaux, 2 livres;

« Plus, une paire de soulier, 3 livres;

« Plus, led. Degoix a payé pour petite marchandise, 54 sols;

« Plus, pour 6 livres de viande chez Milandre;

« Plus, j'ai donné 2 sols pour la fricassée et Marie (4) dix-huict
« sols (5). »

C'est que, malgré la gêne, la joie légitime ne perd jamais
ses droits; si elle est alors moins exubérante, elle n'en remplit pas moins l'âme, elle en déborde même surtout quand
la conscience est en paix.

(1) *Un matelotte,* ou plutôt *une matelotte,* habit à basques très
courtes, pour homme.

(2) Catherine, probablement une sœur du futur ou de sa
fiancée.

(3) *Ratine,* étoffe de laine croisée.

(4) Peut-être la mère de la future.

(5) Trouvé à Tharoiseau avec le traité du milicien *Prêt-à-Boire.*
On voit que l'auteur de ce compte était un homme d'ordre.

Or, à Domecy, on vivait avec la paix du cœur. Nous ne voulons pas dire qu'autrefois les habitants de nos villages possédaient naturellement toutes les qualités, toutes les vertus, la bonté, la simplicité, la droiture, le désintéressement; car la vérité est que les hommes du passé ressemblaient à ceux de notre temps : ils étaient positifs et défendaient leurs droits et leurs intérêts comme on le fait aujourd'hui. Seulement, l'esprit chrétien de fraternité et de justice tempérait leurs sentiments humains; et, sous ce rapport, ils connaissaient le bonheur.

De plus, l'esprit de famille tenait une large place dans la vie de nos aïeux : les enfants avaient pour leurs parents une affection craintive et respectueuse, dévouée jusqu'au sacrifice, et puisée dans l'éducation chrétienne qu'ils recevaient partout, au foyer domestique, à la modeste école du village et à l'église; ils vivaient dans une atmosphère de foi; et c'était là pour eux, pour tous, la vraie source du bonheur.

Et encore, interrogeons les vieillards qui ont connu un peu de ce passé, ou du moins qui ont gardé le souvenir bien net de ce que leur racontaient leurs pères : ils nous diront quelle union, quelle franche et gaie concorde régnait dans le pays. Pendant les longues soirées d'hiver, on allait à la veillée, tantôt chez l'un, tantôt chez l'autre; et ces réunions étaient loin d'être tristes. Au milieu des occupations de la belle saison, on entendait de joyeux couplets retentir d'un coteau à l'autre : les faneurs, les moissonneurs, les vignerons aimaient à charmer ainsi leurs travaux; puis, à l'heure du goûter, tous ceux qui travaillaient dans le même climat, se rassemblaient à l'ombre pour *casser la croûte,* ce qu'ils faisaient d'un bon appétit, tout en racontant d'amusantes anecdotes qui provoquaient de gais éclats de rire. Et le dimanche, après les offices auxquels tout le monde assistait, les hommes se réunissaient sur la place, devant l'église, recherchant la société les uns des autres; ils devisaient ensemble sur le temps probable, sur l'état des récoltes; et en même temps, les jeunes se formaient en groupes; et pleins d'ardeur et d'entrain, ils jouaient tantôt aux quilles, tantôt aux boules; puis le perdant invitait ses partenaires à déguster chez lui un verre de vin du cru. C'était vraiment le temps de la bonne gaîté française; et elle était l'expression du sentiment de la fraternité, inséparable lui-même de l'esprit chrétien.

Domecy a bien le droit d'être fier de ce passé que nous venons d'étudier. Avec RENÉ BAZIN dans la *Douce France*, nous dirons à ses habitants que tout leur rappelle leurs aïeux; ils vivent sur le même sol, ils respirent le même air, contemplent les mêmes paysages que leurs pères si grands, si chrétiens, qui ont tant fait pour la patrie. Mais, dira-t-on, qu'ont-ils donc fait de si remarquable? Ils ont bien rempli leur tâche quotidienne; ils ont gagné le pain de leur famille; les femmes ont tenu le ménage; ils ont élevé des enfants pour les continuer; ils ont obéi à la loi de Dieu; ils n'ont causé ni trouble dans l'Etat ni préjudice à leur prochain; et dans ce labeur de chaque jour, leur âme a été soutenue, enoblie par l'espérance du ciel à gagner. Et cela suffit pour faire une vie admirable, utile à tous et à la France.

Aussi, les habitants de Domecy, quand on parle des guerres et des batailles de l'ancienne France, peuvent répondre : « Nos grands-pères les ont soutenues »; quand on parle de ses douleurs : « Nos grands-parents en ont pleuré »; quand on parle des vertus de notre race : « Ils les avaient »; quand on parle de la France si généreuse et si grande : « Ils l'ont faite ».

Ce sont là pour Domecy de magnifiques titres de noblesse : ses habitants ne les laisseront pas périr!

APPENDICE

Période Révolutionnaire (1)

—

7 FÉVRIER 1790. — *Nomination et installation de la Municipalité.* — Conformément à la loi de l'Assemblée nationale en date du 14 décembre 1789 et en vertu des lettres patentes du roi délivrées en conséquence, le tout publié huit jours avant au prône et à l'issue de la messe paroissiale, les habitants de la Communauté de Domecy dont la population est de trois cens âmes et quelques, se sont réunis au son de la cloche au lieu indiqué pour l'assemblée : ils se sont trouvés

(1) D'après les délibérations du Conseil de la commune, mairie de Domecy

au nombre de cinquante-six citoyens actifs suivant les conditions marquées par le décret; huit étoient absents.

Quand, sur la commission des officiers municipaux, Gabriel Tavoillot, recteur d'école, eut expliqué l'objet de l'assemblée, les trois plus anciens d'âge en état de remplir les fonctions de scrutateur, savoir : Léger Massey, vigneron, Etienne Millard, laboureur, et Gabriel Tavoillot, recteur d'école, ont pris place au bureau, et l'on a procédé en un seul scrutin à la nomination d'un président et d'un secrétaire; le scrutin recueilli et dépouillé a fait connaître que l'assemblée choisissait pour son président M. Charles Colard, curé de ce lieu, nommé par 49 suffrages, et pour son secrétaire Gabriel Tavoillot, par 49 suffrages.

Le président et le secrétaire ayant pris leurs places, le premier dit que l'assemblée doit nommer trois scrutateurs par un seul scrutin pour les opérations subséquentes : ont été nommés à la pluralité des suffrages, Edme Guignot, vigneron, Etienne Millard, et Etienne Rousseau, vigneron.

Il est ensuite procédé à la nomination du Maire offrant les conditions d'éligibilité à cette fonction : le scrutin réuni et dépouillé a réuni 51 suffrages en faveur de Jacques Millard, laboureur.

La nomination de deux officiers municipaux faite au scrutin de liste double a réuni 51 suffrages en faveur de M. Charles Colard, curé, et 49 en faveur de François Guignot.

Une nouvelle opération de scrutin a désigné Jacques le Noble, laboureur à Domecy, comme procureur de la commune.

L'élection des six notables devant compléter le Conseil général de la commune de Domecy, s'est faite ensuite au scrutin de liste; ont été nommés : Etienne Massey, laboureur, 28 suffrages; Léonard Degoix, laboureur, 26: Edme Contant, vigneron, 20; Antoine Dubois, vigneron, 19; Claude Jolliet, laboureur, 16; et Joseph Rousseau, vigneron, 14.

Puis, les citoyens élus ont été, par les officiers municipaux, proclamés en exercice; après quoi, ces élus ont prêté, en présence de la commune, le serment porté par le décret et la séance a été levée.

14 Février 1790. — *Nomination d'un secrétaire-greffier.* — Conformément à l'art. 32 du décret, les Maire, Officiers municipaux et Notables composant le Conseil général de Domecy, réunis sous la présidence de Jacques Milliard, maire,

ont procédé à la nomination d'un secrétaire-greffier de ladite Municipalité. A été désigné à l'unanimité des suffrages Gabriel Tavoillot, chantre et recteur d'école, qui a accepté et prêté le serment de remplir fidèlement ses fonctions. Puis la séance est levée.

24 Février 1790. — *Avis du Conseil général sur la création d'un tribunal de justice à Vézelay.* — Le Conseil général de Domecy, réuni extraordinairement à la diligence du procureur de la commune, s'occupe des démarches faites par la commune de Vézelay auprès des différentes municipalités de l'arrondissement du district d'Avallon, à l'effet d'obtenir audit Vézelay un tribunal de justice pour tout ce district; considérant que l'établissement de ce tribunal ferait dépendre la commune de Domecy de ce lieu de Vézelay, qu'Avallon, encore siège du bailliage royal, ne peut être séparé de son tribunal tant à cause de notre proximité et de nos relations de commerce, que Vézelay n'est pas susceptible d'un pareil établissement tant par sa petitesse et son peu de population que par la stérilité de son territoire et sa position à l'extrémité du district, le Conseil a déclaré à l'unanimité qu'il improuve absolument les propositions et sollicitations de la commune de Vézelay.

28 Février 1790. — *Déclaration des revenus de la cure.* — M. Charles Colard se présente devant les officiers municipaux, leur remet une copie de sa déclaration des revenus de la cure, lue et affichée le 21 de ce mois, l'affirme sincère et véritable et requiert que cette copie soit envoyée à l'Assemblée nationale, ce qui est accordé.

18 Avril 1790. — *Nomination d'un nouveau Maire.* — Conformément à l'art. 46 du décret de l'Assemblée nationale, la place de Maire était devenue vacante par la mort, le 12 courant, de Jacques Milliard, laboureur, les citoyens actifs de la commune, convoqués au son de la cloche, se sont réunis au lieu indiqué pour l'assemblée. Cinquante sont présents. L'objet de la convocation étant expliqué par Gabriel Tavoillot, l'assemblée nomme à l'unanimité Etienne Milliard, laboureur président, et Gabriel Tavoillot, secrétaire.

Trois scrutateurs sont ensuite élus, savoir : Edme Cuiller, vigneron; Etienne Jarry, laboureur, et Edme Guignot, vigneron.

Il est ensuite procédé à l'élection du Maire; le scrutin recueilli et proclamé désigne M. Charles Colard, curé, en faveur de qui se sont prononcé quarante-quatre suffrages; le curé, absent de l'assemblée pour les devoirs de son ministère, est averti par une députation des principaux électeurs; il déclare répondre à la confiance des citoyens de la commune et accepter la charge qui lui est proposée; et, venu à l'assemblée, il prête en présence de tous le serment exigé par le décret.

Son élection laissant vacante une place d'officier municipal, il est décidé, conformément au décret de l'Assemblée nationale, que cette place sera occupée en attendant une nouvelle élection, par Etienne Massey, laboureur, premier des notables.

La séance est levée.

11 NOVEMBRE 1790. — *Nomination de quatre assesseurs du juge de paix.* — Dans une réunion extraordinaire des habitants de Domecy-sur-le-Vault, sont nommés à l'unanimité quatre prud'hommes ou assesseurs du juge de paix, savoir : Joseph Rousseau, vigneron; Andoche Dubois, vigneron; Léger Massey, manouvrier; et Etienne Jarry, laboureur, qui prêtent serment devant le Conseil général de la commune.

14 NOVEMBRE 1790. — *Nomination d'un nouveau Maire et d'une nouvelle Municipalité.* — Conformément au décret de l'Assemblée nationale et après annonce faite de la convocation huit jours à l'avance et le dimanche, les citoyens actifs de Domecy se sont réunis au son de la cloche au lieu indiqué pour l'assemblée.

M. Charles Colard, curé et maire, déclare d'abord que, d'après le décret de l'Assemblée nationale sur la constitution civile du clergé, ses fonctions de ministre ecclésiastique étant incompatibles avec ses fonctions de Maire et d'Officier municipal, il a l'intention de se démettre de la fonction de Maire et prie les habitants d'accepter sa démission, ce qu'ils n'ont voulu lui refuser, quoiqu'ils eussent souhaité lui vouloir continuer cette fonction.

On procède alors à la nomination d'un président et d'un secrétaire. A l'unanimité, le président désigné est M. Charles Colard, curé, et le secrétaire est Gabriel Tavoillot, recteur d'école.

Le président représente que, la municipalité devant être partiellement renouvelée, le sort décidera pour cette fois quel est l'officier municipal et quels sont les trois notables qui doivent sortir de ladite municipalité, et le sort désigne comme devant rester en charge encore pendant un an : François

Guignot, comme officier municipal, et Etienne Massey, Edme Contant, et Joseph Rousseau, comme notables.

On procède ensuite à l'élection du Maire; au premier scrutin, trente suffrages désignent Edme Cuiller, vigneron, qui est proclamé, et accepte.

Le premier et le second tour de scrutin pour l'élection d'un officier municipal n'ayant pas donné de résultat, un troisième tour désigne Jean Degoix, vigneron.

Les trois notables ensuite nommés au scrutin, sont : Edme Guignot, tisserand; Claude Rousseau et Léonard Rousseau, vignerons.

La Municipalité est ainsi composée : Edme Cuiller, vigneron, maire; François Guignot, vigneron, officier municipal; Jean Degoix, vigneron, officier municipal; Jacques le Noble, laboureur, procureur de la Commune; Etienne Massey, laboureur; Edme Contant, Joseph Rousseau, vignerons; Edme Guignot, tisserand; Claude Rousseau, et Léonard Rousseau, vignerons, notables.

Les nouveaux élus ont prêté le serment porté par le décret, entre les mains des officiers municipaux restant en charge.

Et l'assemblée a été levée.

12 JANVIER 1791. — *Division du territoire en sections.* — Conformément à l'art. 1 du titre 200 du décret de l'Assemblée nationale des 20, 22 et 23 novembre dernier, les officiers municipaux réunis ont divisé le territoire de Domecy en quatre sections, savoir :

1° Section du Champ d'Arnoult, limitée au levant par les finages du Vault et d'Island, au nord par le chemin de Domecy à Avallon, au couchant par la ruelle de Domecy à la grande route, au midi par le finage d'Island, contenant environ 150 arpents de terres vaines, vagues, murgers, vignes, bois, terres labourables et prés, environ 80 parcelles;

2° Section des Champeaux, limitée au levant par les finages du Vault et de Vermoiron, au nord par le finage de Givry, au couchant par une ruelle qui conduit de Domecy à Givry, au midi par le chemin de Domecy à Avallon, contenant environ 130 arpents de terres vaines, etc., environ 70 parcelles;

3° Section de Beauvoir, limitée au levant par la ruelle qui conduit de Domecy à Givry, au nord par le finage de Givry, au couchant par le finage d'Asquins, au midi par le chemin de Domecy à Asquins, contenant environ 120 arpents de terres vaines, etc., environ 70 parcelles;

4° Section de Gallibard, limitée au levant par la ruelle qui conduit de Domecy à la grande route, au nord par le chemin de Domecy à Asquins, au couchant par le finage de Nanchèvre et Fontette, au midi par le finage de Tharoiseau, contenant environ 200 arpents de terres vaines, etc., environ 100 parcelles.

30 JANVIER 1791. — *Serment du curé Colard (Charles).* — Conformément au décret de l'Assemblée nationale du 27 novembre dernier, sanctionné par le roi le 26 décembre suivant, M. Charles Colard, curé, après lecture au prône dudit décret, a prêté les serments exigés tant des évêques que des autres ecclésiastiques, fonctionnaires publics.

16 FÉVRIER 1791. — *Nomination d'un nouveau Maire.* — Edme Cuiller, maire, étant décédé le 5 de ce mois, les citoyens actifs de la commune de Domecy, convoqués au son de la cloche, se sont réunis au nombre de 40, à l'effet de nommer un nouveau Maire. Sont élus : président de l'assemblée, François Guignot; secrétaire, Gabriel Tavoillot, tous deux à l'unanimité.

Les scrutateurs sont : Etienne Rousseau, Etienne Jarry et Edme Guignot.

Le scrutin recueilli et dépouillé désigné à l'unanimité Lazare Degoix, menuisier, pour maire, lequel accepte et prête serment en présence des officiers municipaux.

15 MAI 1791. — *Nomination de quatre commissaires pour la répartition de la contribution mobilière.* — Le Conseil général de la commune de Domecy nomme seul les quatre commissaires qui répartiront la contribution mobilière; ce sont : Andoche Dubois, vigneron; Jean Contant, vigneron; Etienne Milliard, laboureur; et Edme Contant-Rollot, vigneron.

13 NOVEMBRE 1791. — *Renouvellement partiel de la Municipalité.* — Après l'annonce faite le dimanche précédent et conformément au décret de l'Assemblée nationale du 14 décembre 1789, les habitants de la communauté de Domecy se sont réunis au lieu indiqué pour l'assemblée.

Ont été nommés à l'unanimité : Léonard Degoix, laboureur, président de la réunion; et Gabriel Tavoillot, secrétaire.

Puis, trois scrutateurs sont désignés, savoir : Léger Massey, François Guignot et Etienne Milliard.

Le président fait observer qu'il y a lieu de remplacer : un officier municipal, et trois notables, en exercice depuis la formation de la municipalité, un des notables élus l'année dernière, qui vient de mourir, et le procureur de la commune, qui demande à être remplacé.

On nomme d'abord au scrutin un officier municipal; Etienne Jarry est élu.

On nomme ensuite au scrutin un procureur de la commune; Etienne Rousseau est élu.

Le scrutin désigne ensuite comme notables : Léonard Degoix, laboureur; Philibert Guignot, vigneron; Henri Moiron, vigneron; et Jean Chauveau, laboureur.

Et ainsi la municipalité de Domecy est composée comme il suit : Maire, Lazare Degoix, menuisier. — Officiers municipaux, Jean Degoix, vigneron, et Etienne Jarry, laboureur. — Procureur de la commune, Etienne Rousseau, vigneron. — Notables : Edme Guignot, tisserand; Claude Rousseau, vigneron; Léonard Degoix, laboureur; Philibert Guignot, vigneron; Henri Moiron, vigneron; Jean Chauveau, laboureur. — Lesquels ont prêté serment.

Nomination de gardes-messiers. — Le même jour, ont été nommés, pour gardes-messiers : Jacques le Noble, laboureur, Philibert Guignot, vigneron, et Léonard Rousseau, vigneron, qui ont prêté serment, acceptant la responsabilité envers les propriétaires, moyennant le salaire qui leur a été accordé (1).

Nomination du receveur du foncier. — Le même jour encore, la fonction de receveur de la contribution foncière mise au rabais, a été adjugée à Gabriel Tavoillot, recteur d'école, qui a été trouvé bon et solvable, et s'est engagé à faire le recouvrement moyennant la somme de 40 livres.

1791. — Confection du rôle de la contribution foncière pour Domecy, pour l'année 1792.

La somme totale à recouvrer est de 3.180 livres 6 sous 3 deniers;

Est arrêté aussi le rôle de la contribution mobilière pour Domecy : la somme totale à recouvrer est de 591 livres 10 sous.

Ces deux rôles doivent être affichés à la porte du lieu de réunion du Conseil général de la commune.

6 MAI 1792. — *Nomination de gardes champêtres.* — Le Conseil général de la commune de Domecy, réuni au son de la cloche, conjointement avec les habitants, décide de nommer deux personnes solvables, pour gardes champêtres, qui

____

(1) Le chiffre du salaire de ces trois gardes n'est pas indiqué.

veilleront aux mésus envers les propriétaires, moyennant salaire. En conséquence, ils ont nommé et nomment: Léger Massey, manouvrier, et Léonard Degoix, fils de Philibert, vigneron moyennant la somme de 72 livres pour l'année; au moyen de quoi lesdits Léger Massey et Léonard Degoix se reconnaissent, envers les propriétaires, *responsables des mésus au cas où ils n'en découvriraient pas les auteurs* (1), s'obligent de garder fidèlement, de faire leurs rapports en conscience, et de prêter serment devant qui de droit.

1792. — *Rôle de la contribution foncière pour Domecy.* — Somme totale à recouvrer, 2.775 livres 12 sous 9 deniers.

9 Décembre 1792. — *Renouvellement partiel de la Municipalité.* — L'assemblée se tient selon les formalités déjà indiquées. 37 citoyens actifs sont présents.

A l'unanimité sont élus : président, Etienne Milliard, laboureur; scrutateurs, Paul Tavoillot (fils de Gabriel Tavoillot), Jacques le Noble et Philibert Guignot.

Est élu maire par 17 suffrages (sur 37 votants!), François Guignot;

Est élu, au second tour de scrutin, procureur de la commune, Lazare Degoix;

Le scrutin désigne ensuite comme premier officier municipal et officier public, Paul Tavoillot, et comme second officier municipal, Edme Contant, fils de Jean Contant, dit Kollot;

Puis le scrutin désigne comme notables : Etienne Milliard, Jacques le Noble, Jean Dubois, Jean Chauveau, Louis Contant et Etienne Rousseau, qui tous ont prêté le serment exigé par la loi.

Le même jour, l'Assemblée a nommé comme assesseurs du juge de paix : Claude Jolliet, laboureur; Léonard Degoix, laboureur; Edme Guignot le jeune, vigneron; et Philibert Guignot le jeune, vigneron.

25 Décembre 1792. — *Nomination d'un greffier.* — Ce jour, l'an premier de la République française, les officiers municipaux et notables de Domecy ont nommé greffier le citoyen Gabriel Tavoillot, à qui ils ont assigné un traitement de 20 livres.

Nomination du receveur. — Le même jour, les mêmes ont nommé receveur des deniers municipaux le citoyen Etienne

(1) Ces gardes prenaient là un engagement fort grave...

Rousseau, à qui ils ont accordé une indemnité de un sou par livre de sa recette.

Maison commune. — Ce même jour, les mêmes ont pris à bail, de Jeanne Rousseau, veuve Edme Jolliet, pour servir de maison commune, une chambre avec le grenier au-dessus, moyennant 12 livres par an, à commencer au 1ᵉʳ janvier suivant.

20 MARS 1793. — *Enrôlement de soldats.* — Aujourd'hui, 20 mars 1793, l'an deuxième de la République Française, à la diligence des Maire et Officiers municipaux de la commune de Domecy-sur-le-Vault, à son de cloche, à la manière accoutumée, ont assemblé les citoyens de la commune extraordinairement à l'effet de la levée ou recrutement des armées. Lecture faite : 1° du décret de la Convention nationale en datte des 21, 23, 24 et 25 février 1793; 2° du décret relatif à l'organisation de l'armée et aux pensions de retraite et traitement de tout militaire de quelque grade qu'il soit; 3° du décret qui détermine le mode de recrutement de l'armée; ensuite l'arrêté du Directoire du département de l'Yonne, du 2 mars 1793; et enfin l'arrêté du Directoire du district d'Avallon, en exécution de la loi du 24 février dernier qui fixe le mode de recrutement des armées; le tout lu et publié trois jours avant l'assemblée, et encore au commencement de la susdite séance; et après lecture faite, les garçons présens et dénommés dans la liste à nous présentée, et s'étant trouvés au nombre de vingt-neuf, ont délibéré selon la loi libre, qu'ils tireraient entre eux au scrutin quatre soldats exigés de laditte communauté pour cette levée pour la deffense de la Patrie. En conséquence des scrutins se trouvant au nombre de 26 fournis librement par 26 desd. garçons, les trois autres n'ayant voulu fournir aucun suffrage après plusieurs invitations à eux faites. En conséquence, le scrutin fait par Edme Guignot, vigneron, et vérifié par Lazare Degoix, procureur, tous deux appelés par les garçons pour scrutateur et vérificateur. Ensuite la dépouille (le dépouillement) des scrutins a été fait, et les ayant recueillis et dépouillés par les mêmes scrutateur et vérificateur, se sont trouvés en faveur :

1° De Léger Barjot, fils de Noël Barjot, vigneron aud. Domecy, qui a eu 23 suffrages ;

2° De Pierre Madeleinat, natif de Luibasin, paroisse d'Island, qui a eu 22 suffrages;

3° De Jacques Milliard, fils d'Etienne, laboureur aud. Domecy, qui a eu 22 suffrages;

4° Et enfin d'Edme Cuiller, fils de Claude, vigneron audit lieu, qui a eu 18 suffrages.

En conséquence, nous, lesdits officiers municipaux, avons proclamé deffenseurs de la Patrie, en présence de tous les citoyens assemblés, lesd. Barjot, Madelennat, Milliard et Cuiller, lesquels ont accepté avec satisfaction leur nomination et ont promis de voler à la deffense de la Patrie à la première réquisition. (*Textuel.*)

22 Mars 1793. — *Jacques Milliard se fait remplacer.* — Cejourd'hui, 22 mars 1793, l'an deuxième de la République Française, avant midi, par devant nous, les officiers municipaux et notables composant le Conseil général de la commune de Domecy-sur-le-Vault, sont comparus Etienne Milliard, laboureur, et Jacques Milliard, son fils, demeurant aud. lieu, lesquels nous ont déclaré qu'ils entendaient user du bénéfice de l'art. 16 de la loi du 24 février dernier, titre II. En conséquence, ils nous ont présenté pour remplacer Jacques Milliard fils, nommé deffenseur de la Patrie selon qu'il (est) constaté par notre procès-verbal du 20 du présent mois, Toussin Choudey, manouvrier, demeurant au Vault, âgé de 39 ans, taille cinq pieds trois pouces, cheveux noirs, sourcils châtain, visage allongé, nez assez bien tiré, aux offres et soumission que font solidairement lesd. Milliard père et fils, de se conformer aux dispositions de l'art. 17 de la loi citée, à cet effet, d'armer, équipper led. Toussin Choudey et d'en répondre jusqu'à ce qu'il se soit rendu à sa destination.

Le remplacement dont il s'agit pris en considération, après avoir entendu le procureur de la commune qui a déclaré n'avoir moyens d'empêcher le remplacement offert par led. Milliard, et les oppinions successivement prises, il a été délibéré et arrêté unanimement que led. Toussin Choudey est et demeure substitué aud. Jacques Milliard pour être deffenseur de la Patrie au lieu et place de ce dernier à la charge et condition de la loi de la part desd. Milliard sous leur solidarité et garantie indivisible de l'exécution aussi de leurs promesses, soumission et obligation.

Ce fait, led. Toussin Choudey ci-présent a déclaré qu'il consentoit de remplacer led. Jacques Milliard, d'être deffenseur de la Patrie en son lieu et place et de se conformer à cet effet à tout ce que les lois prescrive. (*Textuel.*)

28 Mars 1793. — *Pierre Madelennat se fait remplacer.* — Cette pièce est identique à la précédente, sauf le signalement du remplaçant, Edme Gaillot, de Vodongeon (Vaudonjon), paroisse d'Asquins, et les noms.

7 Avril 1793. — *Notification du rôle des impositions mobilières.* — Somme à recouvrer, 598 livres 12 sous, faisant partie du même exercice que les impositions foncières marquées plus haut, page 180.

8 Avril 1793. — *Formation du Comité de salut public de Domecy.* — Aujourd'huy, 8 avril 1793, l'an 2 de la République française, après lecture faite du décret des 18 et 21 mars dernier qui ordonne :

1° Le dénombrement et la désignation des vieux châteaux d'émigrés et autres compris parmi les biens nationaux, la rédaction d'une adresse au peuple français, la formation d'un Comité de Salut public;

2° L'établissement dans chaque commune d'un comité chargé de recevoir les déclarations des étrangers, annoncé d'avance;

A la diligence de Lazare Degoix, procureur de la commune de Domecy-sur-le-Vault, ayant fait assembler les citoyens de la commune dud. lieu au son de la cloche, à la manière accoutumée, à l'effet de délibérer sur l'opération à faire de nommer au scrutin douze membres du Comité pour recevoir les déclarations des étrangers et veiller au salut public conformément au décret ci-dessus mentionné.

En conséquence, les officiers municipaux et notables composant le Conseil de la commune de Domecy-sur-le-Vault et les citoyens formant le corps entier de lad. communauté assemblés à la maison commune dud. Domecy, ont arrêté unanimement qu'il soit nommé dans cette séance au scrutin douze membres de Comité pris dans le sein de la commune, qui seront tenus de recevoir les déclarations des étrangers et veiller au salut public.

Ensuite, la matière mise en délibération, on a procédé à la susdite nomination par scrutin de liste après l'appointement des votants qui se sont trouvés au nombre de trente, qui ont donné leurs suffrages en présence de Gabriel Tavoillot, nommé scrutateur pour lad. assemblée, par devant lequel les scrutins ont été dépouillés, lesquels se trouvent conformes au nombre des votants qui, d'après les avoir recueillis et dépouillés, se sont trouvés en faveur de :

1° Simon Croix, masson, a eu 20 suffrages; 2° Pierre Rousseau, vigneron, 19; 3° Edme Barjot, vigneron, 18; 4° Lazare

Cuiller fils, 17; 5° Jean Dubois le jeune, vigneron, 17: 6° Jacques Pannetrat, tixier, 15; 7° Claude Bard, vigneron, 15; 8° Louis Rousseau, vigneron, 15; 9° Léonard Dubois, vigneron, 13; 10° Philibert Guignot le jeune, 13; 11° Jean Guignot, vigneron, 12; 12° et enfin Léonard Degoix, laboureur, 10, qui sont les douze élus entre lesquels ils ont nommé entre eux un président et un secrétaire, conformément au décret mentionné dans ce présent : le président, Jacques Pannetrat, tisserand; le secrétaire-greffier, Philibert Guignot le jeune.

14 AVRIL 1793. — *Enrôlement d'un nouveau deffenseur de la Patrie.* — L'administration du district d'Avallon ayant réformé l'un des soldats nommés le 20 mars, les garçons de Domecy, vu le certificat de réforme du commissaire suppléant, signé J.-B. Boileaux, le 13 courant, se sont réunis pour désigner un autre homme garçon en remplacement du réformé: ils ont nommé par 13 suffrages sur 22 votants, Jean Cuiller qui a accepté avec satisfaction et promis d'être deffenseur de la Patrie et de voler à son secours à la première réquisition.

21 AVRIL 1793. — *Nomination des gardes champêtres.* — Le Conseil général de la commune de Domecy-sur-le-Vault et tous les habitants réunis en assemblée ont nommé gardes champêtres, Jean Degoix, dit Bruzot, et Edme Contant, dit Rollot, moyennant la somme de 77 livres qui leur sera payée à la fin de leur campagne. Les élus prêtent le serment requis.

28 AVRIL 1793, L'AN II DE LA RÉPUBLIQUE FRANÇAISE. — *Nomination du percepteur de la contribution mobilière.* — Le Conseil général de Domecy et toute la commune nomment au rabais le percepteur de la contribution mobilière de 1791 (1), moyennant 3 livres : l'élu est Philibert Guignot, fils de défunt Pierre Guignot, demeurant à Domecy, chez Brigitte Gueutin, sa mère. Il a été reconnu bon et solvable, et accepte la responsabilité de la rentrée de cette imposition.

MÊME JOUR ET AN. — *L'état civil est retiré au curé.* — A la diligence des maire et officiers municipaux de Domecy, a été publiée et affichée une proclamation du Conseil exécutif provisoire en date du 22 janvier; et aussi l'arrêté du Directoire du département de l'Yonne, portant extrait du procès-verbal de la séance du 30 mars 1793.

---

(1) Le percepteur des impôts mobiliers de 1791 nommé en 1793: c'est sans doute erreur de plume.

Lesquels ont été notifiés au citoyen Colard, curé de Domecy, par le greffier Tavoillot, à son domicile, concernant les actes de baptêmes, mariages et sépultures, A CE QUI'IL N'EN IGNORE.

MÊME JOUR ET AN. — *Evaluation des propriétés pour l'assiette des impôts.* — Dans l'assemblée annoncée huit jours à l'avance à l'issue de la messe paroissiale, et conformément à la lettre des citoyens administrateurs en date du (*en blanc*), ont été nommés commissaires pour renouveler les matrices des rôles de l'imposition foncière et évaluer les propriétés contenues dans les états des sections, Jean Guignot, vigneron, Etienne Jarry, laboureur, et Henri Moiron, vigneron. Le Conseil général de la commune leur adjoint un commissaire secrétaire, qui est Gabriel Tavoillot, greffier de la municipalité, lequel fera le plus diligemment qu'il pourra toutes les écritures, et fera parvenir la matrice à Avallon, moyennant 36 livres qui lui sont promises.

26 MAI 1793. — *Prestation de serment.* — Achille-Anne-Bernard Bonnard, domicilié à Domecy depuis le 25 juin 1791, se présente, conformément à l'art. 19 de la loi du 2 septembre 1792 et à celle du 10 août 1792, devant les officiers municipaux de Domecy et les requiert de recevoir son serment d'être fidèle à la Nation et de maintenir la liberté et l'égalité.

31 MAI 1793. — *Passeport.* — Un passeport est délivré à Pierre Madelennat, domestique des citoyens Denèvre, lequel se propose de faire un voyage.

21 JUILLET 1793. — *Nomination d'un percepteur.* — Léger Massey, manouvrier, se charge, moyennant la somme de 55 livres, de la perception des impôts pour l'année : l'adjudication de cette mission a été faite devant l'assemblée des habitants.

6 OCTOBRE 1793. — Le Comité de Salut public de Domecy se déclare en permanence: il tiendra ses séances tous les dimanches.

13 OCTOBRE 1793. — *Réquisition de chevaux.* — Conformément à la loi du 23 août 1793, huit chevaux sont réquisitionnés par canton. Cette réquisition se fait difficilement : on se plaint partout qu'elle nuit à l'agriculture (1).

20 OCTOBRE 1793. — *Le Comité de Salut public est armé.* — En vue de l'utilité publique, les membres du Comité de Salut public de Domecy sont armés avec des piques qui se

____

(1) Arch. de l'Yonne, L, 850.

trouvaient à la Maison commune; ces armes sont remises à Jacques Pannetrat, président dud. Comité, 1; à Léonard-Charles Dubois, 1 (qu'il rendit peu après); à Claude Bard, 1; à Jean Dubois le jeune, 1; à Edme Barjot, 1; à Louis Rousseau, 1; à Pierre Rousseau, 1; à Léonard Dubois, 1. — Total, 8.

29 Octobre 1793. — *Délivrance d'un passeport.* — Passeport délivré au citoyen Pierre Hollier, qui, de Domecy où il habite, va à Joigny. Signalement dud. citoyen très minutieusement détaillé.

30 Octobre 1793. — *Certificat de civisme à la citoyenne Denèvre.* — La citoyenne Denèvre ayant été menacée d'arrestation, les officiers municipaux et notables de la commune de Domecy s'assemblent pour attester que ladite citoyenne n'avait donné aucune marque d'incivisme ni en paroles ni en démarches, pendant les six ans de son séjour à Domecy où elle continue d'habiter : ce certificat sera présenté aux citoyens administrateurs du district d'Avallon.

1er Novembre 1793. — Certificat de civisme délivré au citoyen Colard, curé dud. lieu.

5 Novembre 1793. — Nouveau certificat de civisme délivré à la citoyenne Anne Champion, femme du citoyen Denèvre.

Du même jour, certificat de civisme délivré au citoyen Jean-Claude-Bénigne Denèvre.

Le même jour encore, le citoyen Denèvre remet aux officiers municipaux de Domecy les titres féodaux de la ci-devant seigneurie de Domecy; ces titres sont : 1° deux terriers, l'un de 1400, l'autre de 1530; 2° papier pour la guette et garde, et pour curer les fossés du château; 3° un autre papier pour la guette et garde; 4° six manuels pour les rentes dues sur héritages et maisons; 5° arrêts rendus pour la prison de Domecy; 6° arrêts rendus pour les corvées; 7° sentence du bailliage d'Avallon condamnant les habitants de Domecy à la continuation de la mainmorte; 8° deux titres concernant les lots et ventes; 9° titre concernant les cessions faites par l'abbé de Vézelay aux habitants de Domecy, des montagnes de Chassée, Champ d'Oiseau et autres; 10° cinq contrats de rente, un à Philibert Duprey et Etienne Gilet, un à Pierre-Jean Guignot, un à Edme Cuiller, un à Louis Contant, un à Andoche Dubois.

Fait le jour ci-dessus, l'an deux de la République Française une et indivisible.

14 Novembre 1793. — *Levée d'un nouveau soldat.* — Pour former l'armée révolutionnaire du département de l'Yonne, un homme doit être fourni par la commune de Domecy-sur-le-Vault. Douze suffrages, sur dix-huit, désignent Jean Dubois fils d'Andoche, qui, son civisme étant connu de tous, promet de se rendre quand il en sera requis (1).

17 Novembre 1793. — *Incinération des titres féodaux.* — Ce jour, l'an II de la République Française une et indivisible, les titres féodaux remis le 5 courant sont brûlés, à 4 heures de relevée, sur la place publique, auprès de l'arbre de la liberté, excepté le n° 9 qui n'a pas été brûlé ce jour.

19 Novembre 1793. — *Descente des cloches.* — Sur ordre donné par arrêté du département de l'Yonne, en suite d'un autre du citoyen Maure, représentant du peuple, en date du 10 du deuxième mois de l'an second de la République française une et indivisible, on a procédé à la descente de deux cloches, dont les ferrements se montant à environ 84 livres de fer ont été conduits avec lesd. cloches dans la maison des ci-devant Visitandines d'Avallon par Etienne Contant, domestique de la veuve Edme Jolliet, de Domecy.

20 Novembre 1793. — Passeport délivré au citoyen Hollier (Pierre).

21 Novembre 1793. — Passeport délivré à Edme Contant.

---

(1) Comme curieux exemple de la bonne humeur de ces soldats de 1793, citons ce passage d'une lettre de l'un d'eux à ses parents:

« Reims, 25 pluviose an 3 (14 février 1795.)

« Notre général qui vient de nous passer en revue, dit que notre « bataillon est un des mieux instruits et que nous maneuvrons « très bien, tout comme les troupes de ligne. Aussi, nous lui « avons demandé à être envoyés à l'ennemi pour être les premiers « au feu, afin de venger la Patrie en nous couvrant de gloire; car « nous sommes tous décidés à vaincre ou à mourir; et vous ver- « rez votre fils vainqueur, ou il perdra la vie, mort bien douce et « bien glorieuse. •

« Je souhaite que mes sœurs donnent beaucoup de défenseurs « à la Patrie, pour laquelle je vais me sacrifier; et comme elles « vont bientôt hériter de moi, dites-leur de m'envoyer 40 livres .. (Cité par l'auteur de *Un village bourguignon, Gémeaux.*) Ce soldat savait *tirer la carotte.*

20 FRIMAIRE AN II (11 DÉCEMBRE 1793). — *Honneurs rendus à Marat.* — Claude Bard et Jean Milliard sont députés à la Société des Sans-Culottes d'Avallon à l'effet de rendre les honneurs dus au citoyen Marat.

FRIMAIRE, 2ᵉ ANNÉE RÉPUBLICAINE. — Rôle de la contribution foncière de Domecy : somme totale à recouvrer, 2.299 livres 1 sol.

23 NIVOSE AN II (13 JANVIER 1794). — *Recensement des grains.* — Le citoyen Mourroy, nommé au département de l'Yonne par le citoyen Maure, représentant du peuple, fait le recensement des vivres; la municipalité de Domecy constate qu'il ne se trouve aud. Domecy que, tant battu qu'à battre pour le blé, 268 bichets 3/4; pour le métaille, 47 bichets 1/4; pour le seigle; pour l'orge tant battue qu'à battre, 823 bichets; pour la farine, 3 bichets; pour l'avoine, 72 bichets; et pour ensemencer les orges et les avoines, 627 bichets 1/2.

Déduction faite des consommation et semence, reste pour consommation la quantité de 1.900 bichets qui ne se trouvent pas. Il en faudra pour le surplus 1.314 bichets. Donc, la consommation se trouve monter à la quantité de 1.900, à un boisseau par bouche chaque huit jours (1).

29 NIVOSE AN II (19 JANVIER 1794). — *Nomination de l'Agent national.* — Conformément au décret de la Convention nationale du 14 frimaire an II, les officiers municipaux nomment pour Agent national à Domecy, le citoyen Lazare Degoix, ci-devant procureur de lad. commune.

5 PLUVIOSE AN II (25 JANVIER 1794). — *Défense de rien payer aux émigrés.* — Publication du procès-verbal de la séance publique des administrateurs du district d'Avallon, portant deffence à tous citoyens devant ou payant droit suivant titres, papiers, etc., aux personnes des émigrés, de rien payer, sous les peines portées par les loix.

MÊME JOUR ET AN. — *Les journées de travail.* — Les officiers municipaux de la commune de Domecy arrêtent que, à l'avenir, les journées de travail, manœuvres et autres, seront payées moitié plus cher, soit 30 sous au lieu de 20 sous.

NONODI (*sic*) DE LA 2ᵉ DÉCADE DE PLUVIOSE AN II (8 FÉVRIER 1794). — *Transport des lois et décrets.* — Assemblée extraordinaire qui adjuge au rabais, moyennant 10 livres par

---

(1) Ce recensement ne paraît pas bien clair (?!)

an, à Jacques Pannetrat, mission de transporter du Vault, chef-lieu du canton, à Domecy, par-devant les officiers municipaux, les lois et décrets.

21 PLUVIOSE AN II (10 FÉVRIER 1794). — *Arrestation d'un individu qu a jeté une pierre à une croix.* — Cejourd'hui, 21 pluviôse an II de la République, heure de 4 du soir, le Comité de surveillance étant en activité, particulièrement Léonard Degoix, assisté de Louis Rousseau, aussi membre, Léonard Cuiller, Etienne Degoix, Jean Guignot, et autres citoyens de Domecy au nombre d'environ quarante personnes dud. Domecy-sur-le-Vault, lesquels citoyens, tant les membres du Comité que autres, auroient apperçu le nommé Armoise Lenoir, employé en chef au bureau des émigrés au district d'Avallon, à l'heure susdite, passant auprès d'une croix de la commune, distante environ d'une portée de fusil de lad. commune, auroit ramassé une pierre, laquelle auroit jetée à lad. croix, lesquels citoyens ayant présumé que l'intention dud. Lenoir étoit de jetter lad. croix par terre, raison pour quoy lesd. membres du Comité de surveillance se sont saisis de sa personne, quoiqu'il fût armé de deux pistolets et une arme blanche, et après plusieurs instants a été traduit par lesd. membres du Comité, à la Maison commune dud. Domecy par devant les officiers municipaux. Après quoi a été rédigé le présent procès-verbal les jour et an que dessus, et que le jour de vendredi, nonodi dernier, il auroit également jeté trois pierres à la même croix, et que ce jourd'hui, lors de la saisie de sa personne, il auroit présenté sesd. pistolets auxd. membres, les menaçant de leur brûler la cervelle, led. Degoix voyant ses dispositions, s'est muni d'une pierre, et qu'après l'avoir traduit à lad. Maison commune, il a été dessaisi de ses deux pistolets et d'une canne qui est désignée arme blanche (peut-être une canne à épée), lesquels restent entre les mains de Lazare Degoix, agent national près la commune dud. lieu de Domecy, pour être remis à qui il appartiendra à la réquisition de l'administration. (*Textuel.*)

1ᵉʳ VENTOSE AN II (20 FÉVRIER 1794). — Rôle de la contribution mobilière : somme totale à lever à Domecy, 341 livres 5 sous.

9 GERMINAL AN II (30 MARS 1794). — *Le curé cesse ses fonctions.* — Le curé, Charle Colard, déclare qu'à dater de ce jour il cesse toute fonction de curé et de prêtre, dont il requiert procès-verbal.

Nota. — M. Colard n'avait pas décidément la vocation du martyre. A côté de son acte de faiblesse, beaucoup de prêtres du voisinage ont donné d'admirables exemples de courage et constance.

10 GERMINAL AN II (31 MARS 1794). — *Epuration du Conseil général.* — Conformément à la lettre du citoyen Maure, représentant du peuple, les Maire et Officiers municipaux de Domecy épurent le Conseil général de lad. commune, en nommant deux membres dud. Conseil au lieu et place de ceux qui ont été ôtés pour cause de parenté; et ainsi, Jean Jolliet, vigneron, remplace Etienne Milliard, et Jean Degoix, fils d'Edme, vigneron, pour remplacer Louis Contant. Le même jour, en conséquence de la même lettre, épuration du Comité de surveillance; sont nommés : 1° Léger Massey pour remplacer Pierre Rousseau; 2° Léonard Degoix pour remplacer Jean Dubois le jeune qui est du Conseil; 3° Pierre Hollier pour remplacer Philibert Guignot, assesseur du juge de paix; 4° Edme Dubois pour remplacer Léonard Degoix, assesseur du juge de paix.

17 GERMINAL AN II (7 AVRIL 1794). — *Indemnité aux familles des soldats.* — Suivant le décret de la Convention du 21 pluviôse dernier, et la circulaire du Ministre de l'Intérieur, relative aux pensions et indemnités aux soldats et à leurs familles, l'assemblée générale des habitants de Domecy reçoit les réclamations des intéressés, et fait inscrire :

1° Léonard Cuiller, ayant deux fils à l'armée, Jean et Edme, à qui fut allouée la somme de 162 livres 15 sous 6 deniers;

2° Catherine Duprey, son épouse, à qui fut allouée pareille somme;

3° Claude Cuiller, ayant trois fils à l'armée, Etienne, François et Edme, à qui est allouée la somme de 87 livres 12 sous 2 deniers;

4° Nicole Barjot, veuve Philibert Degoix, ayant un fils soldat, Jean, à qui est allouée la même somme.

Et aussitôt sont nommés pour ces paiements, deux commissaires, Léonard Degoix, laboureur, et Etienne Milliard, et un distributeur, le citoyen Denèvre.

24 GERMINAL AN II (14 AVRIL 1794). — *Epuration des assesseurs du juge de paix.* — Deux des assesseurs du juge de paix étant parents, le Conseil général de la commune de

Domecy procède à leur épuration et nomme assesseur Edme Rousseau, au lieu et place d'Edme Guignot.

25 GERMINAL AN II (15 AVRIL 1794). — *Réquisition de subsistances.* — Sur avis des administrateurs du district d'Avallon, la population de Domecy se réunit pour désigner les citoyens qui iront, dans l'étendue du district de Saint-Fargeau, chercher la quantité de 40 quintal (*sic*) de grain dont la commune de Domecy a la plus urgente nécessité. Ont été désignés, le citoyen Pierre Hollier, cultivateur, qui s'est offert gratuitement, et le citoyen Léonard-Charles Dubois, qui accepte moyennant un salaire de 3 livres par jour, lesquels commenceront leur opération demain. Et les officiers municipaux de Domecy prient toutes personnes de la République de les aider de secours en cas de besoin, comme il convient faire à de bons citoyens.

2 FLORÉAL AN II (22 AVRIL 1794). — *Recherche du salpêtre.* — Le citoyen Defert, apothicaire à Avallon, commis à cet effet par les administrateurs du district d'Avallon, s'est transporté à Domecy; et accompagné de deux officiers municipaux dudit lieu, il s'est rendu compte que le terrain de Domecy contient une certaine quantité de salpêtre, insuffisante néanmoins pour l'installation d'un atelier; mais il a fait rassembler par la municipalité et au son de la cloche la population de Domecy, et a fait inviter celle-ci à lessiver *eux-mêmes* la surface des terrains de leurs caves, granges, remises, écuries, bergeries, pressoirs, *selliers*, ainsi que les décombres des vieux bâtiments, et à transporter les eaux de lessive au chef-lieu du canton. Sur quoi la municipalité arrête qu'une proclamation sera publiée en ce sens.

3 FLORÉAL AN II (23 AVRIL 1794). — *Nomination de deux gardes champêtres.* — L'assemblée des habitants de Domecy réunis conjointement avec les officiers municipaux et notables, nomment deux gardes champêtres pour l'année; ce sont : Pierre-Jean Guignot, et Jean Guignot, vignerons, au salaire de 62 livres, après qu'ils auront prêté serment par devant le citoyen juge de paix du canton du Vault.

8 FLORÉAL AN II (28 AVRIL 1794). — La recette des impôts est adjugée à Gabriel Guignot, moyennant le salaire de quarante-quatre livres.

29 FLORÉAL AN II (19 MAI 1794). — *Le salpêtre.* — Conformément à l'ordre de la Commission des armes et poudres de la République, l'agent national de Domecy, **Lazare De-**

goix, choisit les citoyens Edme Barjot, et Jean Dubois, fils d'Andoche, vignerons, pour lessiver les terres salpêtrées dud. Domecy, moyennant salaire de 40 sous par jour; ce qu'ils acceptent à condition qu'il leur sera fourni par la municipalité les tonneaux ou cuviers propres à cette opération.

MÊME JOUR ET AN. — *Réquisition des armes blanches.* — Conformément à l'arrêté Bollet, de Douay, qui ordonne que tous ceux qui possèdent des sabres de 30 pouces, les produisent à l'administration, Léonard Cuiller, seul, a représenté aux Maire et Officiers municipaux de Domecy, un sabre dont la lame a 33 pouces, et l'a déposé entre les mains de l'Agent national, à Domecy, pour être par lui présenté à l'administration le plus tôt possible.

7 PRAIRIAL AN II (27 MAI 1794). — *Réquisition en faveur de Domecy.* — 30 quintaux de grains sont à prélever en faveur de Domecy dans le district de Saint-Fargeot; sont nommés pour aller faire cette réquisition. Pierre Hollier qui ira gratis, selon qu'il le propose, et Philibert Guignot le jeune qui recevra 4 livres par jour.

16 PRAIRIAL AN II (5 JUIN 1794). — *Enrôlement d'un voiturier.* — Conformément à l'ordre des administrateurs du district d'Avallon, les habitants de Domecy sont convoqués extraordinairement à l'effet d'élire un homme pour conduire une voiture au service de la République; les garçons sont au nombre de cinq; ils choisissent entre eux un voiturier, et Jean Dubois, fils d'Andoche, est élu par quatre suffrages; il ne veut accepter; cependant, après avoir pris conseil, il s'y est soumis avec satisfaction.

17 PRAIRIAL AN II (6 JUIN 1794). — *Réquisition des bois de noyer).* — On réquisitionne les bois de noyer pour la fabrication des crosses de fusil (1).

18 PRAIRIAL AN II (7 JUIN 1794). — Il est conduit au Vault une feuillette de *leçu* pour salpêtre et quatre feuillettes de cendres.

11 MESSIDOR AN II (30 JUIN 1794). — *Réquisition de cochons.* — Conformément aux arrêtés du Comité de Salut public des 11 avril et 19 juin 1794, tous les cochons sont réquisitionnés : le recensement en est fait par un commissaire; et il est défendu aux citoyens d'en tuer, jusqu'à ce que le contingent soit fourni (2).

(1) Arch. de l'Yonne, L, 510.
(2) Arch. de l'Yonne, L, 515.

12 Messidor an II (1er Juillet 1794). — A la suite d'un procès fait par les gardes champêtres, le trésorier de la municipalité de Domecy encaisse une amende de 4 livres 18 sous qui lui a été payée.

17 Messidor an II (6 Juillet 1794). — *Aux parents des défenseurs de la Patrie.* — Il est distribué aux parents des défenseurs de la Patrie, les sommes suivantes : à Jean Cuiller et sa femme, 286 livres 2 sous 2 deniers; à Claude Cuiller, 21 livres 10 sous; à la veuve Etienne Degoix, 43 livres 15 sous; à la veuve Imbert, 25 livres.

25 Messidor an II (14 Juillet 1794). — *Réglementation de la vente du vin en détail.* — Le Conseil général de la commune de Domecy délibère que la citoyenne Madeleine Jolliet, vendant vin, en livrera à la petite mesure, c'est-à-dire en détail, à 25 sous la pinte, mesure d'Avallon.

23 Thermidor an II (11 Aout 1794). — Paiement entre les mains du trésorier de la commune de Domecy, de plusieurs amendes à la suite de procès-verbaux des gardes champêtres.

30 Thermidor an II (18 Aout 1794). — *Un vaisseau de ligne.* — Le département de l'Yonne ayant pris l'initiative d'offrir un vaisseau de ligne à la République, trois citoyens de Domecy font pour cette fin leur offrande patriotique; ce sont : le citoyen Denèvre qui s'inscrit pour 40 livres; le citoyen Pierre Hollier, pour 5 livres; et le citoyen Charles Colard, ex-curé, pour 5 livres.

Même jour et an. — *Nomination d'un instructeur (instituteur).* — La commune de Domecy-sur-le-Vault ayant fait ses conditions pour avoir un instructeur, s'est présenté le citoyen Jean-Baptiste Ameline, natif de Rennes, Ille-et-Vilaine, qui se charge de montrer aux enfants « lecture, écri- « ture, arithemétique (*sic*), et de leur apprendre les droits « de l'homme et les vertus républicaines. » Il a de bons certificats, trouvera à se loger dans un bâtiment des biens nationaux, et en cas qu'il n'y aurait point de logement dans les biens nationaux, s'en procurera un à ses frais. En conséquence, le citoyen Ameline est nommé.

1er Brumaire an III (23 Octobre 1794). — *Rétribution au secrétaire de la municipalité.* — Le Conseil général et les officiers municipaux de la commune de Domecy-sur-le-Vault allouent au citoyen Tavoillot, secrétaire de la municipalité, une rétribution de cinquante livres pour l'année précédente et cinq livres pour fourniture de papier, bois et lumière.

2 Brumaire an III (24 Octobre 1794). — *Certificats des parents des soldats.* — Sous la présidence du citoyen François Guignot, maire de Domecy, le citoyen Nicolas Magny, commissaire député par l'administration du district d'Avallon, expose à la séance publique du soir, que les parents des défenseurs de la Patrie doivent, pour toucher leurs secours, produire désormais lettre ou certificat prouvant l'existence de leurs enfants au bataillon (1).

Même jour et an. — *Réquisition de quatre voituriers.* — Sur réquisition de l'administration du district d'Avallon, Jean Chauveau, Claude Joillet, la veuve Edme Jolliet, et Jacques Lenoble, tous voituriers à Domecy, devront se trouver le 4 brumaire prochain pour charger et voiturer des bois pour la marine et les conduire au port de Régny : notification de cet ordre est faite au domicile de chacun d'eux.

5 Brumaire an II (27 Octobre 1794). — *Réquisition de grains.* — Conformément aux ordres des citoyens administrateurs du département de l'Yonne, il a été réquisitionné à Domecy les quantités de grains suivantes :

Ont fourni : Léonard Degoix, 1 quintal d'orge; Pierre Joillet, 1 quintal et demi d'orge; Léger Massey, 1 quintal et demi d'orge; Etienne Milliard, 2 quintaux d'orge; Jacques Lenoble, 2 quintaux d'orge; Claude Joillet, 2 quintaux d'orge; Jeanne Rousseau, 2 quintaux d'orge; Jean Chovan, 1 quintal et demi d'orge, mais a donné un quintal de blé; Etienne Jarry, 1 quintal et demi d'orge.

9 Brumaire an III (31 Octobre 1794). — Nouvelle réquisition de grains. Ont fourni : Claude Jolliet, 1 quintal et demi de blé et 1 quintal et demi d'orge; Jeanne Rousseau, 1 quintal et demi de blé et 1 quintal et demi d'orge; Pierre Joillet, 1 quintal de blé et 1 quintal d'orge; Etienne Jarry, un demi-quintal de blé et 1 quintal d'orge; Etienne Milliard, 1 quintal et demi de blé et 1 quintal et demi d'orge; Jacques Lenoble, 1 quintal et demi de blé et 1 quintal et demi d'orge; Léger Massey, 1 quintal de blé et 1 quintal d'orge; Jean Choveau, 1 quintal et demi d'orge.

(1) Dans les armées de la Révolution, « que de déserteurs! que « de mesures pour les ramener sous les drapeaux! » (*Bull. de la Soc. des Sc. de l'Yonne*, 1912, 2ᵉ semestre.)

12 Brumaire an III (3 Novembre 1794). — *Nomination d'un officier public.* — Conformément à la loi du 24 vendémiaire an III, il faut épurer les corps administratifs des cas d'incompatibilité qui s'y trouvent. Le citoyen Paul Tavoillot étant officier municipal et officier public, se démet des fonctions d'officier public. A sa place est nommé le citoyen Pierre Hollier qui accepte; en conséquence, on lui remet les archives ainsi cottées: 1 liasse cottée 1re, 45; 1 liasse cottée 2e, 48; 1 liasse cottée 3e, 45; 1 liasse cottée 4e, 12; et le registre depuis le 1er janvier 1793 jusqu'à ce jour.

Nota. — Quelques jours plus tard, cette délibération fut annulée, parce que Pierre Hollier ne faisait pas partie de la municipalité. En conséquence, le 22 frimaire an III, les actes furent rendus par le citoyen Hollier aux Archives de la municipalité.

17 Brumaire an III (8 Novembre 1794). — Conformément à un arrêté du Comité de Salut public, on réquisitionne 200 paires de bœufs dans le département de l'Yonne, avec un charretier et un chariot pour 4 bœufs; le district de Sens, qui ne peut fournir à cette réquisition, a fait reporter sur le district d'Avallon son contingent de 10 paires de bœufs. Partout on se plaint, parce que l'agriculture doit souffrir de cette levée d'attelages, les bœufs remplaçant les chevaux. Néanmoins, la répartition est faite, et le canton du Vault-de-Lugny dut fournir d'abord 4 bœufs et un conducteur; puis, le 8 février 1795, 8 bœufs et 4 conducteurs (1).

25 Brumaire an III (16 Novembre 1794). — *Inspecteurs des emblavaisons.* — Conformément à l'arrêté du Comité d'agriculture, l'assemblée des habitants de Domecy nomme Joseph Rousseau, cultivateur, et Léonard Degoix, aussi cultivateur, pour évaluer la quantité de terres à emblaver ou déjà emblavées en blé, seigle, métaille, orge et avoine.

Même jour et an. — Conformément à un arrêté du Comité de Salut public, le citoyen Defert, apothicaire à Avallon, expose que le marc de raisin doit être brûlé pour que les cendres servent à la Commission du salpêtre. En conséquence, la municipalité de Domecy fera annoncer que tous les propriétaires fassent porter dans l'église pour les faire sécher, les marcs sortis de l'*allembis* ou des tonneaux ceux qui en font de la boisson, afin de les brûler ensuite et d'en faire

____

(1) Arch. de l'Yonne, L, 515.

transporter les cendres à l'administration. L'agent municipal de Domecy devra, toutes les décades, faire passer toutes les cendres obtenues.

10 FRIMAIRE AN III (1ᵉʳ DÉCEMBRE 1794). — *Secours aux parents des soldats.* — Distribution de secours accordés aux parents des défenseurs de la Patrie. Ont reçu : Léonard Cuiller et Catherine Duprey, sa femme, 100 livres; Claude Cuiller, 45 livres; Nicole Barjot, veuve P. Degoix, 25 livres; Jean Cuiller et sa femme, 50 livres; la veuve Etienne Degoix, 25 livres; Edme Guignot et sa femme, 189 livres 13 sous 4 deniers; Claude Rousseau et sa femme, 211 livres 13 sous 4 deniers; Andoche Dubois, 37 livres 10 sous; Jeanne Rousseau, 99 livres 3 sous 1 denier;

Au trimestre suivant, les mêmes ont reçu : Claude Cuiller, 45 livres; Léonard Cuiller et Catherine Duprey, sa femme, 100 livres; Nicole Barjot, 25 livres; Jean Cuiller et sa femme, 50 livres; la veuve Etienne Degoix, 25 livres; Edme Guignot et sa femme, 50 livres; Claude Rousseau et sa femme, 50 livres; Andoche Dubois, 25 livres; et Jeanne Rousseau, 25 livres.

26 FRIMAIRE AN III (17 DÉCEMBRE 1794). — *Bons de remplacement.* — Pour remplacer les droits supprimés, la loi du 17 prairial dernier a prescrit la création de bons conformes aux cottes et vérifiés par le Directoire du district, à valoir sur les contributions foncières et mobilières. Pour la confection de ces bons, la municipalité de Domecy nomme Gabriel Tavoillot, son secrétaire, qui les établira moyennant 2 sous par bon et le prix du papier et du voyage pour la vérification desdits bons.

8 NIVOSE AN III (29 DÉCEMBRE 1794). — *Location du presbytère.* — Par adjudication publique, la municipalité de Domecy loue le presbytère, excepté la chambre qui se trouve du côté des *Courtis gelés* et qui servira de lieu pour les séances, à Léonard Degoix et Edme Rousseau, pour un an, moyennant 245 livres; mais il est convenu qu'ils ne pourront déplacer le citoyen Colard, ex-curé, avant le 22 janvier prochain; ils ne seront pas tenus aux réparations locatives et jouiront en bons pères de famille.

En marge : Nul et n'a eu d'effet.

9 NIVOSE AN III (30 DÉCEMBRE 1794). — *Proclamation Guillemardet.* — La proclamation Guillemardet, représentant du peuple dans le département de l'Yonne, est signifiée à la mu-

nicipalité, qui devra en donner lecture les deux jours suivants et le décadi d'après, et la signifier au citoyen ci-devant prêtre de ladite commune.

14 PLUVIOSE AN III (3 FÉVRIER 1795). — *Transport du texte des lois.* — Joseph Pannetrat se charge, pour chaque décadi et chaque quintidi, de rapporter, du Vault à Domecy, les lois édictées, moyennant 22 livres pour l'année.

26 PLUVIOSE AN III (15 FÉVRIER 1795). — *Réquisition refusée.* — Claude Jolliet et Edme Guignot, cultivateurs et voituriers, sont requis de fournir leurs attelages; ils refusent et déclarent qu'ils feront valoir leurs raisons au directeur du district, leurs chevaux et juments n'étant pas assez forts ou prêtes à mettre bas.

1ᵉʳ VENTOSE AN III (20 FÉVRIER 1795). — Passeport délivré à Jacques Gillet, de Domecy, pour voyager dans l'intérieur de la République.

20 VENTOSE AN III (11 MARS 1795). — *Passeport du curé.* — Le 20 ventôse, 3ᵉ année de la République une et indivisible, délivré un passeport au citoyen Charles Collard, ex-curé de Domecy, âgé de 47 ans, taille de 5 pieds 11 pouces, portant perruque ronde, les sourcils noirs, yeux bleus, né (nez) aquilin, bouche moyenne, menton rond, visage plein, lequel a déclaré vouloir voyager dans l'intérieur de la République pour affaire de commerce. Signé : Degoix, agent municipal; Guignot, maire; P. Tavoillot, officier municipal; Edme Contant, officier municipal et Tavoillot, secrétaire.

21 VENTOSE AN III (12 MARS 1795). — *Réquisition d'avoine refusée.* — Le citoyen André Sainte-Marthe, officier de santé à Sermizelles, nommé commissaire pour l'accélération du transport des avoines pour la commune de Paris, se présente devant la municipalité de Domecy, pour réquisitionner cent quintaux d'avoine. Le Maire et les Officiers municipaux déclarent qu'ils ont présenté une pétition au district d'Avallon, assurant avec preuves à l'appui qu'il n'y a pas quinze quintaux d'avoine dans la commune de Domecy, qu'il est par conséquent impossible d'en fournir, et que les habitants qui se sont nourris de celle récoltée faute d'autres grains, seront obligés de recourir aux pays voisins pour leurs semailles.

25 VENTOSE AN III (16 MARS 1795). — *Amodiation du presbytère.* — La maison curiale, consistant en une chambre et

une cave entre la grange et les écuries, est louée par adjudication publique à Léonard Degoix, vigneron, et Edme Rousseau, aussi vigneron, pour trois ans, moyennant 96 livres par an, à condition que, en cas de force de résiliation, ils seront tenus de céder lad. adjudication, mais dans ce cas il leur sera tenu compte des travaux qu'ils y auraient faits. Il est entendu que la commune se réserve la jouissance de la chambre qui se trouve du côté du jardin de Léonard Degoix, pour tenir les séances du Conseil général.

Le même jour, les Officiers municipaux se trouvant dans l'utilité de se servir de la chambre, cave et des deux cabinets du presbytère, les locataires ci-dessus consentent, moyennant une diminution de cinquante livres sur le loyer convenu.

30 GERMINAL AN III (20 AVRIL 1795). — *Perquisition pour les grains.* — Conformément à l'arrêté du Comité de Salut public de la Convention nationale contenant réquisition de grains et légumes secs pour la provision des armées et de Paris et prescrivant des perquisitions à ce sujet, la municipalité de Domecy nomme un nombre suffisant de citoyens pour faire cette perquisition; outre les officiers municipaux et les notables, ces enquêteurs sont les citoyens Jean Dubois, Jean Contant, Simon Croix, Léger Massey et Léonard Degoix.

7 FLORÉAL AN III (27 AVRIL 1795). — *Traitement du secrétaire-greffier.* — Les officiers municipaux de la commune de Domecy, assemblés dans la maison commune, allouent au citoyen Gabriel Tavoillot, secrétaire-greffier de la commune, pour 8 mois et 21 jours de l'année 1794 (vieux stile), la somme de 72 livres et 8 livres pour papier, bois et lumière.

Nomination du receveur. — Le même jour, Gabriel Guignot est requis de se conformer à la loi pour la levée des impositions, ce à quoi il consent moyennant 644 livres d'appointements.

21 FLORÉAL AN III (11 MAI 1795). — *Nomination du garde champêtre.* — Le Conseil général de Domecy nomme Pierre Gillet, garde champêtre; ses appointements sont fixés à 177 livres pour un an.

Nota. — Sur les réclamations des habitants, cette nomination fut annulée.

1ᵉʳ PRIARIAL AN III (21 MAI 1795). — *Les assignats n'ont plus cours.* — Les assignats étant démonétisés, le citoyen Gabriel Guignot, percepteur nommé le 7 floréal précédent, requiert vérification de sa caisse.

Il a reçu 1.060 livres; sa caisse contient en effet : 2 assignats de 100 livres; 1 assignat de 60 livres; 9 assignats de 50 livres; 13 assignats de 25 livres et 5 assignats de 5 livres.

Le procès-verbal de constat est fait en double et un exemplaire est remis au citoyen Gabriel Guignot.

2 PRAIRIAL AN III (22 MAI 1795). — Le lendemain, même opération est faite pour la caisse des revenus appartenant ci-devant à la fabrique de l'église Saint-Léger de Domecy, dont est comptable le citoyen Edme Contant. Il a encaissé 105 livres 10 sous 9 deniers. Sa caisse contient : 2 assignats de 25 livres; 11 assignats de 5 livres; 1 assignat de 10 sous et 9 deniers.

Le double du procès-verbal est remis audit citoyen Edme Contant.

Nota. — Biffé au registre.

9 PRAIRIAL AN III (29 MAI 1795). — *Nouvelle réquisition et perquisition de grains et de farine pour Paris.* — Sur une nouvelle réquisition de grains, les enquêteurs de Domecy font une nouvelle perquisition et constatent par procès-verbal qu'il n'y a plus à Domecy, en grains et farine, que la quantité nécessaire pour nourrir la population pendant trois décades au plus.

Nota. — Procès-verbal également biffé au registre.

12 PRAIRIAL AN III (1ᵉʳ JUIN 1795). — *Secours aux vieillards et aux infirmes.* — Le secrétaire-greffier de la municipalité de Domecy inscrit trois extraits du Livre de la bienfaisance nationale, attribuant annuellement à Edme Rousseau, 160 livres; à Claudine Degoix, femme Léonard Cuiller, 60 livres; à Marie-Thérèse Imbert, 60 livres.

15 PRAIRIAL AN III (4 JUIN 1795). — *Secours aux indigents.* — L'administration du district d'Avallon accorde pour les indigents de Domecy la somme de 40 livres, répartie ainsi qu'il suit : à Anne Degoix, 12 livres; à Madeleine Rousseau, fille de Léonard, muette et indigente, 12 livres; à Claudine Gillet, femme Jean Dubois, infirme, 8 livres; à Jean Contant, orphelin de père et de mère, 8 livres.

22 PRAIRIAL AN III (11 JUIN 1795). — Sont nommés pour

évaluer la quantité de terres emblavées à Domecy, les citoyens Léonard Degoix et Andoche Dubois, qui ont déclaré qu'ils le feraient *en leur âme et conscience,* dont acte fut dressé sur-le-champ.

25 PRAIRIAL AN III (14 JUIN 1795). — L'abbé Chalumeau *fixe sa résidence à Domecy.* — Cejourd'hui 25 prairial, 3ᵉ année de la République Française, s'est présenté par devant nous, greffier-secrétaire de la municipalité de Domecy-sur-le-Vault, le citoyen Pierre Chalumeau, ancien curé de Valencel (ci-devant Saint-Père), lequel a déclaré qu'il était dans l'intention de fixer sa résidence en la commune dud. Domecy, laquelle résidence commence les jour et an que dessus, et a signé avec nous, secrétaire, soussigné. (*Textuel.*)

1ᵉʳ THERMIDOR AN III (20 JUILLET 1795). — *Nomination d'un greffier suppléant.* — Le citoyen Gabriel Tavoillot déclare en assemblée que, par son absence, maladie ou autrement, il ne peut plus remplir régulièrement sa charge de secrétaire-greffier. En conséquence, pour le suppléer, on nomme greffier provisoire le citoyen Jean Jolliet, qui promet de remplir ses fonctions, quand il en sera requis, avec la plus scrupuleuse exactitude.

8 THERMIDOR AN III (27 JUILLET 1795). — *Nomination de deux gardes champêtres.* — L'adjudication au rabais de cette charge est faite à Etienne et Jean Degoix, pour la somme de 300 livres pour l'année.

9 THERMIDOR AN III (28 JUILLET 1795). — *L'abbé Chalumeau déclare qu'il exercera le culte catholique.* — Aujourd'hui 9 thermidor, l'an 3ᵉ de la République Française, une et indivisible est comparu le citoyen Pierre Chalumeau, ancien ministre du culte catholique, lequel a déclaré qu'il se propose d'exercer le ministère d'un culte connu sous la dénomination de religion catholique, apostolique et romaine, dans l'étendue de la commune de Domecy-sur-le-Vault, et a requis qu'il lui soit décerné acte de sa soumission aux loix de la République, comme il s'y est toujours soumis et l'a déclaré aujourd'hui en présence de la municipalité et du peuple, de laquelle déclaration il lui est décerné acte, conformément à la loi du 2 prairial an III.

Fait à la Maison commune de Domecy-sur-le-Vault les jour et an que dessus. (*Textuel.*)

(*Au-dessous, mention est faite que cette déclaration a été affichée.*)

9 Brumaire an IV (31 Octobre 1795). — *L'église est choisie pour le lieu du culte.* — Le 9 brumaire de l'an IV de la République Française une et indivisible, par devant nous, Maire et Officiers municipaux de la commune de Domecy-sur-le-Vault, est comparu le citoyen Pierre Chalumeau, habitant aud. Domecy, lequel a fait sa déclaration dont la teneur suit : Je reconnais que l'universalité des citoyens français est le souverain, et je promets soumission et obéissance aux loix de la République.

Nous lui avons donné acte de cette déclaration, et a signé avec nous, les jour et an que dessus.

Le neuf brumaire l'an IV de la République Française, une et indivisible, nous, Maire et Officiers municipaux de la commune de Domecy, de l'avis des Conseillers de lad. commune et de tous les citoyens dud. lieu, avons choisi l'enceinte de l'église existante dans lad. commmune pour l'exercice du culte catholique.

24 Brumaire an IV (15 Novembre 1915). — *Nomination d'un agent municipal et d'un adjoint.* — Le citoyen Pierre Hollier est nommé au scrutin agent municipal, par 21 suffrages sur 35 votants; et le citoyen Edme Guignot le jeune est nommé adjoint par dix-huit suffrages : tous les deux acceptent et promettent d'être soumis et obéissants aux loix.

14 Frimaire an IV (5 Décembre 1795). — *Nomination d'assesseurs du juge de paix.* — Sont nommés assesseurs du juge de paix du canton du Vault, les citoyens Paul Tavoillot, Jean Chauveau, Etienne Rousseau et Philibert Guignot, qui se rendent au Vault pour prêter serment.

15 et 29 Frimaire an IV (6 et 20 Décembre 1795). — Le 15, le citoyen Gabriel Tavoillot, secrétaire, se démet de ses fonctions; et il est remplacé par le citoyen Pierre Hollier.

Le 29, le citoyen G. Tavoillot remet les archives aud. cit. P. Hollier.

Le même jour, il est alloué au citoyen Gabriel Tavoillot pour ses appointements de l'année qui finit, la somme de 200 livres, plus 40 livres pour papier, bois et lumière.

20 Nivose an IV (10 Janvier 1796). — *Nomination de deux gardes champêtres.* — Adjudication au rabais de la charge de garde champêtre, laquelle adjudication est faite aux citoyens Léger Massey et Claude Guignot, moyennant 90 livres pour l'année entière.

4 PLUVIOSE AN IV (24 JANVIER 1796). — *L'arbre de la Liberté.* — Ce jourd'hui 4 pluviôse de l'an IV de la République une et indivisible, a été mis en adjudication à différentes fois l'arbre de la liberté et à remplacer d'un autre, et la dernière mise a été délivrée à Léonard Degoix, moyennant la somme de 9 livres 5 sous en numéraire. (*Textuel.*)

18 PLUVIOSE AN IV (7 FÉVRIER 1796). — *On ne peut nommer le percepteur.* — Cejourd'hui dix-huit pluviôse, l'an IV de la République Française une et indivisible, à une assemblée pour la délibération du rôle de l'imposition foncier de l'an III, il a été délivré à Jean Guignot, pour deux deniers par livre; faute de caution bonne et solvable, l'adjoint a été obligé de le remettre en adjudication; led. Jean Guignot par son bruit et tumulte et par des menaces a troublé la séance qu'on n'a pu délibéré. Fait en la Maison commune les jour et an que dessus. (*Textuel.*)

23 VENTOSE AN IV (12 FÉVRIER 1796). — *Organisation de la garde nationale.* — Cejourd'hui vingt-trois ventôse, l'an quatre de la République Française, une et indivisible, heure de onze du matin, les citoyens de la commune de Domecy avec ceux de Menades, de l'âge de seize à soixante ans, réunis au lieu ordinaire à tenir les assemblées de ce lieu, sur la convocation qu'en a faite le citoyen Hollier, agent municipal de cette commune, lequel a dit que, suivant l'arresté du département de l'Yonne du premier de ce mois, il devait être sur-le-champ procédé à l'organisation de la garde nationale, que l'administration municipale de ce canton ont arresté que cette commune fourniroit une compagnie, en outre fourniroit dix hommes de la taille de cinq pieds deux pouces au moins pour être dans une compagnie de grenadiers et autant pour celle de chasseurs, ces vingt ayant été prévenus de se rendre au Vault ce jourd'hui pour concourir à la formation de ces deux compagnies et leurs noms ayant été lus à l'assemblée et la liste envoyée à l'administration municipale du canton; en conséquence, il a demandé que les autres citoyens s'occupassent sur-le-champ de la nomination des officiers de la compagnie garde nationale que doit former cette commune, et ce, de la manière prescrite par la loi du 23 prairial l'an III, à quoi obtempérant les citoyens ainsi réunis sous la présidence dudit agent municipal ont à l'instant nommé pour les trois scrutateurs les citoyens Etienne Rousseau, Claude Guignot,

Claude Saulnois, et pour secrétaire Lazard Milliard. Le bureau ainsi constitué, après que le président en a eu fait prester le serment de fidélité à la République, il a été procédé pour un seul tour de scrutin et sur une même liste à la nomination d'un capitaine, ensuite d'autres scrutins pour le lieutenant, le sous-lieutenant; les votans étant au nombre de soixante, les scrutins déposés dans le vase ayant été comptés et pareille nombre à celui des votans s'y étant trouvé, les dépouillemens en ayant été faits, le citoyen Guignot a obtenu la pluralité relative pour capitaine, et le citoyen Jean Jolliet pour lieutenant, et pour sous-lieutenant le citoyen Jean Pannetrat, de Menades, et ont été sur-le-champ proclamés. Il a été ensuite procédé à d'autres tours de scrutin pour la nomination du sergent major et des quatre autres sergents, les votans étant toujours au nombre de soixante et les scrutins en pareille quantité; les dépouillemens faits, le citoyen Jean Thavoillot a obtenu la pluralité relative pour sergent major, et les citoyens pour sergents, Joseph Bonin, François Auclerc l'aîné, tous deux de Ménades, Lazard Milliard, Philibert Guinot fils de Philibert; ils ont été à l'instant proclamés; enfin il a été ensuite procédé à d'autres tours de scrutins pour la nomination de huit caporaux; les votans étant au nombre de soixante et les scrutins en pareille quantité, les dépouillemens faits, les citoyens Lazare Fournillion, Joseph Gourlot, Jean Grossin le jeune, tous trois de Menades, Gabriel Jolliet, Jacque Pannetrat, Jean Degoix, Linard Barjeot, Lazard Degoix, menuisier, ayant obtenu la pluralité relative, ont été sur-le-champ proclamés caporaux de toute la compagnie. De tout ce que dessus a été dressé le présent procès-verbal sur le registre de la commune, et copie adressée à l'administration municipale du canton, et ce (se) sont les président, scrutateurs, et secrétaire, soussignés avec les citoyens élus. Pour tambour, François Moiron fils. Fait et arresté en la maison commune dudit Domecy, les jour et an susdits. *Ont signé* : Lazare Milliard, secrétaire et élu *sargent*, Claude Sonnois, scrutateur, C. Guignot, *scrutateurre* et élu capitaine, Rousseau, scrutateur, Renault, agent de Menades: Hollier, agent municipal de Domecy, présent.

Liste pour le canton. — *Grenadiers.* — Jean Dubois, Jean Chauvot, Jean Guignot dit Bonjean, Edme Barjeot, Charle Dubois, Léger Massey, laboureur, Léonard Cuillère, Etienne Degoix, Gabriel Guignot.

Chasseurs. — Pierre Dubois, Etienne Content, François Guignot, Edme Guignot fils de François, Philibert Guignot fils de Pierre, Edme Content dit Rolot, Etienne Rousseau, Linard Degoix, Paul Thavoillot.

A DIFFÉRENTES DATES. — *L'arbre de la Liberté.* — **28 germinal an IV (17 avril 1796).** — On plante un arbre de la liberté en remplacement de celui qui est mort.

20 pluviôse an V (9 janvier 1797). — Plantation d'un autre arbre de la liberté en remplacement de celui qui est mort.

23 ventôse an V (14 mars 1797). — Plantation d'un nouvel arbre de la liberté, en remplacement du précédent qui a été cassé et arraché (?) par les bestiaux.

12 floréal an V (2 mai 1797). — On plante un nouvel arbre de la liberté, entouré d'une bouchure (haie, palissade) pour la garantie des bestiaux : déboursé 3 livres pour payer 4 pintes de vin pour celui qui a fourni l'arbre et pour ceux qui l'ont planté.

25 MESSIDOR AN VIII (14 JUILLET 1800). — Lecture du *Bulletin des Armées,* relatant la fameuse bataille de Maringot (Marengo), dont tout le peuple en a été très content et a célébré la fête avec beaucoup de joie.

A DIFFÉRENTES ÉPOQUES. — Le *presbytère.* — **11 floréal an IV (1er *mai* 1798).** — Bail du presbytère qu'il *faut entretenir en bon état.*

16 pluviôse an X (5 février 1802). — Il est décidé que l'on fera des réparations au presbytère.

27 germinal an XI (17 avril 1803). — Nouveaux projets de réparations au presbytère.

27 messidor an XI (16 juillet 1803). — La commune de Domecy décide de s'imposer à 500 francs à répartir au marc le franc *pour le traitement du curé qu'ils attendent.*

Au commencement de 1804, plusieurs délibérations du Conseil *tendant à ce que le locataire du presbytère en fasse tailler les arbres par un bon jardinier et prenne soin du quarré d'artichots et de celui de cercifix qui s'y trouve.*

NOTE COMPLÉMENTAIRE, écrite par Paul Tavoillot, mentionné plus haut. — En 1792, les biens de la cure de Domecy ont été vendus.

En 1793, les curés ont été destitués, les églises dévastées et *déornées* de tout; ici, deux cloches ont été prises : il ne devait y en avoir qu'une en chaque paroisse.

En 1794, les croix ont été cassées et brisées par toute la France, jusqu'à celles qui étaient sur le haut des clochers: en cassant celle du clocher de Domecy, on a fait tomber le poulet. La croix du cimetière a été brisée, à l'exception du *plot* (piédestal) qui est resté renversé pendant trois ans.

Plus tard (vers 1801), Paul Tavoillot, fabricien, a demandé l'arbre et le *croison* d'une croix appelée la croix Jean Galland que M. Denèvre avait eu soin de faire descendre et conserver (en 1794), laquelle était plantée au pied d'une pièce de terre qui lui appartient, appelée Champ-d'Arnoult : M. Denèvre la donna très volontiers ; et ledit Tavoillot l'a fait planter sur le plot du cimetière le jour de la Toussin (*sic*) 1802.

M. Gabriel Pétitier (1) a desservi la paroisse de Domecy cette année même 1802 et aussi l'année suivante.

Ledit Paul Tavoillot a acheté pendant ces deux années : un soleil ou hostensoir pour 48 livres, plus un encensoir pour 22 livres, une croix de procession pour 30 livres, une chasuble rouge et blanche pour 47 livres (2).

---

(1) M. Gabriel Pétitier devint curé de Saint-Père en 1803, puis doyen de Vézelay en 1810; en 1817, il était vicaire-général de l'évêque de Troyes dont le diocèse comprenait alors le département de l'Yonne; au rétablissement du siège archiépiscopal de Sens, en 1821, M. Pétitier fut nommé vicaire général de Sens, et un peu plus tard supérieur du Grand Séminaire de cette ville; il mourut le 27 février 1845, à l'âge de 83 ans: il est une des gloires contemporaines du diocèse de Sens.

(2) Archives locales.

TABLE DES MATIÈRES

—

NOTICE PRÉLIMINAIRE

PREMIÈRE PARTIE.— LA TERRE OU SEIGNEURIE

Templiers d'Island pour leurs bestiaux; il permet à ses hommes d'Island de vendre leurs héritages, ses droits seigneuriaux réservés, avril 1263; Hermine d'Ostun, sœur des précédents et femme d'Hugues de Sainte-Pallaye, donne 12 sous
de rente sur Domecy aux religieuses de Crisenon, pour fonder
l'anniversaire de Jean, le Petit de Domecy, son frère, mai
1273. Guillemin d'Ostun achète de ses deux frères, Guillaume de Montjeu et Pierre de Dracey, leurs droits sur la seigneurie de Domecy, et il prend désormais le nom de Guillaume de Domecy, juillet 1274; mais il ne peut acquérir de
son autre frère, Gauthier de Domecy, ni des héritiers de
ce dernier, le dernier quart de la terre familiale; en octobre
1274, Guillaume de Domecy reconnaît que les deux chapelles
fondées dans l'église de Domecy sont à la collation de l'évêque d'Autun sous certaines conditions; les héritiers de son
frère Gauthier le tiennent pour leur suzerain; mais ils vendent leur droit de propriété au duc de Bourgogne, mai et
septembre 1316. Jean de Domecy, écuyer, a rendu hommage
de sa terre de Domecy le 27 octobre 1315; en 1327, il ac-
quiert de Guillaume Rasteaux des droits et une maison à
Coutarnoux; il traite à ce sujet avec les religieux de Saint-
Germain d'Auxerre, 22 février 1341. Archambault de Domecy,
frère de Jean, a été à *l'ost* des Flandres. Les cinq fils de
Jean de Domecy sont sous les armes, 1358-1359. Jean de
Domecy doit une rente à la Maladerie d'Avallon, 1370. Deux
autres de ses fils, Perrin et Renaud, sont dans les rangs de
l'armée du duc de Bourgogne, et figurent aux *montres* de
1365, 1366 et 1372. Renaud de Domecy possède par sa femme
la moitié de la seigneurie de Sassenay, 1387; il assiste
aux Etats de Bourgogne, 1397. Fin de la guerre de Cent Ans.
La famille des sires de Domecy disparaît.

CHAPITRE III. — *La famille de Salins.* — Etienne de Salins af-
franchit les dix familles qui restent à Domecy, 20 juin 1440;
il leur accorde le droit d'usage et de pâturage dans ses bois,
23 février 1456, moyennant des corvées; il rédige son terrier, 26 novembre 1461 : on y constate que Domecy a alors
23 feux. La maison-fort. Origine des droits féodaux. Guerre
entre Louis XI et Charles le Téméraire, duc de Bourgogne :
le seigneur de Domecy est sommé de fournir au duc deux
hommes d'armes; leur équipement, 1478. Etienne de Salins
délaisse à cens un *meix* au curé de Domecy, et un autre à
Pierre Gallois, 1478. Jean de Salins l'aîné et son frère, Antoine de Salins, doyen de Beaune, sont seigneurs de Domecy,
1478; leur *Hôtel* à Avallon; nombreuses concessions de terres
à rente et à cens, 1489-1499

CHAPITRE IV. — *La famille de Robée et sa descendance par les de Longueville, puis par les de Faverolles.* — I. — Louis de Robée achète la seigneurie de Domecy, le 21 avril 1507; il en fait aveu le 7 mai 1507, mais n'en présente le dénombrement que le 19 mai 1513 : état de la seigneurie; droits de justice haute, moyenne et basse. Nouvelles cessions de terres à rente et à cens, 1509-1515. Les habitants de Domecy refusent les corvées et en réclament la suppression devant les tribunaux, 1519 à 1528; condamnés, ils passent acte nouvel de cette redevance, et sont déclarés *graciés des dépens*, 27 juin 1528. Confection du nouveau terrier de Domecy .... De la page 38 à la page 42.

II. — Claude de Longueville, seigneur en partie de Domecy par sa femme, Philiberte de Robée, fait reprise de fief, le 14 juin 1540; il veut acquérir de ses belles-sœurs toute la seigneurie, mais ne parvient à en réunir que les cinq sixièmes. Claude de Longueville soutient les habitants de Domecy dans un procès intenté par le seigneur du Vault-de-Lugny qui prétend les obliger à faire guet et garde au château du Vault : les gens de Domecy succombent dans cette affaire, 1558. Claude de Longueville a fait construire la maison de Prélong, 1553. Guerres de religion : 1562, Girolles est pris par les Protestants, et repris sur eux en 1563; 20 avril 1569, le seigneur de Domecy reçoit avis que ses sujets doivent payer sous dix jours la somme de sept livres pour la défense de l'Auxois; juin 1569, les reîtres allemands passent et saccagent Domecy. Le 20 avril 1570, Hardy de Longueville, fils de Claude, réclame à son père la jouissance de ses droits depuis qu'il est majeur. Le château et l'église de Domecy sont réparés, 1573; de 1574 à 1577, la misère est extrême. Jacques de Jaucourt, seigneur du Vault-de-Lugny, poursuit les habitants de Domecy qui, durant les troubles, n'ont pas fait guet et garde à son château; Hardy de Longueville, possesseur éventuel de Domecy, fait sienne la cause des habitants; trois conseillers au Parlement lui indiquent la marche à suivre pour obtenir gain de cause; les habitants de Domecy, au nombre de cinquante-neuf, prennent l'engagement de faire guet et garde au château de leur seigneur, et avancent à celui-ci dix écus pour réparer le pont-levis et construire une échauguette, 20 mars 1580; Jacques de Jaucourt essaye, mais en vain, de prouver que Domecy est sous sa suzeraineté, et finalement abandonne l'instance. Transaction entre Hardy de Longueville et Etienne Dauphin, du moulin Jolyet, qui a coupé un beau noyer sur les dépendances du moulin, 1580. Claude de Longueville, veuf en secondes noces de Marguerite de Villefranche et remarié à Marguerite de Blondeau, est traité rude-

ment par son fils, Hardy, qui ne le consulte même pas, quand
ce dernier épouse Judith de Loron, mai 1586. A la fin de 1586,
mort de Claude de Longueville; Hardy de Longueville rachète
sans retard les droits que sa belle-mère, sa sœur et son frère
possèdent sur Domecy; il fait reprise de fief le 29 juin 1587.La
peste, les guerres de la Ligue, les incursions des royalistes
de Girolles ont épuisé le pays, et Domecy est encore imposé
de quinze livres par les Ligueurs d'Avallon; les habitants de
l'Avallonnais demandent que les dégâts causés par les troupes
soient payés par le bailliage d'Auxois; reddition d'Avallon,
21 mai 1594. Judith de Loron, femme d'Hardy de Longueville, est entrée dans la succession de son frère, feu Jacques de Loron, 1593, pendant que son mari poursuivait en
justice l'un de ses sujets qui avait labouré ses prés. En 1602,
malgré l'intervention de Mme de Longueville, autorisée de
son mari, le lieutenant criminel d'Avallon retient au bailliage de ce lieu la cause d'un homme de Domecy, accusé
d'usure. Hardy de Longueville et sa famille abandonnent
Domecy pour se retirer à la Maison Blanche. A la mort de
son mari, Judith de Loron rend foi et hommage de la terre
de Domecy, au nom de ses enfants mineurs, 5 avril 1611.
François de Longueville, mis hors de tutelle, doit une rente
à la ville d'Avallon, 1615; il épouse Madeleine Filzjean, octobre 1616; rachète de Nicolas d'Avou ce que ce dernier
possède encore à Domecy, 1617; fait de nombreuses concessions de terres à rente et à cens. Sa mère, Judith de Loron,
achète et revend des biens à Domecy, 1627; accord entre
François de Longueville, seigneur de Domecy et d'Island, et
les habitants de Tharoiseau, 1648. — Popularité de ce seigneur; anecdote à ce sujet. Descendance de M. de Longueville; son testament et celui de sa femme. Mort de M. de
Longueville, 1668. Mme de Longueville fait reprise de fief
le 1er mars 1668; elle meurt subitement le 30 mai suivant.
Jacques de Longueville fait aveu et dénombrement de Domecy, le 16 août 1670; il meurt en 1673, après avoir testé
en faveur de son frère. Celui-ci, Philippe de Longueville, fait
reprise de fief seulement le 31 juillet 1676; il demeure à la
Chaume d'Island. Sa mort, le 4 février 1695; son testament.

De la page 42 à la page 66.

III. — Ses biens restent indivis entre ses neveux, qui, en 1699,
concluent un accord aux termes duquel les trois quarts de
Domecy appartiennent à Antoine-François de Faverolles.
Mme de Faverolles meurt en novembre 1747, et M. de Faverolles, le 7 avril 1748. Jean-François de Faverolles fait reprise de fief le 14 mai 1748; il achète du seigneur d'Island
le dernier quart de la seigneurie de Domecy, le 5 juillet sui-

vant; et le 31 du même mois, il vend Domecy à M. Michel-Auguste de Denesvre .... De la page 66 à la page 69.

CHAPITRE V. — *La famille de Denesvre.* — Son passé illustre. M. Michel-Auguste de Denesvre fait aveu et dénombrement de Domecy, le 8 novembre 1748 : détails sur la seigneurie. M. de Denesvre amène à composition les habitants qui n'ont pas payé leurs droits, 1570; il fait reconstruire l'aile sud de l'ancien château. Ses enfants. M. de Denesvre fait reconnaître le droit d'usage qu'il possède sur la Tour de l'Oiseau à Avallon; il rend foi et hommage à Louis XVI, le 30 décembre 1776. Ses goûts littéraires que partage son frère Claude, officier d'artillerie. Carrière militaire de son fils; mariage de ce dernier. Mort de M. Michel-Auguste de Denesvre, le 13 juillet 1790. Ses descendants ont gardé Domecy.

DEUXIÈME PARTIE. — LA PAROISSE

CHAPITRE I. — *Renseignements généraux.* — Les religieux de Saint-Germain doivent assurer à Domecy le service religieux, fin du VIe siècle; au XIVe siècle, Domecy est sous le patronage des Hospitaliers de Pontaubert, sous l'autorité des évêques d'Autun; en 1550, la paroisse de Domecy est de l'archiprêtré de Quarré-les-Tombes; à cette date, elle est rattachée à l'archiprêtré d'Avallon; et, en 1669, à l'archiprêtré de Vézelay. Le concordat de 1801 fait de Domecy une paroisse du diocèse de Sens, de l'archiprêtré et du doyenné d'Avallon.

CHAPITRE II. — *L'église.* — Une chapellenie est fondée en l'église de Domecy, en 1247, par Yves de Vézelay, chanoine de Chartres, — et un peu plus tard, une autre, par Gui d'Ostun; la nomination des chapelains est réglée minutieusement. Description de l'église; ses vitraux tout modernes. Travaux exécutés en 1572, après le passage des Allemands : le curé, les habitants, et les gens de Saint-Père et d'Asquins y contribuent. Procès-verbal de visite de 1671; description du mobilier; triste état du presbytère. Nouvelle visite canonique de 1700 : détails curieux. État de ce qui manque à l'église à cette époque. La place de l'église est transformée, 1758; ses cinq noyers sont vendus...............

CHAPITRE III. — *Les ressources de l'église et leur administration.* — Origine des fabriques. Serment imposé aux fabriciens. Les fabriciens sont condamnés à rembourser au curé les cent sous qu'il a avancés, 1620. Rentes appartenant à l'église;

droit de sépultures; quêtes; vente des pains bénits; offrandes de fil; biens-fonds. Comptes de la fabrique avant la Révolution. Changement dans l'administration fabricienne en 1789. Les cloches. Les reliques et leurs châsses.

CHAPITRE IV. — *Les curés et leurs ressources.* — Comment Domecy fut primitivement desservi. Domecy a un curé en 1247. Messire André Gillet, curé en 1478, prend d'Etienne de Salins un *meix* moyennant redevance; en 1489, il passe avec ses paroissiens un curieux contrat concernant le casuel; ce traité est approuvé par l'évêque d'Autun le 7 janvier 1493. La moitié de la dîme des grains appartient à l'abbé de Marcilly et au Chapitre d'Avallon. Origine de la dîme. Biens-fonds appartenant à la cure de Domecy. En 1513, messire Etienne Drouet, curé, est le fondé de pouvoir du commandeur de Pontaubert pour la location du Saulce d'Island. Messire Hugon, curé, se fait rembourser les cent sous qu'il a avancés pour l'église, 1620. Messire Claude Bargeot, curé de Domecy en 1622; prétentions du commandeur de Pontaubert touchant la nomination du curé de Domecy; messire Jean Henriot, curé, en 1648, qui fait l'école, en 1667, résiste à ces prétentions, en 1675; en 1678, il se charge de desservir la chapelle Sainte-Anne, du château de Valloux; en 1684, il acquiesce au contrat du casuel de 1489. En 1687, messire Toussaint Robeau est nommé curé par le commandeur de Pontaubert; en 1688, messire Raphaël Silvaranne est nommé de même. L'existence de la chapelle de Valloux est régularisée par acte de 1693, sous messire Champy, curé de Domecy. Domecy est desservi par les prêtres du voisinage, de 1696 à 1701. En 1701, messire Delatoison, curé de Domecy reconnaît que le titulaire de sa paroisse est à la présentation du commandeur de Pontaubert. La paroisse est de nouveau desservie par les curés voisins, de 1710 à 1712. Messire Masson est curé de Domecy, de 1712 à 1730. Messire Andoche Guiod, curé, de 1730 à 1741. Messire Jacques de la Grange, curé en 1743, meurt en 1786, laissant à son église une rente de 15 livres. Messire Charles Colard, curé en 1787, quitte la paroisse pendant la Révolution. Au concordat de 1801, M. Pétitier est curé de Domecy; il y reste jusqu'en 1803. Domecy est ensuite desservi par le curé de Pontaubert jusqu'en 1819. M. Sonnois, nommé curé de Domecy en 1819, érige en 1820 une croix sur le sommet de Montmartre. M. Denouh lui succède en avril 1831 : travaux qu'il exécute à l'église, au presbytère; jubilé de 1851, prêché par le V. P. Muard; mort de M. Denouh, le 5 mai 1853. M. Joseph Morlet est curé de Domecy de 1853 à 1906. Il est remplacé par M. l'abbé Montigny, originaire de Saint-Père ......

www.ingramcontent.com/pod-product-compliance
Ingram Content Group UK Ltd.
Pitfield, Milton Keynes, MK11 3LW, UK
UKHW022017170726
13837UKWH00001B/239